肝胆岁月

王兴顺 著

吉林人民出版社

图书在版编目（CIP）数据

肝胆岁月 / 王兴顺著. –– 长春：吉林人民出版社，
2020.6（2024.1重印）

ISBN 978-7-206-17205-2

Ⅰ.①肝… Ⅱ.①王… Ⅲ.①社会科学—文集 Ⅳ.
①C53

中国版本图书馆CIP数据核字（2020）第106979号

责任编辑：葛　琳
装帧设计：子　矜

肝胆岁月
GANDAN SUIYUE

著　　者：王兴顺
出版发行：吉林人民出版社（长春市人民大街7548号　邮政编码：130022）
咨询电话：0431-85378088
印　　刷：北京一鑫印务有限责任公司
开　　本：787mm×1092mm　　　　1/16
印　　张：21.75　　字　　数：340千字　　图　　片：18幅
标准书号：ISBN 978-7-206-17205-2
版　　次：2020年6月第1版　　　印　　次：2024年1月第2次印刷
定　　价：58.00元

▲1978年12月，中专时代留念

▲1983年7月，在白城市中医院任外科医生

▲2002年12月，在松原市政协三届一次会议上当选为市政协副主席

▲2004年12月，与受表彰的全省优秀政协委员合影

▲2006年3月，在巴西考察污水处理厂时留影

▲2007年8月，陪同省政协原副主席、省委统战部原部长赵家治调研松原文旅工作

▲2008年12月，在松原市政协四届二次会议上做常务委员会工作报告

▲2012年12月，在北京人民大会堂参加民进中央十一次代表大会

▲2018年4月17日，就松原市贯彻落实未成年人保护法情况进行调研

▲2018年11月，带领部分民进会员赴扶余市万发村开展"三下乡"服务活动

▲2019年9月，参加市民进举办的庆祝新中国成立70周年、人民政协成立70周年演讲会

▲1976年春节，父母亲合影（母亲孙凤琴，父亲王秀文）

▲1977年春节，全家合影
前排左起：姐姐王跃波、母亲孙凤琴（怀抱儿童为作者大侄女王迎春）、
　　　　　父亲王秀文、弟弟王兴河
后排左起：作者王兴顺、大嫂聂海琴、大哥王兴权、二哥王兴明

▲2013年7月，作者一家与父亲王秀文、母亲孙凤琴合影
后排左起：儿媳倪晓娟、爱人祁秀清、作者王兴顺、儿子王鼎

▲2015年8月，在家中小区信步

▲2017年7月，陪母亲在二道白河镇公园游览

▲2018年8月，爱人祁秀清陪母亲游玩

▲2020年2月，孙女嘟嘟（小名）11个月在荡秋千

序

肝胆相照　岁月留痕

——王兴顺《肝胆岁月》

　　松原市人大常委会副主任王兴顺同志曾任民进松原市委会主委、松原市政协副主席、省政协常委、省人大常委，是我省统一战线的老同志，亦是颇有影响的党外干部。我在省委统战部、省政协领导岗位上工作十余年，每次去松原调研多有机会见面，就党派工作、参政议政等问题与他进行沟通和交流。我退休之后，在每年省两会开幕式的间隙也能与他聊上几句，彼此关心并关注着，统一战线把我们联系在一起，成为志同道合的朋友。

　　兴顺同志关于统一战线文集《肝胆岁月》即将出版，我应邀作序，浏览书稿，充实丰满，朴实真切，很值得一读。《肝胆岁月》名副其实，表达作者对党的统一战线工作的一种情怀。"肝胆相照"比喻赤诚相见。肝胆指内心深处，相照指互相照见，以赤诚之心对待人。唐代·唐次《祭杨判官八弟文》："历历笑言，其情若何，欢事胜游，皆随逝波，事均荣戚，心冥贵贱，骨肉为交，肝胆相见。"宋·文天祥《文山全集·六·与陈察院文龙书》："所恃知己，肝胆相照，临书不惮倾倒。"这里"肝胆相见"与"肝胆相照"词义相近，古人很重视，真心相对，真诚待人。习近平总书记在党的十九大报告中强调："巩固和发展爱国统一战线。""坚持长期共存、互相监督、肝胆相照、荣辱与共，支持民主党派按照中国特色社会主义参政党要求更好履行职能。"①兴顺同志选题可以说是心怀统一战线

---

　　① 本书编写组：《中国共产党第十九次全国代表大会文件汇编》，人民出版社，2017，第32页。

法宝，笃行参政党职能。

兴顺同志是一位乐学好学的人。他十分注重学习我党的基本理论，学习习近平新时代中国特色社会主义思想，学习统一战线理论和政策。平时坚持看书，坚持好句好诗摘抄，坚持报刊剪裁，多年养成好习惯，增长知识，提升工作能力。从《学习统战理论，不断提高参政议政水平》《学习贯彻十八大精神，提高民主党派干部履职水平》《做高素质的党外青年干部》《如何提高民主党派干部创新能力》《机关干部要加强学习》《履职尽责，担当作为》《从阅读好书中汲取智慧和力量》等篇目中，都可以看到他保持一颗积极向上的心态，正确认识自我，不断成长进步，努力做高素质党外干部。

兴顺同志是勇担当、敢负责的人。他无论在什么岗位上，都勤勉工作，扎扎实实，一步一个脚印地不懈奋斗。《针对实际，结合特点，搞好基层计生技术人员培训工作》《全力做好食品安全工作》《转变发展方式，促进现代畜牧业发展》《关于加强体育教育，提高中小学生身体健康素质的建议》《探索医疗养老新途径》等文章，都是在调研的基础上，经过深入思考，提出建设性意见，使得参政议政水平不断提高。

兴顺同志是讲团结、重感情的人。他为人和气，和蔼友善，作风民主，处事公道。《多党合作谱新篇》《文史情》《民进好》《新的荣光》《美丽民进》《观吉林市职教园有感》等文章，都表达了他对统一战线的热爱，对团结和民主两大主题的把握，从中可以看出他在积极协调方方面面做了很多工作。

兴顺同志是重仁德，讲孝悌的人。《不懈的突围》《怀念父亲》《母亲八十岁生日感怀》《陪母游》《说给新婚小夫妻的话》《春天来了》等文章，将爱心细心、温情暖意都尽情地展露出来。他的《秋月》《地瓜赞》《咏雪》《笑观融雪》《游泳感怀》《观窗前庭院有感》等文章，多角度表现了他的生活情趣、精神追求和思想境界。

"肝胆相照"一词，从古至今内涵不断丰富和发展，从为人处世之德到治天下之道，从春秋战国的谋略学到社会主义新时代中国共产党领导多党合作战略方针，从传统文化继承到实现中华民族伟大复兴，经历了认识上的升华、理性的飞跃，内容更丰富、寓意更深刻，已成为中华民族的智慧、理念、品德和文化传统。岁月留痕，一个人能用毕生精力，为统一战线工作他是光荣的。一个人能用一段时间，尽其所能为统一战线工作他是幸福的。兴顺同志的《肝胆岁月》是充实而多彩的，是光荣而幸福的。他的新书出版也是值得祝贺的。

是为序。

吉林省政协原副主席、省委统战部原部长

赵家治

2019年6月30日晚

目　录

学习篇

工作篇

生活篇

学习篇

做高素质的党外青年干部

（1996年9月）

做一名新时期高素质的党外青年干部，要做到"四勤"。

一、勤于学习

首先学习政治。青年党外干部不仅要学习政治，而且要学好政治，用马克思列宁主义理论、江泽民建设高素质的干部队伍的指示精神武装头脑，树立正确的理想信念，旗帜鲜明地坚持中国共产党的基本路线，坚定不移地走建设中国特色社会主义道路，践行党的宗旨，遵守党的政治制度和政治纪律，在大是大非面前保持清醒的头脑。其次学习理论。实践证明，只有理论上的充实，才有政治上的坚定。因此，党外青年干部要努力学习中国共产党的党章、基本理论、基本路线、基本方针，学习历史、法律、管理、科技、市场经济理论和统一战线理论，用理论指导实践，用实践丰富理论，做到理论与实践相结合。再次学习业务。只有业务的精通，才有理论扎实的功底，更好地为人民服务。一是向书本学习。通过学习本职的业务书籍和有关资料，熟悉工作任务，了解工作性质、地位、职能和作用。二是向内行学习。要铭记"三人行必有我师焉"的古训，谁掌握丰富知识，谁掌握先进的科学技能，就虚心向谁请教、学习，拜他为师。

二、勤于工作

各级干部都是人民的勤务员。只有勤奋工作，才能勤政为民，才能有所作为。第一，要做好本职工作，应做到"六勤六多"：即心勤多学、脑勤多想、手勤多写、脚勤多跑、耳勤多闻、口勤多用，业精于勤，精益求精，不断加强知识积累和经验积累，积聚做好本职工作的专业知识和能力，提高工作效率和水平。第二，要开拓进取，这是当好党外青年干部的关键。党外青年干部要在工作中解放思想、锐意进取、善于思考、大胆创新，走前人没有走过的路，干前人没有干过的事，这样我们的事业才能兴旺发达、社会才能进步。各级党外青年干部需要培养和提高观察和认识事物的能力、预见和预测能力、选择和决策能力、处理和解决难点问题的能力，所以我们要吸收消化各种信息，综合和运用有益的经验，估计和推算眼前与未来，不失时机地抓机遇、抓根本、抓创新、抓落实。进一步拓展解决好市场经济条件下优势与劣势、有利与不利、问题与矛盾的能力，在顺境中不骄不躁、谦虚谨慎，在逆境中不悲观气馁，赢得市场经济发展中的主动权。第三，要自觉奉献，这是做好党外青年干部的保证。应做到"三个要"：一要塑造人格。古人云："人不一定使自己伟大，但一定可以使自己崇高。"孔繁森同志就是党外青年干部人生的一面镜子、一面旗帜，我们要对照英模找差距，坚定理想信念，注重个人道德修养，自觉自愿地实践为人民服务的宗旨，舍弃"小我"，拥抱"大我"，把孔繁森的精神变为我们高尚道德理想和情操的人格化身。二要淡泊名利。结合学习孔繁森精神，在现实生活中从一点一滴做起，做一个高尚的人、一个纯粹的人、一个有道德的人、一个脱离了低级趣味的人、一个有利于人民的人。像孔繁森那样，吃苦在前、享受在后，冲锋在前、退却在后；清白为官、干事干净。

三、勤于反省

毛泽东同志讲："外因是变化的条件，内因是变化的根据，外因通过内因而起作用。"[1]无数事实证明，这是一条颠扑不破的真理。青年党外干部要做到自我反省，自觉地搞好自身建设，把廉洁自律作为政治上的

---

[1]毛泽东：《毛泽东选集》，人民出版社，1991，第30页。

一个根本环节警策自己。特别是走上工作岗位的党外青年干部，手中有一定的权力了，找的人多了，围着转的人多了，提供"方便"的人也多了。这就更要保持清醒的头脑，正确对待手中的权力，坚持原则，严于律己，认真搞好自我批评，自觉加强党性修养，重视世界观的改造，防微杜渐，警钟长鸣。只有这样，才能做到"自省、自警、自重、自爱"。增强组织观念，坚持按民主集中制原则办事，做廉洁的表率、端正党风的模范。党外青年干部要做到自觉地参与反省，建立健全参与反省的保障机制，加强经常性的督促教育，强化参与反省的意识，形成求实重效的氛围。在工作中除做到"四自"外，还要与严格要求、严格管理、严格监督结合起来，充分发挥监督员作用，对党对人民负责。要做到知无不言、言无不尽、言之有理、言之有据。要达到敢于参与反省、善于参与反省，晓之以理、动之以情，授之以知、导之以美，以情感人、以智导人、以美育人，一分为二，言而有度。

四、勤于立德

首先要坚持走群众路线，党外青年干部要有求真务实的工作作风，坚持"一切为了群众，一切依靠群众"的群众观点，时刻将自己置身于群众之中，真心实意地与群众打成一片，为群众办实事、办好事。其次要坚持调查研究的工作方法。要切实达到摸实情、真情，掌握第一手材料，发挥对下指导、对上参谋的作用，保证自己的工作不脱离实际。此外还要增强公仆意识。像孔繁森那样堂堂正正做人、踏踏实实做事，一切想着人民，一切为着人民，一切服务人民。

★本文在《松原日报》上发表

浅谈党外干部成长的外部条件

（1996年10月）

培养选拔党外干部是我国政治制度的一个特点，是中国共产党一贯坚持的政策。党的十一届三中全会以后，特别是近几年来，各级党委和有关部门认真贯彻落实中央的有关文件精神，在培养选拔党外干部中做了大量卓有成效的工作。但是，从目前党外干部队伍现状看，仍然不能完全适应新形势发展的需要。因此，在培养选拔党外干部问题上，仍然有许多工作要做。党外干部能否尽快成长起来，不仅主观上要努力，也应有一个良好的外部条件。需要各级党组织在政治上信任，工作上支持，生活上关怀；需要知情纳策，大胆提拔，放手使用。下面，就这方面的问题谈谈个人的体会和认识。

一、领导重视，营造氛围，是党外干部成长的前提

具有政治代表性的党外干部是中国共产党的挚友和诤友，在革命战争年代和社会主义建设时期，都以主人翁的态度，关心国家大事，积极参政议政，为党、国家和人民做出了杰出贡献。加强党外干部队伍建设，事关坚持和发挥我国社会主义制度的特点和优势，事关为建设现代化强国提供人才支持，事关巩固和扩大党的执政基础，事关推动统一战线事业不断向前发展。在今天的新形势下，我们应该继续发扬中国共产党的优良传统，深入贯彻执行《中共中央关于加强新形势下党外代表人士队伍建设的意见》，团结和争取更多的党外人士，调动一切积极因素，为建设中国特色社会主义献计出力。

当前，在培养选拔党外干部问题上，有的同志还存在着一些模糊认识，需要加以澄清和纠正。

一是在职能作用上认识不到位。实践证明，党外干部担任政府职务，参与国家事务管理，有利于密切党和人民群众的联系，使党和政府能更好地接受人民群众的监督。

把党外干部选拔到政府领导岗位上来，同他们真诚合作共事，我们党就能够及时听到各方面的意见和批评，包括一些不同意见和切中时弊的批评，接受"一种单靠党员所不容易提供的监督"。

党外干部担任政府领导职务工作，有利于增强决策的民主化、科学化。在社会主义建设的今天，我们的根本任务就是以经济建设为中心，大力发展生产力。首先要制定适合国情、反映民意的方针政策，保证决策的正确性、科学性。党外人士参加政府工作，参与国家方针政策的研究、协商和制定，对于增强决策的民主化、科学化，促进社会主义现代化建设具有重要作用，所以认真听取他们的建议，积极采纳他们的真知灼见，能够集思广益，深化和丰富我们对客观规律的认识，使制定出来的方针政策更符合客观实际，更能全面、准确地反映人民群众的利益和要求。由于党外干部具有代表性强、联系面广的特点，我们还可以通过他们去团结和影响其联系的那部分群众，调动一切积极的因素，为社会主义经济社会建设服务。当前，我国的经济建设正处在一个非常关键的时期，各级党委和政府更要注意发挥党外干部的专长和优势，坚决克服"可有可无"的思想，与党外干部同舟共济、同心同德，共同克服经济社会建设中的困难，把建设中国特色社会主义事业推向前进。

二是在选拔任用上认识不到位。应该肯定，中国共产党干部队伍中的确有大批优秀分子，人才济济。但民主党派、无党派人士也不乏人才，而且在全国干部队伍中还是占有相对大比例的，只要我们用心去发现人才、去举荐人才、去培养人才，为他们铺台阶、搭舞台，加强培养，对党外干部在坚持"四化"标准和德才兼备的原则下"高看一眼、厚爱一层"，那么，众多的党外干部就会脱颖而出。

三是在鉴人识事上认识不到位。"金无足赤，人无完人。"① "论大

---

① 中央统战研究室：《历次全国统战会议概况和文献》，档案出版社，1988，第6页。

功者不录小过，举大美者不疵细瑕。"我们不能要求党外干部一点毛病都没有，对他们的任用，要看本质，要看主流，只要他们"三观"端正，政治表现好，工作能力较强，任职条件充分，就要大胆选配到领导岗位上来，让他们在为党和人民服务中实现社会价值。至于他们在志趣爱好和工作方式、生活习惯上的某些不同，还是应当照顾和尊重的，不应该求全责备。只要在工作中与他们坦诚相见、肝胆相照，日久见人心，他们一定会受到感化，尽快改正自己的毛病和缺点。

以上问题如果不尽快解决，党外干部担任政府职务的选拔、培养、任用等诸多环节就很难理顺。因为只有认识到位，工作才能到位；认识有多高，行动才有多自觉。各级党委、政府部门和社会各界人士有了共识，才能形成合力，有了合力才能成就党外干部队伍建设事业，这是党外干部成长的重要前提。

二、积极培养，提高素质，是党外干部成长的基础

党外干部绝大多数都是专业性人才，政策水平、理论水平、政治素质、领导经验、工作方法可能相对不足。面对这种情况，各级党委、组织、统战部门，在重视培养选拔党外干部工作的同时，应创造一种宽松的环境，使党外干部增长知识、增长才干，提高理论水平和工作能力。

第一，有步骤地进行教育培训，提高党外干部政治素质。对那些有发展潜力的党外干部，在组织考察确定人选后，可分期分批地选送到党校、学院、行政干校进行培训。重点学习马列主义、毛泽东思想的基本理论，学习邓小平同志关于建设中国特色社会主义理论，学习马克思主义哲学、党建理论和统一战线理论。在学习培训的过程中，要把理论学习与工作实践、经验总结相结合，采取座谈、讨论等多种形式教育党外干部坚持坚定正确的政治方向、政治立场，在原则问题上旗帜鲜明地跟党前进；要树立正确的世界观、人生观和价值观；要坚持党的基本理论、基本路线和基本方针不动摇，自觉地接受中国共产党的领导，无论在任何时候、任何情况下，都立场坚定、旗帜鲜明地同以江泽民同志为核心的中共中央在思想

上、政治上和行动上保持高度一致，自觉地维护中共中央的权威，胸怀大局、围绕大局、服务大局，为建设中国特色社会主义做出应有的贡献。在实践中我们深深地体会到，党外干部不仅要掌握好专业知识，而且更要学好政治、讲好政治，严明政治纪律、坚持党性原则，以适应市场经济条件下较高的政治协商、民主监督、参政议政的政治理论和政策水平需求。党外干部在工作中，无论忙还是不忙，都要自觉地始终如一地向书本学习、向老同志学习、向实践学习，努力提高马列主义、毛泽东思想的政治水准和理论水平，加强自身修养，把自己锻炼成为一名思想性强、作风过硬，政治素质和业务素质高的党外领导干部。所以，除自己有计划地安排自学外，建议上级组织、统战部门，也应该向党内干部那样制订规划进行教育培训，这是新时期党外干部的迫切需要，也是党的工作需要，只有这样，我们的工作才能干出成效来。

第二，有目的地参加各项活动，增强党外干部参政议政意识。在有计划、有安排的前提下，选择适当的时机，组织党外干部参加人大、政府和政协等部门组织的检查、调查和视察等活动，使他们比较全面地了解社会各个侧面的情况，增强对事物的分析、判断能力，增强建设社会主义的责任感和使命感，增强自尊、自强、自主、自爱意识。通过参加各种活动，鼓励和支持党外干部勇于参政议政、善于参政议政，向多层次、多领域、多渠道发展。只要是代表党的利益，代表人民的利益，在参政议政上就要做到知无不言、言无不尽，无私无畏、有胆有识，坦诚相见、敢讲真话，敢于坚持真理、敢于坚持正确的意见。这样，久而久之，就会得到领导的信任，群众的拥护。年初，我作为一名党外领导干部参与了公安、交通、银行等18个行业部门的行风建设评议活动，通过内容丰富、形式多样的政治协商、民主监督和参政议政，达到了互相了解、互相学习和互相交流的目的，丰富了所需的知识，增强了参政议政能力。多参加这样的活动，有利于提高政治素质、思想道德素质、科学文化素质、心理素质和审美素质。

第三，有针对性地搞好传、帮、带，提高党外干部履职能力。对于刚刚担任领导职务的党外干部，可能对行政机关工作程序不熟悉，缺乏领导经验，为了使他们少走弯路，尽快进入角色，可安排一名有领导经验的党员干部对其进行传、帮、带。要做到支持不揽权，过问不包办，袖手不旁观，始终让党外干部站在第一线，以便使其尽快适应工作。对他们在工作中存在的问题，要实事求是地诚心诚意地帮助改进，以便使其轻装上阵，不断开创新局面。我每参与一项调研、检查、视察活动，每写一篇文章，都得到了老领导、老同志口对口地传，手把手地教，大胆放手地用。同时，又针对我工作中存在的问题，指出改进的方法。比如我在计划生育部门工作期间，抓生殖健康十期服务（即110工程）试点，国家部委、省级相关部门先后在这里召开了现场调研会，得到了联合国项目办官员、国家计生委李宏规副主任及18个省（市）计划生育科技处处长、科研所所长的高度评价，并在全国推广经验。我们科被评为省计生系统先进科，我被授予计划生育先进工作者。我在政协撰写的提案《如何为建设经济强市服务》等得到了政协领导的好评。通过传帮带活动使我受益匪浅：一是老领导、老同志不顾年老体弱，脚踏实地爱业、敬业的公仆精神，对我教育很深，影响很大，是我学习的榜样；二是强化了我对政协职能重要作用的认识和为建设经济强市建功立业的使命感和责任感；三是使我在实践中得到很好的学习和锻炼，增长了实践经验和才干。

三、创造条件，实践锻炼，是党外干部成长的保证

培养选拔党外领导干部最有效的途径，就是在一定的岗位上进行锻炼，设台阶、压担子，在实践中丰富知识，在实践中提高，在实践中成长。

一是实行挂职锻炼。挂职锻炼是培养合格党外干部的有效措施。挂职锻炼是参加社会实践活动的一种学习，而且从某种意义上说是更重要的学习。它能将理论与实践结合起来，达到升华，有利于党外干部对所学知识的理解、巩固和发展。党外干部一般缺乏领导经验和实际工作能力，为使其尽快由专业型向行政型转变，可安排他们挂职下派，具体参加一个单位的领导工作实践，窥一斑而知全豹，在实践中增长行政领导工作的才干，增强组织指挥和协调能力。也可以通过和群众广泛接触，加强同群众的联

系，从群众中吸取丰富的营养。

二是实行岗位轮换锻炼。岗位轮换锻炼是全方位、多角度培养造就合格党外领导干部的舞台。它有利于党外干部掌握更多、更新、更高的真本领，有利于开阔视野、丰富思想，以适应新时期发展的需要。轮换岗位锻炼更能充分发挥党外领导干部的聪明才智，使其集素质、知识和水平于一身，在改革开放和社会主义现代化建设中大显身手，全面提高党外领导干部整体素质和水平，同时也是一次难能可贵的学习与实践的极好机会。在岗位轮换中，对于党外领导干部有发展潜力的，应按照"因人而异，缺啥补啥"的原则强化提高。长期在机关工作，缺乏基层工作经验的，应下派到基层锻炼，取得实际工作经验；长期在基层不熟悉机关工作的，可以调到机关工作，以提高宏观决策能力；长期在一个部门工作，经历较单一的，可以轮换到其他岗位，以开阔视野，增强适应性。

三是实行实职锻炼。实职锻炼是党外领导干部成长起来的标志。它能使党外领导干部意识到自己的历史责任，确立正确的人生观、世界观和价值观，以新的姿态来面对人民、面对社会、面对人生。俗语说，不当家不知柴米贵。实践出真知。因此，对各方面比较成熟，能够担任一定领导职务的党外干部，要视其才能，及时选配到一定的领导岗位上进行实际工作锻炼。实职锻炼要分管一方面的工作，做到有职、有权、有责，站前台、唱主角、挑担子，切忌做陪衬、当"摆设"，对适应本岗位工作，并能在更高层次上发挥其作用的，应适时提拔到更高一层的领导岗位上继续提高。

总之，在党外干部培养选拔上，领导重视，积极培养，强化教育，提高素质是基础；创造机会，实践锻炼，增长才干是保证。要在培养中厚爱一层，在选拔中求德求才，在工作中支持参政议政，在实践中提高发展。只有具备了这些外部条件，党外干部队伍才会不断发展和壮大，才会在社会主义现代化建设中大有作为，奉献出自己的全部力量。

★本文是代表松原市在全省党外干部理论研讨会上的发言

如何提高民主党派干部创新能力

（1998年8月）

江泽民同志曾指出："创新是一个民族进步的灵魂，是一个国家兴旺发达的不竭动力。"又说："如果不能创新，一个民族就难以兴盛，难以屹立于世界民族之林。"①在人类已进入知识经济的时代里，深入学习和领会江泽民同志关于创新的论述，不断增强民主党派成员特别是民主党派领导干部的创新意识和创新精神，全面提高创新能力，对于开创新时期民主党派工作新局面具有重要指导作用。

思想观念必须更新。民主党派干部尤其是领导干部，要率先从僵化陈旧的思想观念、思维方式的束缚中解放出来，树立适应社会主义市场经济和时代发展要求的新思想、新观念。变传统思维为全局开放性思维；变无为无位为有为有位；变担忧越权越位为主动监督服务到位；变守摊推着办事为开拓创新大胆干事；变贪图安逸小进则满为艰苦奋斗励精图治。只有这样才能坚定民主党派干部创新意识和创新精神的信心，才能牢固确立创新人生、创新生活、创新财富的意识，才能提高创新素质和参政议政的创新能力。

学习方法必须纳新。在知识经济社会中，学习是创造的基础和前提。在坚持终生学习的基础上，注重讲究学习方法就显得十分重要和极其必要。要做到方向与目标结合学；宏观与微观结合学；理论与实践结合学；静态与动态结合学；传统手段与现代高科技手段结合学。这样做既能通晓马克思主义和邓小平新时期统一战线理论，又能了解社会与自然科学等方面的知识；既能熟练掌握专业知识和管理科学，又能不断更新知识结构和

---

① 江泽民：《江泽民文选第二卷》，人民出版社，2006，第392页。

提高知识素质，真正具有创新的智慧和本领，成为本职工作和参政议政的行家里手。

工作路数必须创新。深入地创新实践是做好工作的根本点。应着重在"四为"上下功夫。一是为党委更有权威，就是积极维护党的领导，努力把民主党派干部的思想统一到党的路线、方针、政策上来，统一到党委提出的目标上来。要发挥民主党派干部自身的优势，增进学习领会邓小平理论和十五大精神的新共识，要善于发现新事物，善于研究新问题，善于寻找新方法，围绕党委的重要工作开展调查、提建议和跟踪评议，促进决策民主化和科学化，有利于党委创新优势，赢得新发展。二是为政府更有作为，就是真正理解政府，设身处地为政府工作出实招、新招，无论是协商还是监督，都要以支持政府工作为出发点，充分发挥民主党派干部政治和智力优势。要以政府中心任务和重大决策为指导，开展献策出力活动，实现有利于政府工作的新作为。三是为增进各界更加团结，就是坚持团结和民主两大主题，发挥民主党派机关优势，协调各方面关系，共同致力于社会主义现代化建设事业。要为民主党派干部参政议政创造更加良好的条件；要开展多种形式的通报会等活动，通畅知情议政渠道；要充分保护和尊重民主党派干部的民主权利，努力创造一种团结协作的新气象。四是为群众更加有积极性，就是发挥好民主党派干部的桥梁和纽带作用，做好思想政治工作，积极宣传党和政府的政策，反映群众的意见和要求，使民主党派干部成为密切党和政府与人民群众的黏合剂。民主党派干部要结合自身的态度，坚持一切从人民利益出发，牢固树立全心全意为人民服务的思想。通过各种社会实践活动，了解新情况、解决新问题、总结新经验，做好理顺情绪、化解矛盾、鼓舞斗志的工作，努力维护社会稳定，为两个文明和民主政治建设步上新水平而努力。

建言立论必须求新。建言立论是谋事之基、创新之本，是民主党派干部在履行职能上有新作为的基本功。因此，在求新上要注重"三性"：一是注重立论的目的性与超前性。实现目的性和超前性工作的成败关键在于选题，既要突出重点，又要尽力而为，要着眼于党委政府的中心工作、改革和发展中的难点、人民群众关心的热点等迫切问题；要着眼于涉及长远发展的一些超前性问题；要着眼于那些在当前还比较模糊，但却代表未来发展趋势的问题；以及未引起党政部门注意或难以腾出精力去抓的冷点问题，紧抓不放，参出意见，议出点子。二是注重论据的民主性与科学性。民主性、科学性是建言立论的新生命。要使建言立论有新质量，应根据立论的专题组织民主党派干部的"内行"、专家、学者和部门负责人参与，舍得花时间，"沉"到基层，倾听百姓心声，集思广益。反映社情民意，掌握真实可靠的第一手材料后，经过广泛充分的协商讨论，才能言之愈有物，论之愈有据，分析问题愈准确精当，把所要调研的问题搞深入、搞透彻。提出对策既有新意，又贴切可行。三是注重建议的求实性与可操作性。在建言立论中，要特别注重敢于讲实情说真话，坚持实事求是的原则，尊重客观，服从真理，不是浅尝辄止和否定，有忧报忧，有喜报喜，实实在在中肯建言，不迎合，不含糊。不能停留在提出问题，还应该回答问题，分析问题，解决问题，起到为市委市政府科学决策提供依据的作用。只有这样才能使建议尽量做到切实可行，具有可操作性，真正实现建言立论的价值。要坚持在前进中创新、在创新中发展、在发展中提高参政议政的水平。

★本文在《松原日报》上发表

学习统战理论，不断提高参政议政水平

（1999年10月）

如何学好新时期统战理论，提高党外干部参政议政水平，不断适应社会主义市场经济发展的需要，是党外干部必须注重研究和解决的重要课题。笔者认为应在以下几个方面做出努力。

一、学习新时期统战理论，提高参政议政的自觉性

新时期统战理论是中国共产党的统战工作指导思想，党外干部要深入学好统战理论，提高参政议政的自觉性。具体做到三个"必须"：

一是必须坚定不移地高举邓小平统战理论旗帜。旗帜是方向、是形象。它不仅是每个共产党员干部的旗帜，也是党外干部的旗帜。党外干部要深入学习新时期统战理论，善于把党外干部的思想融入统战工作的思想中去，善于把党外干部的行为融入统战工作的优良传统中去，善于把党外干部的具体目标融入统战工作根本任务中去。要认真解决少数人认为市场经济条件下党外干部无所作为、虚设位置、封闭保守等错误思想认识问题，增强党外干部参政议政的责任感、使命感和光荣感，始终保持政治上的清醒和坚定，明辨是非，用邓小平新时期统战理论武装头脑，坚定正确的政治方向，坚定不移地走中国特色社会主义道路，在思想上、政治上、行动上与中国共产党保持高度一致。把党外干部的理想、信念、意志和力量凝聚到建设中国特色社会主义宏伟事业上来，凝聚到实现参政议政职能作用发挥上来，提高自身的政治理论素质、政策水平和参政议政水平，提高分析问题、解决问题的能力，努力开创党外干部参政议政工作的新局面。

二是必须坚持和完善中国共产党领导的多党合作制度。在中国共产党的领导下，实行多党派的合作，这是我国具体历史条件和现实条件决定的，也是我国政治制度中的一个特点和优点。坚持和完善中国共产党领导的多党合作和政治协商制度，是建设中国特色社会主义民主政治和政治制度改革的重要内容之一，是列入社会主义初级阶段的基本纲领，是巩固共产党的执政地位、坚持中国特色社会主义道路的现实需要，是实现我国跨世纪宏伟目标的重要保证。党外干部要从建设中国特色社会主义的政治高度深刻认识新时期"共产党领导的多党合作制度"的伟大意义。在工作中积极协助党和政府，广交朋友、广纳群言、广求善策，发挥"渠道"和"桥梁"作用。通过积极出主意、想办法、提建议，协调社会关系，化解社会矛盾，履行参政和监督职能，坚持与中国共产党亲密合作、长期共存、互相监督、肝胆相照、荣辱与共，合力建设富强、民主、文明的社会主义现代化国家。

三是必须围绕经济建设这一中心充分发挥参政议政作用。经济建设不仅是全党工作的重心，也是党外干部工作的重心。党外干部只有坚持以经济建设为中心，自觉地与党委、政府同结一条心，同唱一台戏地开展工作，才能卓有成效地发挥作用，体现自身存在的价值。因此，党外干部要在实践中深刻理解和运用市场经济理论，特别是公有制与市场经济兼容的经济制度的含义，用理论指导实践，澄清思想上一些模糊认识，走出姓"资"、姓"社"①的误区，确立起"围绕经济炼自身，抓好自身促经济"的工作思路。坚持"三个有利于"②的标准，着眼改革开放、市场经济、再就业工程等重要工作，选准为经济建设服务的突破口，沉下心来做深入细致的调查研究，摸清情况、找准问题、提出意见，帮助党委、政府解决经济发展中遇到的深层次实际问题，推动社会主义初级阶段生产力的最大解放。

---

① 邓小平：《邓小平文选》第三卷，人民出版社，1993。
② 邓小平：《邓小平文选》第三卷，人民出版社，1993，第372页。

二、掌握本领，增强参政议政的科学性

要实现参政议政的科学性，必须注重培养有本领的复合型人才。既要有扎实的理论功底、业务技能，又要有实事求是的科学态度和参政议政的实际能力。

第一，要刻苦钻研业务。具有丰富的业务知识是做好本职工作的基础和前提，也是参政议政之必须。只有更好地掌握业务本领，才能参政到关键处、议政到点子上。党外干部要抓住并善于利用一切机遇抓紧学习，采取自学、培训、座谈等方式，学习管理、市场经济和统一战线理论等知识，并注重紧密联系实际应用于实践，在实践中增长才干。提高思维能力、专业能力、组织管理能力、决策能力和参政议政能力。

第二，要积极参与活动。实践出真知。党外干部要乐于、勇于、善于参加对党和人民有利的各项社会活动，在活动中丰富自己的优势，通过开展检查、调查、视察、提提案、反映社情民意等各项活动，及时全面地掌握党委、政府的中心工作和社会发展的重大决策等带有全局性、倾向性的问题；群众反映强烈的难点、热点问题；国家机关及其工作人员履行职责、遵纪守法等问题；针对问题献言献策，提高参政议政的效应质量，提高职业道德素质、科学文化素质、身体心理素质。

第三，要认真求教求帮。对于刚刚参加行政工作的党外干部，可能对工作程序不熟悉或缺乏经验，为了少走弯路，尽快进入角色，发挥自己的特点，就要有科学的态度，做到不懂就问、不会就学、不耻下问，取人之长，补己之短；反对不懂装懂、虚荣浮躁、工作上马马虎虎不求上进的态度。而对于长期从事行政工作的党外干部，要仍然铭记"人无完人""三人行必有我师焉"的古训，谁掌握知识多，谁掌握知识技能高，谁掌握方法活，就向谁学习、讨教、求帮。总之，不论是刚参加行政工作的人员，还是长期从事行政工作的人员，都要结合自身的实际，充分利用求教求帮这一最直接、最有效的途径，把别人的好经验、好传统、好品质、好作风手把手地接过来，获得新的知识与经验，增长新的智慧与能力。

三、躬身践履，注重参政议政的实效性

实践是党外干部锻炼的最好课堂。只有积极投身改革开放和现代化建设的实践，才能卓有成效地提高参政议政的实效性。

一是自觉接受组织安排，到基层挂职锻炼。挂职锻炼是提高党外干部参政议政能力和水平的有效措施，它有助于实现理论与实践的有机结合。党外干部一般缺乏基层领导经验和实际工作能力，从实际需要出发，必须加快由专业型向行政领导型转变，接受组织的安排，到基层挂职锻炼，参加一个部门、一个单位、一个企业等领导工作实践，窥一斑而知全豹，在实践中增长基层行政领导工作的才干，增强组织指挥和协助能力，使参政议政工作进一步落实、拓展、延伸。

二是自觉接受组织安排，到相关部门去岗位轮换锻炼。岗位轮换锻炼是全方位、多角度培养造就合格党外领导干部的舞台。它有利于开阔视野，丰富思想，以适应新时期发展的需要。岗位轮换调度好可以发挥专业特长、施展才能；可以掌握更多、更新、更高的真本领；可以对行业部门进行民主监督，依法行政。党外领导干部在岗位轮换锻炼中能充分发挥聪明才智，全面提高党外领导干部整体素质和水平，切实有效地发挥参政议政的职能作用。

三是自觉接受组织安排，到艰苦和困难的地方去实职锻炼。实职锻炼是党外领导干部成长起来的标志。它能使党外领导干部意识到自己的历史责任，确立正确的世界观、人生观、价值观，以新的姿态面对人民、面对社会、面对人生。俗语说，不当家，不知柴米贵。党外干部在实职锻炼中能够更快、更好地成熟、成才。因此，必须增强对环境的适应能力和心理承受能力，听从组织安排，到艰苦和困难的地方去，在那里的领导岗位上经受磨炼，提高素质，做出贡献。切忌贪图安逸、拈轻怕重、做"陪衬"、当"摆设"。要以自己的模范行动做好本职工作，搞好参政议政，谱写党外领导干部献身现代化建设的新篇章。

★本文在《松原日报》上发表

在省卫生厅挂职学习的收获与思考

（2002年12月）

2002年5月22日，我被吉林省委组织部选派到省卫生厅医政处任副处长，挂职学习锻炼半年。在这半年的时间里，我参加了全省医院评价和"246"工程检查活动、各种会议、《医疗事故处理条例》（以下简称《条例》）培训班、执业医师（助师）的巡考、农工党吉林省委关于"医保"制度实施后的情况调查、省直及长春市急诊急救工作的演练、医疗市场的整顿，为家乡建设和发展收集、传递信息等活动，收获颇丰。

一、几点收获

一是政治觉悟进一步成熟。通过参加挂职单位的政治、理论、业务学习和会议活动，使我更加强化了政治意识、政党意识、合作意识、公仆意识，增强了贯彻执行中国共产党领导的多党合作和政治协商制度的自觉性。不论在什么情况下，都能自觉地在政治上、思想上、行动上与中共中央保持高度一致，时刻保持清醒头脑，确保始终能够按照"三个代表"的要求，全面、正确、积极地贯彻执行党的基本路线，不断提高把握政治方向的本领及政治洞察力和分辨能力。

二是理论素养进一步提高。挂职期间我系统学习了邓小平理论、"三个代表"重要思想和统一战线理论。在学习中，我对马克思主义理论有了深入地理解和把握，理论和实践上的一些模糊认识得到了澄清，增加了运用科学理论分析问题、解决问题和应对各种风险的能力。

三是思想观念进一步更新。通过半年的学习和实践，我的思想得到进一步解放，开拓进取意识进一步增强，对改革、发展、稳定的大局服从更自觉，更认真。特别是省卫生厅对农村卫生工作、城镇医疗卫生体制、医保制度进行了改革和探索，制定了适合本身特点的政策和措施。这些政策和措施对于实现卫生资源优化和可持续发展，提高卫生工作水平，已经或正在发挥重大作用。

四是实践能力进一步增强。挂职锻炼为我创造了良好的实践机会和条件。我在加强学习的同时更加注重实践，对一些重要工作不仅懂得了为什么干，而且学会了怎么干，工作的实际能力和水平有了新的提高。同时，省卫生厅通过机构改革，实现了人员合理配置，从厅长到处长及科员，实践能力都很强，良好的作风和宝贵的经验使我受益匪浅。

二、几点体会

（一）必须自觉接受上挂部门的领导和指导。挂职干部要谦虚谨慎，摆正位置，以诚相待，尽职不越权，挂职不添乱，着实不表面，认真向挂职部门领导和同志请示、汇报，积极争取他们对自己工作的指导与帮助，这样才能取得新成绩。

（二）必须加强学习。上挂学习对干部在政治、理论、业务等方面提出了更新、更高的要求。实践证明，党的事业发展、党的建设进步、领导干部素质的提高，都同我们高度重视学习、善于学习的优良作风密切相关。因此，高标准完成挂职学习的各项任务，取得良好成绩，必须克服轻视理论、满足现状和"临时工、走过场"等模糊认识，然下心来、扑下身子，扎扎实实地向书本学、向实践学、向上挂机关的领导和同志学，在丰富多彩的学习中总结、提炼鲜活的实践经验，真正养成愿意学习、善于学习的好习惯，不断促进学习水平的提高。

（三）必须勤于实践。挂职锻炼是增强干部实践能力的一项有效措施，是在更好的实践环境中锻炼、提高干部素质的重要途径。应珍惜这种实践机会，努力投身实践、大胆探索、埋头苦干、开阔视野、丰富经验、增长才干、增强组织和协调能力，同时从群众中吸取丰富的政治营养、成功经验，实现由专业型向行政领导型干部的快速转变。

（四）必须严于律己。干部上挂学习，与原来部门相比，工作、生活环境比较宽松。因此，要时时处处在政治上、思想上、学习上、生活上更加严格要求自己，自重、自省、自警、自励，模范遵纪守法，自觉接受社会监督，时刻把握住自己，发挥表率作用，不辜负组织上的信任和重托，出色地完成挂职学习任务。

（五）必须统筹兼顾。身兼多职的上挂干部，既要在挂职单位实践好，又要对本单位的大事掌握住，这样才能在挂职单位学到知识和经验，同时又能统筹兼顾地做好本单位工作，收到挂职不丢职，各方面工作事半功倍协同发展的良好效果。

三、几点思考

一是通过上挂学习培养干部应坚持不懈地抓下去。对"一推双考"干部安排上派挂职学习是加快培养干部的一条成功经验，很有必要把上派挂职学习这项工作坚持不懈地抓下去，抓出实效。要适应社会主义市场经济发展的要求，加速培养各类干部脱颖而出，担当重任。只有这样，才能在理论和实践的结合上，在更好的环境中培养和造就出更多的优秀领导干部。

二是解决上挂干部既能学习好，又能发挥作用是一个关键性课题。要教育上挂干部，锻炼不是搞形式、走过场、镀镀金，而是来学习、来实践、带着问题和任务提高来的，任务更重、要求更高、压力更大，必须珍惜良机抓紧学习和实践。同时，挂职单位对上派干部既要关怀、教育、指导、帮助，又要给他们出题目、压担子，多为他们发挥作用、增长才干创造有利条件，使他们既能摆正位置当好配角，又能开拓性地做好工作。

三是定期组织召开上挂干部座谈会很有必要。上挂干部学习回去后，把学到的知识和经验运用到工作实践中，能推动工作有所创新和提高。组织部门应定期或不定期召开座谈会，及时跟踪考核反馈，沟通情况，交流经验，对促进上挂锻炼干部持续提高水平，激发周围同志学习兴趣，必将起到更大、更好的作用。

★本文在《松原日报》上发表

激发民主党派潜能，共同构建和谐社会

（2005年11月）

建立一个民主法治、公平正义、诚信友爱、充满活力、安定有序、人与自然和谐相处的社会，是中共中央从全面建设小康社会，开创中国特色社会主义事业新局面的高度做出的战略决策，是贯彻落实科学发展观的具体体现，是推进我国经济社会发展的重大举措。既适应了我国改革发展进入关键时期的客观要求，更体现了广大人民群众的根本利益和共同愿望。作为参政党的民主党派，要在构建和谐社会中发挥作用，必须加强参政能力的建设。

一要提高学习能力。学习是民主党派的终身任务。新的社会，是一个学习型的社会。社会的和谐，是以人的文化道德素质为基础的，是以礼貌诚信为前提的。只有人人学会学习，积累丰富知识，掌握过硬本领，善于思考新问题，探索应对新措施，做到理论与实践相结合，才能运用学习的成果，推动工作，服务人民，构建和谐社会的目标才能实现。

二要提高政治把握能力。作为民主党派的领导和成员，必须要讲政治，要具有政治上的坚定性和敏锐性，善于从政治上判断形势和分析问题，在大是大非面前旗帜鲜明，立场坚定，自觉地与党中央保持高度一致。坚持用马克思主义的立场、观点、方法对待前进中出现的新问题、新矛盾。坚持以人为本的科学发展观去指导、谋划经济社会的发展，成为党的路线方针政策的坚强捍卫者和忠实执行者。

三要提高民主监督能力。要不断完善监督机制，加大监督力度，强化监督手段，拓宽监督渠道，切实提高民主监督的实效性。特别是对于执法执纪部门和权力机关以及人民群众反映强烈的热点、重点、难点问题要重点监督。通过座谈会、提案、社情民意、纠风测评等形式进行广泛监督；

通过选派党外干部到部门任职等形式进行直接监督；通过设立领导接待上访和举报电话等形式进行群众监督，只有这样，才能推动社会的和谐和发展。

四要提高参政议政能力。参政议政是民主党派的政治任务。要做好参政议政工作，就必须深入基层、社区和群众中去，开展调查研究，发现问题、了解真实情况，掌握第一手材料。力求揭示事物的本质，找准问题发生的原因，并从宏观与微观、理论与实践的结合上进行深入的理性思考，提出说理深刻、观点新颖、对策可行的建议，为党政决策提供可靠的依据。这样才能反映民意，化解矛盾，理顺情绪，密切党群、干群关系，把党的路线方针政策贯彻好、执行好，真正做到参政为民，提高参政本领。

五要提高合作共事能力。合作共事是构成社会和谐的基础，民主党派的特点是他的进步性和广泛性，成员是各方面、各领域、各阶层的代表人物。各民主党派与中国共产党之间是"长期共存、互相监督，肝胆相照、荣辱与共"的关系。这就决定了中国共产党与民主党派之间要遇事大家商量，提出解决问题的办法。要相互进言，各抒己见，本着知无不言，言无不尽，有则改之，无则加勉的精神，真心、真诚合作，共同推动和谐社会建设。

六要提高工作创新能力。构建和谐社会，需要革除和摒弃那些落后的、不适应发展的陈规陋习，树立有利于社会和谐的新理念。要创新工作思路，牢固树立以人为本的科学发展观，搞好"五个统筹"①，逐步建立起人与人之间互相尊重，互相信任的社会关系，使全体人民各尽所能，各得其所，和谐相处，达到和谐兴国、和谐创业、和谐安邦的目的。要创新工作方法，坚持全心全意为人民服务的思想，树立群众利益无小事的意识，敢于正视改革发展中出现的经济社会问题，积极化解各种矛盾，理顺关系，正确处理和解决好百姓关注的社会问题，积极维护社会稳定。要完善社会组织，调整社会关系，最大限度地激发社会各阶层、各群体、各组织的创造活力，努力实现经济与社会的协调发展。

构建社会主义和谐社会，是全面建成惠及十几亿人口高水平的小康社

---

① 胡锦涛：《胡锦涛文选》第二卷，人民出版社，2016，第189页。

会的必由之路。这一伟大目标的实现，需要执政党、参政党和全体人民的共同努力。作为民主党派成员要充分发挥自己的职能和优势，与中国共产党一道共同为构建社会主义和谐社会而奋斗。

★本文在《统战纵横》杂志上发表

怎样当好一名政协委员

（2008年9月）

当好一名政协委员，就要热爱政协工作。政协是委员的家和履职平台。政协委员应在这里更好地发挥作用，实现自身价值。多年来，围绕怎样当好一名政协委员深入学习和实践，使我逐步加深了对人民政协的性质、地位、根本任务、主要职能、组织原则和工作制度等问题的认识。在工作中坚持摆正自己的位置，努力统筹各方面工作关系，无论工作多忙或发生交叉，我都尽可能地抓紧时间，克服困难，既要抓好卫生工作，又要做好民进、政协方面的工作，做到本职兼职两不误。当工作与生活发生矛盾时，我总是把工作放在第一位。有一次我爱人突然生病，又赶上儿子参加高考，省内、市内几家医院未能确诊，心里非常着急。一方面我紧急带爱人去北京治病，确诊后马上安排亲戚照顾她；一方面工作任务很重，当时是食物中毒的高峰期，也是打击非法行医工作的关键期，迫切需要加强监管，防止出现突发事件。同时民进工作还有一些遗留问题有待协调和解决。我只能起早贪黑加油干，妥善完成了各项任务。一直以来，我始终坚持以事业和大局为重，恪尽委员职责，时刻注重维护政协组织的良好形象。

当好一名政协委员，就要善于学习。学习是立身之本、终生任务。我尽量减少不必要的应酬，珍惜有限的时间，勤于学习、善于学习，养成良好的学习习惯。工作中做到了"三学"：一是自学。每天规划出半小时到一小时的时间来学习，学习的内容为四大理论（政党理论、统一战线理论、民主政治理论、政协理论）及中国共产党的路线、方针、政策及法律、历史、业务知识等。在学习中重点段落、好的语句，我都记在笔记本上，报刊上好的文章我都剪裁下来。目前，我在《吉林日报》《协商新报》《统战纵横》《松原日报》上总共发表20余篇文章，记笔记10余本，报刊剪裁20余本。二是组织民进会员及机关干部学习。每当中央、省委、省政协下发重要文件，我都认真及时组织民进松原市委成员、支部主任及机关干部进行集中学习，并开展好"四个一"活动，即制定一个学习方案，集中学习一次原文，召开一次座谈会，写一篇学习心得体会。在每次学习会上，我都谈学习体会并提出具体要求，活动内容在《松原日报》上发表。三是积极参加省、市政协组织学习。省政协到松原举办全国政协委员培训班一般都吸纳在松原的省政协委员参加，这对我来说是难得的学习提高机会。同时，我还坚持经常地参加市政协组织的各种活动，如今年6月组织的市县政协、统战部、民主党派、工商联负责同志参加的学习贯彻落实中央5号文件精神座谈讨论会，倪庆路主席在会上做了学习辅导，各位副主席及县区的负责人都发了言，我从6个方面汇报了学习体会，内容在《松原日报》和《政协情况通报》上刊发。值得一提的是，倪庆路主席工作很忙，年龄也不算小，还能集中精力带头学习，反复研读15遍并书写一遍，这种精神是难能可贵的，是我学习的榜样。通过长期坚持学习，进一步提高了我的理论素养、政治水平和工作能力。

当好一名政协委员，就要扎实工作。我既是市政协的副主席，又是省政协委员；既是市民进主委，又是市卫生局副局长，身兼数职工作自然就忙。在工作中我用心用力，有较强的责任感和敬业精神。药品招标采购工作是一项"民心"工程，涉及百姓的切身利益、党和政府的形象，如果抓不好或稍有私心，就会造成不良后果或严重影响。因此，在药招过程中我以身作则，严格要求自己，按招标方案办事，在全省率先实现用纪检监察、物价、财政执法执纪部门审核企业的资产材料，全程跟踪监督，并实行公告制。由于我们坚持了公开、公平、公正，我市的药价处在全省低位，并严把了质量关。我们的做法在全省纪检信访工作会议上得到肯定和表扬。2003年在抗击非典中，我被市政府评为先进个人。我市民进工作曾经有过辉煌的历史，但由于建综合楼拖欠会员、非会员集资款无法偿还，致使会员连续8年越级上访告状，民进组织一度处于瘫痪或半瘫痪状态。2002年我担任主委，下定决心解决这一难题。在市委的坚强领导和统战等部门的大力支持下，问题得到妥善解决，广大民进会员的心又重新凝聚在一起，焕发出了勃勃生机和活力。去年有6名会员被评为省级优秀会员，有2个支部被评为省级先进支部；参政议政水平有了新提高，2007年末组织会员撰写调研报告15篇；提案75件，被市政协评为优秀提案单位；机关建设呈现新面貌，办公条件实现了自动化、现代化，机关干部精神振奋、扎实工作，完成了市里下达的500万元招商引资任务。民进工作取得的成绩得到了省、市有关领导的认可和好评。在政协工作方面，我紧紧依靠政协组织的领导，一是经常向主席等各位领导汇报工作，交流思想，遇到难事请领导帮助出主意、想办法、解难题；二是积极完成好政协组织交给的各项任务。市委召开的全市经济形势分析会，因主席出差，市领导让我发言，我就结合日常工作中的所见所闻及工业项目视察情况，就我市工业项目走循环经济发展之路，讲了三个方面的感受，提出三个方面的建议，得到了在场的领导和与会人员的好评，主要内容在《松原日报》上发表。三是认真搞好调查研究。几年来，我围绕市委、市政府的中心工作，就工业立市、农业产业化、粮食购销企业改革、职业教育、新农村建设、新型农村合作医疗等课题开展了专题调研活动，形成了调研报告和建议性文章。其中粮改调研报告，市委主要领导和分管领导都做了批示，得到了好评。截至目前，在省政协转发1件社情民意，提交提案多份，省政协论坛发言1次，2004年度被评为全省优秀政协委员。

今后，我要加倍努力，认真学习，扎实工作，积极参政议政，做一名合格的政协委员。

★本文是在参加驻吉林省的全国政协委员培训班上的发言

防微杜渐，警钟长鸣

——参观反腐倡廉教育活动有感

（2009年8月）

按照市委的统一安排，2009年8月，我参加了市委组织的全市处级以上领导干部到省廉政教育基地参观反腐倡廉教育活动。通过讲解员解说和观看警示教育片，使我深受教育和启示。我决心从这些案例中吸取教训，引以为戒，查找在理想信念、政治生活和世界观改造等方面存在的问题和不足，尽快克服和纠正，努力做到"四个要"。

一是要加强政治理论学习。理论是行动的先导，理论上清醒是政治上清醒的前提，理论上坚定是政治上坚定的保证。对此，党外干部和党员干部一样得到了党多年的教育和培养，也是党的干部，不管工作忙与否，不管手中有无权，必须按照党的要求严格要求自己，深入学习中国特色社会主义理论，用马克思主义中国化最新成果武装头脑，指导实践，推动工作；深入学习统一战线、多党合作理论和方针政策，不断提高政策水平和理论水平；深入学习法律法规和廉洁自律有关规定，进一步增强反腐倡廉意识和能力。只有这样，才能够在任何复杂情况下，保持头脑清醒，不迷失方向，做一个政治上的明白人，自觉接受中国共产党的领导，与中共中央保持高度一致，坚定共产主义和中国特色社会主义理想信念，树立正确的世界观、人生观和价值观，牢记全心全意为人民服务的宗旨，自觉抵制腐朽思想的侵蚀和影响，防微杜渐、警钟长鸣，做到自重、自省、自警、自励，切实筑牢思想道德防线。

二是要遵守职业道德规范。职业道德规范是事业成功的前提，规定着履职工作中的行为。不同的职业道德规范会导致人们不同的工作行为。今天看到这些违法犯罪分子就是没有良好的职业道德，不把心思用在干好本职工作和事业发展上，而是想方设法为自己捞好处、得实惠、见利就图、有乐就享、损人利己、损公肥私、弄虚作假、尔虞我诈，不仅害了自己，也害了别人。作为一名党外干部，要珍惜来之不易的岗位，知责、明责、尽责，端正好职业道德思想，严守职业道德底线，三省吾身，淡泊名利，耐得住寂寞，守得住清贫，经得起诱惑，不断提高合作共事水平，做"敬业、守法、公道、奉献"的职业道德建设的实践者，让自己在"双岗建功"中发挥应有的作用。

三是要懂得知足常乐。知足是廉洁的保证，是人生快乐的根基，是一种大智慧，也是一种好作风。在面对物欲横流的当今社会，人们的思想观念、生活方式和价值取向都发生着深刻变化，诱惑颇多。作为一名党外领导干部要旗帜鲜明坚持什么、反对什么、倡导什么、抵制什么，辨明是非、善恶、美丑界限，正确对待自己的收入，衡量自身的能力，正视客观的条件，不妄想、不贪求、不攀比，更不执迷权力、金钱、地位。要时刻保持一种"知足常乐"的心态，一份廉洁从政的进取，正确处理好"官"与"财"的关系，感悟"知止尚行"的人生哲理。要以宽容坦荡的胸怀和高尚情操去对待生活，常怀对党对人民感激之情，常有对工作对事业不足之责，踏踏实实，本本分分，干干净净，在本职工作岗位上实现自我价值，努力做一名合格的党外领导干部。

四是要加强人品人格修养。品格修养是为人之本，做官之基。好人不一定是"好官"，但品格低的"官"，决不会替百姓做好事。也就是说，品格修养既包括政治大节，又包括生活小节，小节关乎大节。作为一名党外领导干部应透过这些"小节"看到问题的本质，深明"长堤溃于蚁穴"的道理，工作生活中要始终严格要求自己，随时保持清醒的头脑，重视品格修养，从小事做起，防止因小节不保而酿成大错，把问题消灭在萌芽状态，自觉做到为民、务实、清廉，展现党外领导干部的良好形象。

★本文是到吉林省廉政教育基地参观学习的体会

机关干部要加强学习

（2011年11月）

我们党历来重视机关干部的学习和培养，这是推动党和人民事业的一条成功经验。特别是面对新形势、新任务，机关干部很有必要加强学习，在全社会大兴学习之风，提高自身修养，提升服务能力和水平。对于全党各级干部加强学习，并通过学习的示范带动作用，在全社会大兴学习之风，具有很强的指导性和针对性。

首先，加强学习是提高机关干部行政水平的客观需要。当前，我国正处于建设中国特色的社会主义的征途中。这是一项前无古人的伟大事业，任务艰巨、情况复杂、困难很多，我们必须本着对党、对人民、对历史高度负责的态度来加强学习。如果不加强学习，就会导致政治敏锐性不强，立场不坚定，方向不明确；就会造成理论素养和知识水平的不适应、工作作风和工作方法的不适应；甚至会产生以干带学、忙于应酬、一知半解、浅尝辄止，教条主义、经验主义严重，知行不一、言行不一等问题。所以，机关干部必须大力加强学习，先学一步、多学一些、学深一层，做学习的表率。只有虚心向书本学习、向实践学习、向群众学习，才能从理论与实践的结合上切实提高行政水平。

其次，加强学习是驾驭社会主义市场经济的发展需要。社会主义市场经济体制的构建和运作，面对着许多错综复杂的新课题和新挑战。机关干部必须加强学习新知识、新技术、新经验，以防止和克服内外环境和市场经济的负面效应。只有加强学习，掌握社会主义市场经济的客观规律，才能头脑清醒、辩证思考，透过现象看到本质，把握全局，在市场经济的大潮中得心应手，不断做出新贡献。

再次，加强学习是实现党的十五大确定的跨世纪发展目标的迫切需要。只有加强学习，才能全面、系统地掌握马列主义、毛泽东思想、邓小平理论和十五大精神，统领我们的思想，指导我们的实践，保证改革和建设的正确发展方向；才能万众一心地为实现党的十五大确定的跨世纪发展的宏伟目标努力奋斗，才能有力地抵御金融风险、战胜自然灾害、打击各种形式的犯罪活动，为我国两个文明的发展创造良好的社会政治环境；才能妥善处理各种利益关系，最大限度地调动各个方面的积极性，完成党交给的跨世纪发展的各项任务。

加强学习，力求"三重"：

重在增强信念。理想和信念是一个党统一思想协调行动的旗帜。马列主义、毛泽东思想，特别是邓小平理论是新时期我党及各项工作的思想灵魂和旗帜，是精神支柱和前进动力，是机关干部的立身之本。在新的历史条件下，解决好理想信念问题，更应具有特殊性、针对性、紧迫性。最根本的是用邓小平理论和十五大精神武装头脑，讲学习、讲政治、讲正气，在思想和行动上与党中央保持高度一致。增强政治意识、服从意识、责任意识、公仆意识、求实意识，形成巨大凝聚力和向心力。

重在提高素质。一是提高理论素养。理论上的成熟是政治上成熟的标志；政治上的清醒与坚定是以理论上的清醒与坚定为前提的。只有具备了较高的理论素养和水平，才能站得高、看得远，才会有较强的洞察力、分析问题和解决问题的能力，不断提高政治理论水平和政策水平。二是提高业务素养。在知识经济时代到来的时刻，要尽快调整知识结构，及时了解新思潮、熟悉新学科，刻苦钻研业务理论和业务知识，熟练掌握本职工作技能，努力达到学懂弄通，一职多能，成为本职业务的行家里手，不断增强为人民服务的本领。三是提高文化素养。要努力学习社会主义市场经济、科技、历史、法律等方面知识，拓宽知识面，不断提高知识水平和口笔表达能力。四是提高道德素养。要自觉地做到自重、自省、自警、自励。模范地遵守社会公德、职业道德、家庭美德。以德为本，为政以德，不断提高道德水平。

重在持之以恒。在知识经济的时代，不持之以恒刻苦认真地学习，怎能轻而易举地把理论知识学深学透，学到手呢？又怎能把学到的理论知识得心应手地运用于实践、指导实践、发展实践呢？因此，学习需要我们有决心、苦心、恒心，采取老老实实的科学态度，用"挤"和"钻"的学习方法，投入尽可能的精力，潜下心来，从一丝一缕、一点一滴学起，这样才能保持旺盛的读书兴趣和读书愿望，真正像周恩来同志所说的那样："活到老，学到老，改造到老。"①那么，我们的事业一定会无往而不胜。

　　★本文在吉林省政协《协商新报》上发表

---

　　① 《老一辈革命家党建论述选编·周恩来卷》，党建读物出版社，2017，第89页。

"三化"统筹之我见

（2012年5月）

按照省委组织部统一安排，我于2012年5月中旬参加吉林省"三化"统筹比较研究培训班，赴成都、上海等地进行专题考察学习。这次培训虽然时间较短，但内容丰富，针对性强，使我深受启发。通过培训，对"三化"统筹有了更加深刻的理解，对参与松原市的"三化"统筹工作有了较好地把握。

统筹推进"三化"，对于松原加快发展、科学发展至关重要。我们要抓住新的历史发展机遇期，站在新的起跑线上，摆正"三化"统筹的关系，通过加快工业化和农业现代化，创新产业格局，强化产业支撑，为推进城镇化提供动力；通过加快工业化、城镇化进程，增强反哺能力，搭建有效载体，为实现传统农业向现代农业转变拓展空间；通过加快城镇化、农业现代化进程，促进资源要素集聚，为推动工业化发展创造条件。可以说，工业化、农业现代化是城镇化发展的"引擎"，工业化、城镇化是农业现代化的加速器，城镇化、农业现代化是工业化发展的"路基"。"三化"之间相互促进，相互协调，相互支撑，是辩证统一的有机整体。我们要打好"三化"组合拳，奏起"三化"交响曲，做活"三化"这篇大文章。

当前，面对松原新的发展形势，统筹"三化"必须围绕"四个"融合做文章。一是围绕产业与园区融合做文章。要深入实际，开展对各类园区、开发区的专题调研，在搞好分类指导、明确产业分工的基础上，推动新建和引进的项目进入园区，并建立异地招商、税收分成制度，避免各自为战，资源浪费，破坏生态环境现象的发生，促进我市工业园区走集中、集群、集约式循环经济发展的路子，形成产业体系和产业规模化。着力打造油气化工、生物化工、农畜产品深加工和新能源四大支柱产业，做大做强电力、建材、油田配套等优势产业，培育旅游、新材料、新医药等战略性新兴产业，发展装备制造、商贸物流传统产业，达到一园一主业，园园有特色。同时，推进原有综合园区逐步向专业园区跨越，以产业做引领，用制度做保障，体现前瞻性、专业性，构建独具特色的产业新格局。二是围绕乡镇与城市融合做文章。结合城乡统筹发展，在发展特色主导产业及深化农村产权制度改革和土地综合整治等方面进行综合调研，探索建立加快"三化"联动步伐的统筹工作委员会、办公机构和高效运转的管理体制机制，选择部分县区、乡镇开展试点，探索途径，积累经验，实现以产业支撑城乡发展，以城乡一体化带动产业发展，防止"空壳病"发生。注重发挥市场配置资源的基础性作用，建立归属清晰、权责明确、保护严格、流转顺畅的现代农村产权制度。三是围绕创新与科技融合做文章。坚持用先进科学技术改造现有传统产业，使之不断优化升级。加强高新技术和先进实用技术的引进和再创新，走自我知识产权发展的道路，重点围绕整合社会创新资源、促进产学研合作、培育企业创新主体地位，发展自主品牌等方面进行调研。推进科技成果转化，着力打造一批具有核心竞争力的高新技术企业，延长产业链，把潜在生产力转化为现实生产力，提高产品附加值和科技含量，增强产品市场竞争力；通过科技平台的试验示范作用，促进产业向高端方向发展，加快实现科技优势向产业优势转化，为"三化"深度融合创造良好环境。四是围绕企业与环境的融合做文章。企业的发展离不开环境的优化，环境的改善为企业发展提供良好外部条件。在硬件建设上，要围绕如何优化基础设施条件，做到水、电、路、气、信、绿化全面配套，完善功能，打造优美环境，实现"筑巢引凤"和"引凤筑巢"的良性循环，为企业发展创造宜业、宜居、宜商的优良环境。在软件建设上，要围绕强化制度约束，实现一次性告知，急事急办，特事特办，把"一站式"办公，"一条龙"服务真正落到实处，避免"前店后厂"和"里一半，外一半"的现象发生，对生、硬、顶、推、拖的涉软案件严肃查处。与金融部门研究如何加大对自主创新和结构转型升级项目的贷款投放力度；与税务部门研究如何对企业实行"放水养鱼"政策，培植税源大户，支持企业做大做强；与社保部门研究如何完善社会保障体系，使保障、教育、医疗、救助实现全覆盖，减少企业后顾之忧，为企业发展创造良好的社会环境。

在推进"三化"统筹进程中，要注重处理好几个关系。

一是注重处理好领导重视和群众支持的关系。推进"三化"统筹涉及发展全局，必须成立坚强的领导组织和组织机构，建立高效的部门联动机制。要选择基础条件较好、产业集中度较高、土地流转力度较大的地方启动统筹城乡发展试点，探索符合自己的发展模式，为"三化"建设提供组织保证和经验积累。群众支持是做好工作的源头活水。要尊重群众，相信群众，依靠群众，以群众为师，树立群众观点，走群众路线，善于通过群众寻求解决难题办法。全体政协委员要成为联系广大群众的知心朋友，善于集中群众智慧和力量，这样完成"三化"统筹的艰巨任务才有基础和保证。

二是注重处理好近期和长远的关系。"三化"统筹既是一项长期复杂的系统工程，也是一项具体的工作目标，既要有长远打算，又要立足当前，不等不靠。从远景目标看，应着眼发展需要，加快发展方式转变，调整经济结构，全力推进项目建设，搞好工业集中区和工业园区及开发区总体规划、城镇体系规划和社会主义新农村建设规划，使三个规划互相衔接、统一运作，做到城乡规划一体化、产业布局一体化、基础设施一体化、公益服务一体化、社会管理一体化，在规划的指导下稳步推进。近期，应把已经纳入日程的建设项目、改革措施、政策办法抓紧实施，以只争朝夕的精神予以推进，以时不我待的紧迫感落实各项工作任务。

三是注重处理好政府引导和市场化运作的关系。一方面，各级党委、政府要加大"三化"统筹投入力度，按照经济增长速度，确定递增投入比例，资金及时到位。积极调整财政支出结构，在财政信贷投放上向"三化"建设倾斜。要用好用足用活国家继续加大全面振兴东北老工业基地的政策支持和长吉图开发开放先导区建设战略先行先试权，创造性地制定我市"三化"统筹的优惠政策、具体办法和实施细则。同时，要运用市场化手段，多渠道筹措社会资金，用于"三化"建设。可采取成立农业发展投资公司、小城镇建设投资公司，多方融资，解决资金不足问题，为"三化"建设提供稳定的投入。

四是注重处理好机制创新和社会管理的关系。在"三化"统筹进程中，要更加注重体制机制创新，以增强发展的内生动力。同时，在社会管理方面，我们要下大力气以农村产权制度改革为突破口，探索农村集体土地所有权、集体建设用地使用权、农村土地承包经营权、户籍管理制度改革、建立小城镇一级财政制度等改革措施，为"三化"建设提供动力源泉。重点要建立矛盾排查、化解和疏导机制，努力化解不安定因素，全力维护社会稳定。要强化安全监督管理机制，逐步构建消防安全、食品安全、药品安全、生产安全、交通安全以及突发事件应急处理一体化的城乡安全格局。要建立新型村级治理机制，实行民主管理，实现社会管理全覆盖，推动"三化"统筹在和谐稳定的社会环境中协调发展。

★本文在《松原日报》上发表

以讲话精神为指引，扎实做好民进工作

（2012年8月）

2012年7月23日，胡锦涛同志在省部级主要领导干部专题研讨班开班式上发表的重要讲话，立意高远，总揽全局，内涵丰富，富于创新。站在坚持和发展中国特色社会主义的政治高度和宽广视野，精辟分析了我国面临的新形势新任务，科学阐述了事关党和国家全局的若干重大问题，深刻回答了党和国家未来发展的一系列理论和实践问题，是新时期中国共产党在发展问题上的新认识，是深入贯彻落实科学发展观提出的新要求，是马克思主义中国化的最新成果，是指引全党全国各族人民开创中国特色社会主义伟大事业新局面的纲领性文献，通篇闪耀着马克思主义真理的光辉，对于党的建设、对于中国的发展都具有重要的指导意义。

民进松原市委会通过学习，一致感到讲话令人振奋、深受教育、鼓舞人心、催人奋进，进一步增强了接受中国共产党领导和走中国特色社会主义政治发展道路的信念和决心。民进松原市委会要在中国共产党领导的多党合作事业中积极发挥作用，把深入学习、认真领会、联系实际、贯彻落实胡锦涛同志讲话精神，作为当前和今后一个时期的重要政治任务，切实抓好落实。

一是坚定不移地接受中国共产党的领导。民进松原市委会要带领基层组织和广大会员以讲话精神为指导，继承和发扬老一辈领导人的优良传统和高尚风范，深切理解接受中国共产党的领导，是中国民主促进会在长期实践中做出的自觉选择，并在改革开放、推动科学发展的今天，始终保持对中国特色社会主义的高度自觉、高度自信。要把坚持和发展中国特色社会主义作为同中国共产党亲密合作的最大共识，作为巩固共同思想政治基础的着力点，坚决维护中国共产党的执政地位，认真履行民主监督职能，做中国共产党的挚友和诤友。要协助中国共产党推进科学执政、民主执政、依法执政，自觉为中国共产党治国理政分忧解难，切实把全市民进会员紧密团结在中国共产党周围，与中国共产党同心同德、同向同行，奋力将中国特色社会主义伟大事业继续推向前进。

二是坚定不移地落实科学发展观。民进松原市委会要把胡锦涛同志提出的深入贯彻落实科学发展观转化为武装头脑、参政议政的动力。坚持以经济建设为中心不动摇，坚持把促进发展作为履行参政党职能的第一要务。以党为师，立会为公，参政为民。重点结合松原经济社会发展大局凝心聚智，充分发挥民进在参政议政重点领域的特色和优势，就事关全局的加快转变经济发展方式、改善民生、创新社会管理、教育改革、文化发展与繁荣等重大重点课题履行职能，深入调研，反映民意，为市委、市政府科学决策提出有参考价值的意见和建议，为统筹推进"三化"，建设幸福松原献计出力。

三是坚定不移地加强和改进民进参政党的自身建设。民进松原市委会要认真学习胡锦涛同志讲话精神，深入开展树立和践行社会主义核心价值体系活动，以改革创新的勇气，切实加强思想、组织、作风、制度建设，以实施民进工作创新工程提升建设民进参政党的科学化水平。要认真贯彻落实民进中央关于加强和改进自身建设的《意见》，积极探索参政议政建设的基本规律、基本方法，适应时代发展的新要求，全面提高民进会员推动科学发展、促进社会和谐的政治把握能力、参政议政能力、组织领导能力、合作共事能力，使民进自身在广泛性基础上的进步性与中国共产党的先进性相适应，努力建设成为一支高素质参政党队伍，推动多党合作事业薪火相传，不断开创新局面。

四是坚定不移地抓好当前各项工作。按照年初工作安排，民进松原市委会和各支部要以高度负责、奋发有为精神切实抓好工作任务的落实。一是要切实完成各阶段学习任务；二是要开展各支部活动；三是要做好"三下乡"活动准备工作；四是要抓好10个调研课题的落实，撰写出一份高质量的调研报告、提案和社情民意；五是要尽快进入工作角色。我们的副主委、秘书长，都是换届后产生的，需要深入了解和掌握会章、会史，需要掌握调查研究基本功，需要尽快熟悉民进工作，找准位置，选好角度，规范程序，做到每次会议都能突出重点、推动工作，达到事半功倍的效果。

站在历史新的起点上，民进松原市委会全体会员要认真学习、深刻领会胡锦涛同志讲话精神，切实把思想行动统一到中共中央的决策部署上来，深入践行"同心"思想，扎实推进"同心"实践活动，振奋精神、团结奋进、履职尽责，确保各项工作取得新进展，助力服务松原科学发展，为迎接中共十八大和民进十一大的胜利召开做出积极贡献。

★本文是在民进松原市委会扩大会议上学习胡锦涛同志专题研讨班重要讲话精神的发言

学习贯彻十八大精神，提高民主党派干部履职水平

（2012年11月）

中国共产党第十八次全国代表大会，是在我国进入全面建成小康社会决定性阶段召开的一次十分重要的大会。大会通过了胡锦涛同志代表中共十七届中央委员会所做的报告和各项决议，选举产生了以习近平同志为总书记的新一届中共中央领导集体。我作为一名民主党派干部完全拥护，并将把学习贯彻十八大精神作为当前和今后一个时期的首要政治任务，结合实际，履职尽责，塑造民主党派干部良好形象。

一、学习贯彻十八大精神，保持政治上清醒和坚定

民主党派干部要保持政治上清醒和坚定，就必须坚持经常学习、深入学习、系统学习十八大精神，让十八大精神入脑，运用马克思主义立场、观点、方法，深刻理解十八大精神，审视当今世界发展趋势，把握现阶段基本国情和改革发展实际；就必须坚持精益求精、融会贯通，达到学有所思、学有所悟、学有所得，让十八大精神入神，适应民主党派干部充实头脑的现实需要，体现民主党派干部的思想理论水平；就必须坚定理想信念，增强政党意识、大局意识、责任意识，让十八大精神入心，提升培养民主党派干部的政治素养和高尚的道德情操，体现多党合作的共同愿望。只有把十八大精神学深悟透，武装民主党派干部头脑，才能把我们思想和行动统一到十八大精神上来，统一到增进对中国特色社会主义的政治认同和思想认同上来，统一到今后谋划发展思路和履行职责要求上来，既不走封闭僵化的老路，也不走改旗易帜的邪路，更好地把握正确的政治方向，

坚定地走中国特色社会主义道路，坚持中国共产党领导的多党合作和政治协商制度，自觉地接受中国共产党领导，在思想上行动上与中共中央保持高度一致，信赖和拥护中国共产党，永葆民主党派干部的政治本色和高度自觉。

二、注重学习贯彻十八大精神，找准参政议政的切入点和着力点

民主党派干部要认真学习领会中共十八大报告确定的经济建设和社会发展"五位一体"的总体布局，大力发扬理论联系实际的学风，用十八大精神指导实践，推动工作，达到学以致用的目的，体现民主党派干部通过理论武装解决实际问题的能力。因此，要增强忧患意识，转变参政议政理念，发挥自身的特色和优势，带着深厚的感情和科学的态度去工作，不消极、不松懈、不麻痹，在参政议政切入点和着力点上下功夫，履职尽责，有所作为。将十八大精神联系到我市"十二五"规划主题主线上来，加快经济体制改革和产业结构调整，带动整个经济发展方式转变，着力推进绿色发展、循环发展、低碳发展。从市情出发，深入开展调研，为党政科学决策提出具有前瞻性的意见和建议；联系到我市加快科技创新和教育、文化的改革与发展上来，为人力资源强市、人才资源强市和建设创新型松原，立足本职岗位，认真开展调研工作，为党政科学决策提出科学的有分量的意见和建议；联系到我市人民群众关注的社会热点、难点问题上来，为畅通人民群众的意愿和诉求，维护和完善民主法治秩序，有针对性地选择化解社会矛盾，促进社会和谐，推进社会管理创新等课题，积极开展调研工作，反映社情民意，为党政科学决策提供有价值的参考依据。

三、学习贯彻十八大精神，进一步提升综合素质和能力

民主党派干部要以学习贯彻十八大精神为强大动力，全面加强自身建设，弘扬民主党派优良传统和作风，牢固树立正确的世界观、人生观、价

值观，践行社会主义核心价值观，加强政德修养，保持崇高的精神境界。要爱岗敬业、恪尽职守、甘于奉献，凡事从一点一滴做起，专心贯注，干一行、爱一行、精一行、成一行，成为行家里手。要合作共事，视团结如生命，自觉维护班子和队伍的和谐，心胸开阔、为人豁达、宽以待人、换位思考，大事讲原则、小事讲风格，摆正位置、理顺关系，尽职不越位、补台不拆台，互相尊重、互相支持，做到合心、合力、合拍干事。要严格要求自己，遵守廉政建设的各项规章制度，耐得住寂寞，守得住清贫，不谋私利，公道正派，敢于抵制各种歪风邪气，始终做到自重、自省、自警、自励，切实增强拒腐防变的能力，保持清正廉洁的浩然正气，努力做一名高素质的民主党派干部。

　　★本文在《松原日报》上发表

学习贯彻十八届三中全会精神，
推动民进工作迈上新台阶

（2013年12月）

中共十八届三中全会，是在我国改革开放新的重要关头召开的一次重要会议，是全面深化改革的又一次总部署、总动员，必将对推动中国特色社会主义事业产生重大而深远的影响。习近平总书记重要讲话和全会通过的《中共中央关于全面深化改革若干重大问题的决定》（以下简称《决定》），是指导我国新时期全面深化改革的纲领性文件和科学指南，也有力地回应了人民群众对改革的热切期盼，令人十分鼓舞，信心倍增。民进松原市委坚决拥护和赞同中共十八届三中全会做出的决定和部署。

我国的改革已进入"攻坚期"和"深水期"，中共十八届三中全会对全面深化改革提出了新的目标、任务和要求，这是中国共产党在社会主义建设的伟大抉择，是在新的时代条件下带领全国人民进行的又一次新的伟大革命。我们民进松原市委会要深刻了解其时代背景，认真领会精神实质和丰富内涵，凝聚改革共识，增强改革信心，号召和引导全市广大民进会员，迅速掀起学习中共十八届三中全会精神的热潮，切实把这次会议精神贯彻落实到民进各项工作中去。

一要认真学习，统一思想。民进松原市委会要对学习中共十八届三中全会精神做出部署，研究制定学习方案，通过组织广大会员学习习近平总书记重要讲话精神和《决定》，深刻认识全面深化改革，必须坚持中国共产党在中国特色社会主义事业中的领导核心地位和作用，必须坚持社会主义市场经济改革方向，必须坚持中国特色社会主义政治制度和政党制度，必须坚持中国国情这一实际，必须坚持发展仍是解决我国所有问题的关键这个重大战略判断。自觉地把学习贯彻中共十八届三中全会精神作为当前首要的政治任务，把思想和行动统一到中共中央决策部署上来，增强政治责任感和使命感，积极营造民进参政党对深化改革认识的良好氛围。

二要围绕中心，履职尽责。民进松原市委会要继承和发扬民进的优良传统，坚持理论联系实际，把握改革的主题、主线和重点，围绕中共松原市委、市政府的中心工作，把着力点放在加快转变经济发展方式上来、放在教育文化体制改革上来、放在政府与市场资源配置上来，充分发挥民进组织密切联系教育文化新闻出版界的优势，结合实际，深入调研，参政议政，建言献策，为深化改革开放，全面建成小康社会做出贡献。

三要夯实基础，增强本领。民进松原市委会要按照民进省委和中共松原市委的要求，以思想建设为核心，以组织建设为基础，以制度建设为保障，进一步夯实基层工作基础。做到学习贯彻中国共产党十八届三中全会精神与坚持和发展中国特色社会主义学习实践活动相结合，与打造学习型参政党建设相结合，与推动当前的工作相结合，与谋划明年工作思路和目标任务相结合，不断加强自身建设，牢固树立进取意识、机遇意识、责任意识，增强履职能力和本领，努力使民进松原市委会各项工作迈上一个新台阶。

★本文是在民进松原市委会扩大会议上的讲话

从阅读好书中汲取智慧和力量

——寄语民进松原市委会读书报告会

（2015年4月）

又是一年春草绿，依然十里杏花红。在"世界读书日"来临之际，我们民进松原市委会举行了以"爱读书、读好书"为主题的读书报告会，目的是培养民进会员的良好读书习惯，树立终身学习的目标，不断提升个人文化素养，争做学习型人才，以更好地适应本职工作，服务社会、服务人民。读书的重要性显而易见，就坚持读书的方法，我认为应该从以下三方面入手。

一、读书要勤于思考

高尔基说："书籍是人类进步的阶梯。"我们应该从人生的开始就拥有这样一部阶梯，让我们通过读书可以不断地丰富自我，同时又能为人类文明的进步贡献我们自己的力量。我们要抓住一条读书的主线，那就是爱读书、读好书、多读书、勤读书，终身读书。歌德说过："读一本好书，就是和许多高尚的人谈话。"博览群书是丰富我们人生知识的保证。书籍可以在我们需要的时候指导我们的言行，给予我们智慧和启迪，减少生活和工作中的失误与不足。书籍是我们的好朋友，它可以帮助我们取得成功。同时，古人说："学而不思则罔，思而不学则殆。"书本上的东西是别人的，要把它变成自己的，离不开思考；书本上的知识是死的，要把它变成活的，为我所用，同样离不开思考。读书学习的过程，是一个不断思考认知的过程。思考是阅读的深化，是认知的必然，是把书读活的关键。要带着问题读书，养成边读书边思考的习惯，在广泛阅读的基础上，联系实际，开动脑筋，对现实中的疑惑进行深入思考，力求把零散的东西变为系统的、孤立的东西变为联系的、粗浅的东西变为精深的、感性的东西变为理性的。要敢于拿起批判的武器，在思考中发现新的问题，在继承前人的基础上努力形成新认识。当然思考的基础是读书。终日而思，不如须臾之所学。只有通过读书获得新知识、了解新思想、树立新观念，才能提高思维的准确性、深刻性、创造性。

二、读书要学用结合

当今时代，知识更新周期大大缩短，各种新情况、新事物、新知识层出不穷。有人研究过，18世纪前，知识更新速度为90年左右翻一番；20世纪90年代以来，知识更新加速到3至5年翻一番。近50年来人类社会创造的知识比过去3000年的总和还要多。在农耕时代，一个人读几年书，就可以用一辈子；在工业经济时代，一个人读十几年书，才够用一辈子；到了知识经济时代，一个人必须学习一辈子，才能跟上时代前进的脚步。读书实际上是一个去粗取精、去伪存真的过程，必须联系实际，知行合一，通过理论指导，利用知识积累，来洞察客观事物的发展规律。读书是学习，使用也是学习，并且是更重要的学习。大凡有作为者，都注重读书与运用结合，而不是读死书、死读书。战国赵括"纸上谈兵"、两晋学士"虚谈废物"讲的就是这个道理。一个人如不注重把学到的知识运用到工作中、落实到行动上，即使他"学富五车，才高八斗"，也不能说达到了学习的最终目的。历史经验证明，在大开发大建设的新形势下，干部面临的诱惑很多，一些人经受不住权力、金钱、美色等考验而败下阵来，一个重要原因就在于他们放松了读书学习，忽视了主观世界改造。通过读书，可以逐步地解决好理想信念、思想作风、道德情操、清正廉洁等问题，不断增进与人民群众的感情，更好地为人民服务。

三、读书要持之以恒

德国家家有书架，德国人爱读书，以读书为荣，有空就读书。美国人喜欢读书，有每天坚持一至两个小时的阅读习惯。犹太人酷爱读书。据联合国教科文组织1988年的一次调查，14岁以上的以色列人平均每月读一本书，人均读书量高居世界各国之首。中国人包括教科书在内年人均读书量4.39本。所以书香中国大兴全民阅读之风。一个人的精神发育、知识积累、视野拓展，需要通过阅读来完成。一个国家的科学发展需要拥有知识的精英，知识的精英是通过读书和实践来提升水平的。读书是一个长期辛劳的过程，正如荀子在《劝学篇》中所说："不积跬步，无以至千里；不积小流，无以成江海。"要善于利用时间读书，养成坚持不懈的习惯。一要发扬挤劲，争取每天挤出一定时间读书，特别要善于把各种零碎时间利用起来读书。二要发扬钻劲，书读百遍，其意自见。功夫下到一定程度，就能达到出神入化的境界。三要发扬韧劲，读书最可贵的是终身坚持，无论哪个年龄段都要孜孜不倦读书。各位会员应读好三类书：读经典名著，增文化底蕴；读理论专著，强工作实践；读报纸杂志，解天下时事。读书要读懂、读深、读透。凡是重要的书，尤其是经典著作，必须静下心来，反复阅读，不能贪多求快，要细嚼慢咽，仔细品味，对其中精要部分最好能够背诵。苏轼说："旧书不厌百回读，熟读深思子自知。"若能达到这样境界，读书就成了我们精神的第一需要。读书尤其需要意志。"一天爱读书容易，一辈子爱读书不易。"毅力是一种希望，更是一种成功的力量，凭勤奋和毅力可以水滴而石穿。有位哲人说过："比知识更重要的是方法，比方法更重要的是方向，比方向更重要的是态度，比态度更重要的是毅力。"

在阅读中体会读书的乐趣，堂堂正正做人，干干净净做事，在本职岗位上争做贡献，为全市经济社会发展增光添彩！

★本文是在民进松原市委会召开的会员读书报告会上的讲话，并在《吉林民进》上发表

强化理论学习，不断提升指导实践水平

（2015年4月）

按照民进吉林省委的要求和民进松原市委的工作安排，经过半年准备，我们召开了这次理论研讨会，这对于深刻认识参政党理论研讨，切实推动将理论联系实际的学风落到实处，具有重要意义。在今天的研讨会上，大家的发言既有理论高度，又紧密联系实际，见解独到，许多观点对参政党的建设、民进松原市委会班子成员的示范带头作用、参政党的参政议政和内部监督的实践与思考、会章会史的学习等问题具有很好的参考价值。会后，将对理论研讨会的发言材料进行整理，一方面发至民进吉林省委会，一方面送到报社以专版发表。这次研讨会的成功主要有以下几个特点：一是提前安排。去年年底市委会就对这次理论研讨会提出了要求，早规划、早部署，各支部高度重视，组织会员撰写论文，有的领导干部还带头撰写。二是质量较好。会员的论文能理论联系实际，有一定的深度和可操作性，分析问题较为透彻，有较强的理论功底。三是立意新颖。撰写论文的会员能够按照"四个相互促进"（执政党建设与参政党建设相互促进、自身建设与履行职能相互促进、会中央工作与地方组织工作相互促进、理论研究与实际工作相互促进）的思路，多角度、宽视野地探讨新形势下建设高素质参政党的许多重大问题，提出了有前瞻性、针对性、开拓性的新观点、新见解，对于提高民进松原市委参政党建设工作水平很有益处。四是热情很高。从这次研讨会提交论文看，不仅有老会员，也有新会员，不仅有行政工作的会员，也有专业岗位的会员，大家共同探讨在经济发展新常态下参政党建设的新情况、新问题、新经验、新对策，形成理论联系实际学风的新认识，是此次理论研讨会呈现出来的新气象。五是"四个意识"强。通过理论研讨，会员们能够强化"四个意识"，坚定"四个自信"，提高政治站位，旗帜鲜明，立场坚定，坚决拥护中国共产党这个中国特色社会主义事业的领导核心；坚决听从中共中央的决定和部署；坚决贯彻落实以习近平同志为核心的党的路线方针政策，时刻与中共中央保持高度一致，不断铸造政治品格，增强政治自觉，争做一名合格的参政党成员。

一、进一步提高对参政党理论建设重要性的认识

强化理论学习是参政党建设的头等大事。民进松原市委会领导班子和各支部需要进一步提高对理论建设重要性的认识，按照习近平总书记在中央统战工作会议上的重要讲话精神的要求和《中国共产党统一战线工作条例（试行）》的规定，切实把理论建设摆上重要议事议程，提升到与政治建设、思想建设、组织建设和制度建设同样的高度，用抓参政议政工作的同等力度来抓好民进参政党的理论建设工作，特别是要逐渐打造成一支相对稳定、政治素质好、理论水平高、业务能力强的理论研究队伍，建立起长效机制，为开展理论研究工作创造必要的环境和条件。在经济发展新常态下，民进参政党面临着不少新情况、新问题、新挑战，迫切需要用新的理论来指导和解决。因此，只有不断加强民进党的理论建设，才能更好地坚持和完善中国共产党领导的多党合作和政治协商制度，才能发挥民进参政党在中国特色社会主义建设，特别是在民主政治建设中的重要作用。

二、进一步把握参政党理论研究的基本原则

一是坚持底线原则。就是坚定正确的政治方向，自觉接受中国共产党的领导，夯实多党合作政治基础。讲究政治纪律和政治规矩，坚持"思想研究无禁区、发言发表有见解"。二是坚持理论联系实际原则。随着形势发展和民进工作的推进，不断有新情况、新问题摆在我们面前，这就需要立足参政党的实际，坚持工作需要和现实问题为导向，就参政党成员最关心、最感困惑的重大理论问题，参政党建设和履行职能中亟待解决的现实问题，开展理论、政策、措施三个方面的研究，解决参政党的指导问题，解决参政党建设

的依据问题，解决落实参政党建设理论和政策的保障问题，切实做到理论与实践相结合。三是坚持创新原则。继承理论是根基，创新理论是价值。这就需要我们有理论创新的意识和勇气，解放思想，独立思考，求真务实，打破教条主义和经验主义的束缚，绵绵用力，久久为功，沉下心来扎扎实实做学问、出思想、出成果。面对新形势下参政党理论创新高度、深度、广度、厚度、速度不够的新情况新问题，积极开展原创性创新、完善性创新和集成性创新，永葆参政党理论与时俱进、创新发展的态势。

三、进一步运用理论学习和研究成果助推经济社会健康发展

理论的生命在于指导实践。要把学习和研究成果转化为价值，就必须结合实际学以致用。民进松原市委要成立理论学习和研究领导小组，加强组织领导，制定落实方案。进一步推动理论与实践的结合，在全体会员中大兴理论学习之风、研究之风、调研之风，聚集传播正能量，引导大家深入基层贴近一线，掌握第一手资料。认真思考解决"建设什么样的参政党"和"怎样建设参政党"的重大问题，如何主动争取中共各级党委的领导，探索和完善民主监督的渠道、途径、平台和形式，增强解决自身问题的能力，破解制约履职的难点和热点问题，形成理论研究成果以指导参政党的生动实践，适应经济社会快速发展的需要；认真研究市委市政府的中心工作及人民群众反映的热点难点问题，在围绕供给侧改革、发展四大主导产业上建言献策，在围绕教育公平、文化强市、创新社会管理等事业发展上献计出力，在围绕思想建设、组织建设、制度建设和社会服务建设等自身建设上提出建议，形成具有真知灼见的调研成果，为党政科学决策提供科学依据。只有这样，才能实现参政党理论研究与市委中心工作深入对接、深度融合、深度渗透，打造民进工作新亮点、新品牌，不断开创民进工作的新局面。加强参政党理论研究工作意义重大，无论什么时刻都要加强理论学习，搞好理论研讨，切实将理论学习成果转化为推动工作的强大动力，真正做到理论指导实践、理论与实践相结合，不断开创民进工作的新局面。

★**本文是在民进松原市委会建设高素质参政党理论研讨会上的讲话**

保持高尚道德情操和健康生活情趣

（2016年7月）

道德情操与生活情趣，我理解二者是一主一辅的关系，道德情操决定生活情趣，前者高尚后者健康，前者败坏后者低俗。从古到今，脱离低级趣味的人，无一例外地都十分注重道德情操的修炼和培养。道德情操修炼好了，生活情趣自然就提高了。当今社会最根本的道德情操就是我们大力倡导的社会主义核心价值——富强、民主、文明、和谐，自由、平等、公正、法治，爱国、敬业、诚信、友善。修炼道德情操的对象应当是泛指的，不能局限于领导干部和共产党员，而应当是全体社会公众。这其中领导是表率，青年是中坚，娃娃才是根基。至于如何塑造高尚的道德情操，最起码有这么几点应当去考虑。

一、家庭要和睦

家庭是社会细胞，道德的养成自家庭开始。一个人在社会群体中的表现，有意无意中都带着家庭的痕迹，都有藏不住的家风外露。想象一下，一个人在家里不孝父母，没有手足之情，在单位对领导和同事谦恭礼让、豁达大度，你想那能不能是真的！装一时难装一世，迟早会露原形，早晚会成为一个群体甚至是社会中的不安定因素。中国有句老话，叫作"在家敬父母，何须远烧香"，话语虽俗，道理深刻。群众路线教育开展以来，道德修养讨论范围逐渐扩展到家风、家教领域。中央电视台有个大型系列节目叫《记住乡愁》，专门讲家风、家教，可见家庭在道德形成中的重要性。归结前面所述，就是一句话，家庭和睦才能社会和谐。

二、为人要正直

为人正直，处世公道，历来是对君子之风的一贯描述。但是说起来容易做起来难。因为这个世界充满了利害关系和利益诱惑。私有观念占有欲，躲避矛盾风险，是人与生俱来的本能，不是谁教出来的，只是因为人们太熟悉它了，而把他忽视了，没有明明白白地把人的本性捅破。所谓正直、公道，说白了，讲的就是人心。人心的演变可谓相当复杂。原始社会人们茹毛饮血，吃的是"自助餐"，最大极限是吃饱肚子，没有剩余，就像现在"动物世界"演绎的一样，虽有占有欲，但无物可占，不论人心还是人的行为，都是公道的。但进入奴隶社会后情形就大不同了。社会剩余便成了众窥之地，先是豪夺，后是巧取，最后是占有。人心变得越来越复杂。怎么办？聪明的人类又想出了新办法，发明了尺和秤，长短用尺量，轻重用秤称。起初阶段还好，把人心摆平了，但魔高一尺、道高一丈，尺秤可以量物，但量不了人心。后来人们在衡器上、被量物上、心思上一并做文章，卖布的使劲抻布，九寸抻到一尺，卖菜的把秤砣掏空，八两顶一斤，实在不行用"小九九"算计你，可见人的心思多么难测。再延伸一点，用偷换概念的方式来讲，天工造物时就把人的心安偏了，如果"心眼子"太正还真就没法活了，所以只能用完备的制度和完善的法律，还有不断进步的现代科技来约束。

三、交友要慎重

人的社会属性决定人的生存离不开社会公众。有一个现象非常有意思。一个人走夜路非常紧张，但手里牵个三岁孩子，明知道如有突发情况，解决不了什么问题，却能大大减轻心理上的恐惧，这充分说明人与人之间的依赖关系。如果把一个人隔离半个月，不接触任何人任何信息，这个人肯定会疯掉的。咱们与退休时间较长的人聊天时可以感受到，他们接个电话心里都非常愉悦，他们希望有人打个电话，可以排解孤独。这里隐含着对社会群体交流的一种渴望，交流既是人的本能，也是生存不可缺少的条件，朋友圈就是在不断交流中形成的。俗话说，亲戚有远近，朋友有厚薄，亲戚远近是自然形成的，无法改变，但朋友的厚薄则是选择的结果，近君子，远小人，历来是择友的准则。中国自古以来关于交友文化的名言名句、经典故事非常多，像"近朱者赤，近墨者黑""孟母择邻而处""竹林七贤"等，都对后人有重要启示。自古形成的交友经典都有一个相同的时代背景，那就是人们思想比较单纯，讲究的是共同的理想和抱负。当今的情况不同了，不少人的交友一开始就带着功利思想和固定企图，对己可用之人绕多大弯子也要结识你，变成所谓的朋友。面对物欲横流之风怎么办，首先要牢记"苍蝇不叮无缝的蛋"，没有哪个龌龊之人愿意与包公交朋友。一是叮不上，二是捞不到好处。其次是朋友宁缺毋滥，包公没有秦桧朋友多，宋代以后的人都知道，但包公就是包公，秦桧就是秦桧，褒贬自在人心。

四、化钱要选择

当下有个说法，叫作"钱不是万能的，但没钱是万万不能的"。我个人基本同意这个说法，经济发展、社会进步、科技腾飞，说到底还是用钱来助推的。说得这么大，只是想佐证一下钱的功能。钱的确是好玩意儿，谁都稀罕，但不是什么钱都能花，谁的钱都可以拿。在我看来，可花之钱有三种：一是父母赏的，二是儿女敬的，三是自己挣的。前两种虽然花着心里有些不落忍，但还过得去，不犯毛病，花的最仗义的是自己挣的。除此之外的钱都不能花。

对钱的态度，折射一个人的生活和处世态度。把钱看淡了，人就解脱了。这里有两首诗背了多年，一首是《西游记》中的，另一首来自清代家书。一首是反衬，一首是正喻。反衬的一首是说孙悟空初入人世，来到南瞻部洲，看到海边打鱼的、打雁的、淘盐的都为名利劳碌奔波，吴承恩借孙悟空所见赋诗一首：争名夺利几时休，早起迟眠不自由，骑着驴骡思骏马，官居宰相望王侯，只愁衣食耽劳碌，何怕阎君就取钩，继子荫孙图富贵，更无一个肯回头。说它反衬，里边有点恨铁不成钢的意味，劝人淡泊名利,但人们又不听,作者很生气,其实也是作者冷眼观世界对不解人生者的一种嘲笑。人只是到了临终之前才变得最聪明,一切都想明白了,但一切都为时已晚。正喻的一首是:千里修书只为墙,让他三尺又何妨,万里长城今犹在,不见当年秦始皇。把人应该秉持的名利态度一下就点透了。现在看来,秦始皇拥有的天下和长城与我们拥有的一间房、一张床,在本质上有什么区别吗?一个天下一间房都是活动范围,筑长城是抵御外敌来袭,铺张床是抵御困倦来袭,总归都是为了睡个安稳觉。全面评价一个人,从来不看他在整个生命过程得到了什么,而是看他一路走来到底干了些什么,人生的长度不是自己所能决定的,就看他积累的厚度够不够,这就是重于泰山或轻于鸿毛的人生价值区别。

五、细节别放弃

道德养成是个渐进的过程,人的高尚和卑鄙都不是娘胎带来的,而是后天形成的。既有客观原因,也有主观因素。这就要求我们在正确世界观的统领下,注意生活中的每个细节,从细微做起修身养性。就像习近平总书记讲的那样,不要好高骛远。上房需要梯子,先别看房顶,先造梯子,过河需要桥,先别猜想对岸如何美丽,要先把桥造好,老鹰飞得再高,还得回到地上觅食。道德修养永远脚不能离地,踏得越实越好。首先要为自己规划好要成为一个什么样的人,然后像堆积木一样,哪缺补哪,积尘成山。忽视小事,忽视细节永远成不了大人物。细节决定成败是人所公认的。事实上细节才是人的修养和本质的真实反映,大的原则问题领导或者集体决定了,不容你心里"要权",愿不愿意都不能有个人意志,必须落实。偷奸耍滑大都表现在细枝末节的小事上。比如,上班看手机打游戏、聊天炒股,下班呼朋唤友,打牌腰藏臂掖,有点小便宜占不到急得抓耳挠腮,在这些小事上人们往往精神不设防,表现出来的都是真实的内心活动的自然外泄。总之,道德修养把握大节很重要,管住小节更重要。

★本文是在松原市五届人大常委会2016年第二次集体学习会上的发言

读好书，行有道

（2017年4月）

在春回大地、万物峥嵘之际，民进松原市委迎来了第三个"爱读书、读好书"活动。目的是为适应社会的快速发展，不断用新知识补齐自己的短板，提升个人身心修养、丰富知识、开阔视野、塑造正确的"三观"，实现行有道、达天下的理想目标。活动中，八人交流了读书体会，两人朗读了经典文章，读出了韵律、读出了意境、读出了味道，生动而精彩！体现了为梦想而读书的家国情怀，树立了读书人的责任、担当和奉献意识。在此，我谈点粗浅的思考：

一是读书很重要。21世纪是知识经济时代，高新技术带动生产力突飞猛进，不断改变着我们的生存环境和生活方式，需要我们不断提高对新知识、新技术的掌握能力，以应对新环境、新变化的挑战。正如古人云："读书使人明智""书犹药也，善读之可以医愚。"又如周恩来强调的"活到老，学到老，改造到老"的学习重要性和必要性毋庸讳言[1]。培养强烈的求知欲和浓厚的读书兴趣，我们必须明确今天的学习就是明天的财富，明天的财富需要今天知识的积累，学习就是对未来投资以及学习改变命运、知识铸就辉煌的道理，牢固树立终身学习的理念，发扬李白铁杵成针、屈原洞中苦读、匡衡凿壁偷光的精神，持之以恒认真读书。

二是读书要讲究方法。借鉴别人的读书方法，会使我们视野开阔、事半功倍。南宋著名哲学家、教育家朱熹24字读书法是："循序渐进、熟读精思、虚心涵泳、切己体察、着紧用力、居敬持志。"美国作家杰克·伦敦在谈到读书方法时曾说："要像一头饿狼，把牙齿没进书的咽喉，凶暴

---

① 《老一辈革命家党建论述选编·周恩来卷》，党建读物出版社，2017，第89页。

的吮尽它的血，吞掉它的肉，咬碎它的骨头！直到那本书的所有纤维和筋肉成为他的一部分。"欧阳修马背上、枕头上、厕所上的"三上"读书精神，将学与思结合起来，既读有字书又读无字书。这些读书方法对我们很有教益。特别是虚心涵泳、居敬持志帮我滤除贪婪、自私、急功近利的浮躁心态，志向高远、情怀开阔、精神专一、全神贯注、毅力顽强，在阅读中欣赏到不同的生命风景。

三是读书要学用结合。我们要改变传统读书的思维定式，把读书学习中的自我反思应用到思考实践中去，避免纸上谈兵，走好学习、实践、再学习、再实践之路。坚持立足于需要进行学习，努力做到理论与实践、学习与运用相统一，力求达到三个方面的学习成效。一是学以立德。通过学习科学掌握立场、观点、方法，坚定理想信念，坚持正确的政治方向，牢固树立正确的"三观"。二是学以增智。既要掌握老"三基"（基本理论、基本知识、基本技能），又要探索新"三基"（基本知识、基本技能、基本方法），不断提高政治把握能力、合作共事能力、组织协调能力、参政议政能力、解决自身问题的能力。三是学以致用。学习的目的在于应用，在于解决实践中遇到的困难和问题，更好地完成工作职责，创造性开展工作。学习既要钻进去，又要走出去。钻进去，就是静心学习，融会贯通；走出去，就是指导实践，解决问题。在以后民进各项工作中，我们要坚持在工作中学习，在学习中工作，不断提高履职能力，在双岗建功中创造新业绩。

淡淡书香，点点墨趣，与书为友，天长地久。让我们一如既往地保持旺盛的读书热情，让"爱读书、读好书"活动留给我们的美好回忆常在。我们的人生因为读书正在走向一片崭新的天地。

★本文是在民进松原市委会召开的会员读书报告会上的讲话

民进班子换届要做到"四个力"

（2017年11月）

政治交接是民主党派换届工作的最核心的问题，是民主党派最为宝贵的精神财富，它关系到民主党派与中国共产党长期团结合作的优良传统的传承和延续，关系到中国共产党领导的多党合作和政治协商制度得以坚持和发展，关系到民主党派自身的形象。可以说，政治交接不是简单的换届工作和人事接替，而是一项政治任务，承载着历史使命。民进松原市委会班子要完成好换届工作、搞好政治交接，必须在新班子成员中做到"四个力"（激发学习动力、坚守政治定力、修炼人格魅力、提升自律能力），从而增强民主党派的生命力、凝聚力和战斗力，团结带领广大民进会员应对各种复杂形势的考验，确保多党合作事业薪火相传、永续发展。

一是激发学习动力。我们所处的是一个信息不断爆炸、知识快速更新的知识经济时代。面对新形势、新要求，作为政治交接时期的民进松原市委会班子成员怎样才能担负起历史和时代赋予的使命和任务，努力做好一岗双责工作？我认为必须首先激发学习动力。学习动力是创新学习理念，培养学习兴趣，明确学习目标，把学习作为一种政治责任、一种精神追求、一种生活方式，既能提升个人素质，又能增长知识才干。一方面，突出理论学习，筑牢思想根基。要运用好交流学、深入学和联合实际学的科学方法，坚持"活到老、学到老"的学习态度，形成学习制度体系，不怕辛苦、花得时间、拿出精力，认真学习马克思主义理论，注重"读原著、学原文、悟原理"，深刻理解其核心要义、精神实质、丰富内涵和实践要求，做到真学、真懂、真信、真用，真正用马列主义、毛泽东思想、邓小平理论和"三个代表"重要思想、科学发展观和习近平新时代中国特色社会主义思想武装头脑，把握增强理论自信的着力点，不断提高用理论指导实践、推动工作的能力。一方面，强化业务学习，聚焦本领提升。面对"能力危机和本领恐慌"的实际，班子成员要率先增强学习的自觉性和紧迫感，不怕吃苦，除去浮躁，沉下心绪，汲取"干中学、学中干"的经验，不断学习新知识、新业务，特别是历史文化、法律法规、科学技术、市场经济等方面知识，开阔思维思路，更新知识结构，丰富实践阅历，掌握真正本领，成为"一岗双责"的行家里手和领头雁，为开创民进工作新局面贡献智慧和力量。

二是坚守政治定力。没有正确的政治观点就等于没有灵魂，没有坚守的政治定力就会导致政治方向偏移和政治立场动摇。政治定力是民进班子成员的首要政治素养和前进道路上的"压舱石"。无论在任何情况下都要强化政治意识，坚定理想信念，加强政治修养，筑牢思想防线，切实把深入学习马列主义、毛泽东思想和中国特色社会主义理论体系，作为参政党增强政治定力的根本措施，牢固树立辩证唯物主义、历史唯物主义的世界观和方法论；把学习马列主义同各方面的实际相结合，作为参政党增强政治定力的必要途径，关注研究思想战线的形势、问题与重大社会思潮；把改造主观世界提到更加突出的地位，作为参政党增强政治定力的内在要求，树立正确的世界观、人生观、价值观。在路线政策上保持政治上的清醒和坚定，在政治原则和大是大非问题上立场坚定、旗帜鲜明、坚守正道、弘扬正气，自觉做政治上的明白人，老实人，努力争做一名优秀的民主党派领导干部。

三是修炼人格魅力。人格是金，人格魅力是一种无形的力量。对于民进松原市委会班子成员而言，则是所具备的良好品质，在活动中表现为对会员的吸引力、凝聚力和感召力，进而形成班子成员和会员的和谐关系，是一种班子成员的权力难以达到的、被会员心悦诚服地拥护和信任的影响力。作为肩负时代责任，在社会主义和谐社会建设中与时俱进的民进班子成员，更应注重修炼人格魅力，要用自己高尚的道德情操、求真务实的工作作风、豁达大度的人格品质和积极向上的进取精神等人格魅力去影响广大的会员。切实做到"三讲"：讲诚信。与人相处诚信为本，同中国共产党和其他党派合作共事，要把诚信摆在突出位置，做到做人坦荡，做事实实在在、说到做到、言行一致、言而有信，在组织中树立起一个公正透明的诚信体系并互相监督。讲尊重。善于站在对方的角度，时时处处尊重会员及会员的个性、劳动成果，善于欣赏、接纳他人，多看长处、多看优点，及时了解骨干会员思想政治状况，认真对待基层建议，给予郑重答复和解释。讲包容。决策时多听各方意见寻求"共鸣点"，协调时统筹各方利益找准事业"平衡点"，日常管理时把握宽严适度的"临界点"，从而画好事业"同心圆"，努力形成内外和谐、协调一致的良好氛围。

四是提升自律能力。中共中央"八项规定"和廉政建设要求，不仅是党员领导干部必知的廉政律条，也是民进班子成员必学的反腐"经文"。只有认真地学习和掌握"八项规定"等内容，才能真正触动内心，产生敬畏。按规矩办事，按程序办事，遵纪守法，严格自律，这既是民进松原市委会领导班子成员的政治素质，也是一种道德修养。因此，民进松原市委会班子成员必须增强廉政意识、责任意识，常修为政之德，常思贪欲之害，常怀律己之心，时刻保持清醒头脑，远离腐败深渊。必须思想纯洁、品行端正、爱岗敬业、敢于负责、忠诚守信、遵纪守法，正确对待权力和利益，经得住诱惑，耐得住寂寞，守得住清贫，清白做人，干净干事，坦荡做官，不断陶冶情操，提升思想境界，真正做到一身正气、两袖清风，不论什么时候都要守好廉洁自律底线拒腐防变。在提升自律能力同时还要关心和严格要求下属，既要讲感情，更要讲原则，营造一个团结和谐、风清气正的政治生态环境。

★本文是在民进松原市委会扩大会议上的讲话

牢记使命，助力发展

（2019年8月）

一直以来，民进松原市委会以习近平新时代中国特色社会主义思想为指导，深入学习中共十九大报告的丰富内涵和精神实质并贯穿民进工作的始终，不忘合作初心，承担使命责任，助力松原振兴发展。

一、秉持初心，弘扬优良传统

坚持接受中国共产党的领导，是民进老一辈正确的历史选择，是民进优良传统的核心，是民进持续健康发展，沿着正确道路前进的根本保证。长期以来，包括民进在内的各民主党派始终与中国共产党同心同德、风雨同舟、患难与共，为反帝、反封建、反独裁统治，为中国革命、建设和改革事业做出重要贡献，形成了民进人"只有跟着共产党走，才是在正道上行"的坚定信念。中共十九大把习近平新时代中国特色社会主义思想确定为中国共产党必须长期坚持的指导思想，提出了新时代坚持和发展中国特色社会主义的基本方略，进一步指明了党和国家事业前进的方向，中国特色社会主义焕发出了强大生机活力并不断开辟发展的新境界。民进松原市委会要深刻理解"中国共产党的领导是中国特色社会主义最本质特征"的丰富内涵，始终高举中国特色社会主义伟大旗帜不动摇，坚持中国特色政党制度不动摇，持续深化政治交接不动摇，把老一辈优良的政治传统一直传下去，并使之不断焕发出新的时代精神。

二、秉持初心，凝聚政治共识

习近平新时代中国特色社会主义思想是民进参政党凝心聚力的精神支

柱，是团结奋斗的共同思想政治基础。民进松原市委会要认真学习领会、坚决贯彻落实习近平总书记关于巩固和发展最广泛的爱国统一战线重要讲话精神和2018年在党外人士迎新座谈会上提出的"四新"要求，坚持用习近平新时代中国特色社会主义思想武装民进广大会员头脑，注重中心学习组领学、支部促学、机关帮学等方式方法，使民进广大会员都能在学深悟透、笃信笃行上下功夫，不断提高政治素质和理论修养，牢固树立"四个意识"，坚定"四个自信"，做到"两个维护"，践行"四新"要求，在思想上、政治上、行动上同以习近平同志为核心的中共中央保持高度一致。坚持和发展新型政党制度，坚持把中国共产党的先进性和民主党派的进步性统一起来，不断巩固"道路认同、目标认同、价值观认同"，坚守合作初心，做好中共诤友挚友，切实承担起新时代中国特色社会主义亲历者、实践者、维护者、捍卫者的政治责任，进一步夯实多党合作共同思想政治基础，确保民进事业始终沿着正确的方向前进。

三、秉持初心，主动担当作为

新时代中国特色社会主义事业的宏伟蓝图，对民主党派履行参政党职能提出了新的更高的要求。民进松原市委会应紧紧围绕中共十九大和松原市委制定的任务、做出的部署、提出的措施更好地履行职能，进一步增强与中共松原市委团结合作的责任感和使命感，进一步完善和加强集智聚力的制度，进一步发挥民进在教育、文化、出版领域的界别优势，多建有用之言，多献务实之策，多尽发展之力。一是聚焦经济发展。按照新发展理念的要求，深化供给侧结构性改革认识，围绕市委、市政府中心工作，在融入大局、服务大局、保障大局中找准履职尽责的切入点和突破口，针对三大攻坚战、乡村振兴、新型工业化、科技创新驱动、新一轮东北振兴和一主六双战略等重大课题，深入调研，助力我市经济高质量发展战略的实施。二是坚守文教情怀。围绕《松原教育事业发展"十三五"规划》等教育领域的行动纲领，《乡村教师支持计划》、教育扶贫、职业教育改革、学前教育质量提高，以及构建现代公共文化服务体系、非遗传承和保护、文创产业和文旅产业等方面，深入开展调研，找准难点、堵点和痛点问题，提出改进和提升的意见建议，并认真研究督促落实，促进教育文化事业健康发展。三是打造社会服务品牌。新时代的社会服务是民主党派一项政党性和政治性极强的活动，是民主党派亟须加强的职能。它以"服务民生"为出发点，以"关注公平、关注民生、关注稳定"为重要内容，以促进社会和谐和经济发展为中心任务，体现社会价值，扩大党派影响力。民进松原市委应拓展"助学助教""扶贫济困"送医送教送文化即"三下乡"等服务方式，解放思想，刷新思路，积极探索社会服务职能从"随意化"向"精准化"、"分散化"向"集约化"、"短期化"向"长期化"、"单向化"向"互动化"转型升级的新途径，切实打造出社会服务品牌效应，形成优势特色产品，不断满足群众个性化和多元化需求。贡献更多的智慧，帮助企业和贫困村搞好文化宣传、打开产品销路、洽谈融资合作、净化市场环境、协调社会关系等工作，努力实现经济和社会服务紧密结合，扩大并带来服务效应和效益。汇集更强的力量，让爱心奉献、法律咨询、文化风采更加深入人心的同时，深入实际、深入基层、深入群众，真诚倾听百姓呼声，真情帮助百姓解忧，真心为百姓代言，切实在服务社会中传递和谐社会正能量。承担更大的责任，利用联系广泛、界别特色、海外联谊的优势，为家乡与国内外的经贸和产业合作，积极发挥穿针引线和桥梁纽带作用，帮助引进项目，着力做好每一件实事。

2019年，全国上下热烈庆祝新中国成立70周年。民进松原市委将以此为契机，继续团结带领全体民进会员坚持以习近平新时代中国特色社会主义思想为指导，深入学习中共十九大报告的丰富内涵和精神实质并贯穿民进工作始终，不忘合作初心，承担使命责任，凝心聚力，同心同向，主动作为、守正创新，助力松原振兴发展。

★本文是在民进松原市委会"不忘合作初心、继续携手并进"主题教育活动部署会上的讲话，其主要内容在《松原日报》上发表

履职尽责，担当作为

（2019年9月26日）

　　七年来，我连续担任了两届吉林省人大常委会委员，可以说，我把很大的精力都投入这项神圣的职责当中，尤其是换届以来，省人大常委会把提高人大常委会组成人员的履职能力和综合素质，作为一项重要的工作来抓，我感受颇深，受益匪浅。

　　一是做政治的明白人。作为人大队伍里的一名党外干部，我始终坚持接受共产党的领导，按照党的要求去做。去年以来，省人大常委会党组对人大常委会组成人员队伍建设高度重视，每次常委会都精心准备，围绕加强人大政治机关、权力机关、立法机关建设做了很好的专题学习辅导，觉得心里很亮堂，明确了方向，坚定了信念，提振了精气神。工作中坚决做到，旗帜鲜明讲政治，把讲政治作为第一要求，中央的重大决策部署我坚决拥护，省委贯彻中央决策部署的各项举措我认真执行，省人大常委会部署的工作任务我积极完成。在干部任免、重大事项决定上我都不负组织和代表的重托，做政治上的明白人、老实人。

　　二是做学习的用心人。省人大常委会委员精英荟萃、人才济济，有的是教育文化方面的专家，有的是科技卫生方面的专家，还有的是工业农业方面的专家等，都是各方面的高手。我有机会在这个全省高知云集的团队中，潜移默化地学习着、感染着、成长着，这是我的福分。我来自地方，无论素质和能力都有很大差距，深有本领恐慌之感。尽管我在地方既有人大工作，又有党派工作，以及一些其他事物，空闲时间相对有限，但我始终坚持学习，从不间断，努力做到了"三个自觉"：自觉带着信仰学。利用自学、领学和集中学等方式，系统学习习近平新时代中国特色社会主义思想，认真学习习近平总书记关于加强和改进统一战线工作的重要思想和政党理论，深刻领会习近平总书记提出的一系列新论断、新部署和新要求，做到读原著、学原文、悟原理，以学促做，知行合一，不断提高了政治理论修养；自觉带着责任学。紧紧围绕常委会领导提出的提高审议质量的要求，除经常性学习《宪法》《代表法》《地方组织法》等法律外，还认真学习了《监督法》《药品法》《教育法》《预算法》《归侨侨眷权益保护法》等专业法律法规，以及与常委会审议议题相关的法规和历史文化科技等知识，不断丰富了自己的知识素养，切实增强了法律意识、人大意识和责任意识，自觉地做遵法、学法、守法、用法的实践者；自觉带着问题学。坚持问题导向，参照省人大常委会的经验做法，特别是聆听了常委会领导在常委会上和调研过程中的专题辅导，包括各专门委员会主任、副主任的具体工作指导，感觉非常解渴、非常受用、非常给力，起到了解疑释惑的作用。坚持虚心向上级机关学、专家学、群众学的态度，切实在学习实践中把群众的问题变为"三查（察）"工作的课题，把百姓的想法变成创新工作的办法，使学习和实践紧密的结合，让以人民为中心的理念在自身履职的过程中更加有底气、有活力。

三是做工作的实在人。委员实实在在的工作就是对人民负责，对制度的尊重，饱含着深厚的人大情怀。几年来，坚决贯彻执行省人大常委会的安排部署，按时参加会议和各项活动，极少缺席，即使时间发生冲突，都会为常委会工作让路。先后参与了全省优化营商环境、科技创新等工作的专题询问；《吉林省艾滋病防治条例》《母婴保健法》等立法调研；《药品管理法》《民族区域自治法》等执法检查；义务教育均衡发展、职业教育推动地方发展等专项调研活动，粗略统计参加省市人大活动20次以上。每次接到常委会审议议题或专项议题后，我都认真准备，或召集专业人士征求意见，或实地调研掌握第一手资料，积极在会议上发言，力争做到有理有据、切实可行。每年人代会召开之前，我们坚持到基层调研，把群众反映强烈，具有普遍性、代表性的问题，撰写成建议向大会提交。2017年我提出的"为减轻高中生家庭负担，适当恢复高中晚自习"的建议得到了妥善办理。

四是做群众的贴心人。聚焦人民关切、反映群众呼声是人大常委会委员的职责所在。作为一名省人大常委会委员，就应勇担当、善作为，把为人民服务的宗旨贯穿于思想和行动的方方面面。工作中，坚持做到八个字，即"勤走、多思、敢说、善为。"注重深入社区、商户访谈，通过与群众的聊天、交流，摸准他们所关注的热点、难点问题，如松原老醋厂易地建设、医养结合和侨务经济等问题的提出，经过分析和整理，有的提交政府解决，有的提交省人大作为意见建议办理，做到了事事有回音、件件有着落。注重走访选区代表，把他们反映的教师待遇、乡村断头路、畜牧业发展等问题归纳起来，向市政府提出意见建议并督促落实，促进了许多问题的解决，代表和群众很满意。注重围绕中心服务大局，经常到我所联系包保的项目、企业和贫困村、贫困户等地开展调研，了解真实情况，反映社情民意。协调解决停产企业融资贷款问题，尽快恢复生产生活；协调解决贫困村重新建设村部缺少资金问题，建成标准化的村部；协调解决贫困村的贫困户建设大棚问题，实现脱贫增收。同时，加强从政道德修养，增强法治观念和纪律观念，打牢廉洁从政的思想政治基础，做到自尊、自省、自警、自励。

今后我将进一步加强理论学习，强化法律意识，提高本领能力，积极献计献策，带头勤政廉政，更好地依法履职尽责。

★本文是在吉林省人大常委会上汇报履职工作情况的发言

工作篇

试论"五五"规范在基层深化计划生育 "三结合"工作中的作用

（1994年12月）

松原市计生科技工作自1994年1月以来，开展了"五五"规范工作，对加强基层科技服务深化"三结合"，转变婚育观念，引导育龄群众发家致富奔小康，起到了积极促进作用。

一、"五五"规范的启示

"五五"规范就是发动基层科技人员，采取符合当地群众生产、生活、生育特点的形式，分层次满足群众的需求，拓宽服务领域，提供灵活多样的有针对性的全程系列服务，达到少生快富文明的目的。

五做到：每月为育龄妇女做一次尿孕检，并随访一次；每月为育龄妇女送一次避孕药具，并体检一次；每月组织育龄妇女学习一次婚育、家政知识；每季乡对村、每月村对社计生员进行一次技术培训；每季一次环情监测。主要是为育龄群众和可能有意外妊娠的妇女，准确无误地定时、定人、定量做尿孕检和送避孕药具，以及传授优生、优育、优教、避孕节育、政策法规、生产生活等知识与技术，使育龄群众遵法、懂法、守法，树立新型婚育观。做到孕环情监测和补救措施一次到位，保护育龄群众的身心健康，增强落实安全可靠避孕措施的自觉性。

五把关：把好术前体检关（包括思想工作）；把好无菌消毒关；把好术中操作关；把好手术记录书写关；把好术后随访关。消除育龄妇女对"四术"的恐惧心理和不必要的顾虑，严格空气、术野、器械材料等消毒，做到一个一针一管一包一消毒。操作要稳、准、轻、细。术后记录书写要科学、真实、及时，服务随访到家。

五开展：要及时开展好对新节育术、器具的推广使用；要努力开展好对妇产科等常见病的诊治；要热心开展好对独生子女儿童期保健；要大力开展好育龄人群的健康服务工作；要积极开展好优生、优育、优教等活动。我们提供T型、V型、宫腔型、母体乐、Tcu380五种宫内节育器。提供米菲司酮、卡孕栓终止早孕的非手术方法解决49天内的意外妊娠。提供芫花萜膜解决临床上12—16周无能为力的意外妊娠。提供皮埋解决不适宜上环、结扎、心智不健全，35周岁以上两个孩子等育龄妇女避孕方法。推广产后42天上环，预防哺乳期怀孕。开展育龄妇女、儿童期保健等服务，为群众解决了实际困难。

五到户：避孕节育方法宣讲到户；避孕节育措施包保到户；为育龄妇女走向市场发动到户；帮助育龄妇女排忧解难到户；制定"少生、快富、文明家庭计划"落实到户。向育龄群众宣传科学知识、技术、性卫生、优生、优育、优教，避孕节育新方法。促进育龄群众自觉地落实避孕节育措施，减少脱环和意外妊娠率，为育龄群众走向市场提供充足条件，实现少生、快富、文明的目标。

五提高：人口控制能力提高——出生率在14.5‰以下，计划生育率在95%以上；技术质量提高——杜绝事故，绝育并发症5%以下，避孕有效率95%以上；孕前管理水平提高——综合节育率90%以上，出生人流比1∶0.3以下；生活水平提高——一孩致富户年内达75%（人均900元以上）；文明水平提高——婚育观念转变，文化素质提高，干群关系融洽。

二、实施"五五"规范的效果

（一）"五五"规范使"三为主"方针进一步落到实处

"三为主"是计划生育在长期的实践中探索出来的具有中国特色解决人口问题的工作方法，逐步实现了人们的生育观念、价值取向、生育行为的转变。过去，人们习惯于孕后补救，即"抓拿罚"，靠行政命令，领导主观意志，搞突击会战活动，往往是突击一阵风，水过地皮干，事后就不了了之，轻松放松。"五五"规范有针对性地对育龄群众的不同情况和实际需求经常为他们传授避孕节育、政策法规、"三优"等科学知识和全方位扩大服务，规范他们婚育行为和道德水准，引导农民走上少生快富文明奔小康之路。从而，使计划生育走上了以宣传教育为主、避孕为主、经常性工作为主的轨道上来。

（二）"五五"规范使"三结合"工作进一步深化

1. "五五"规范促进育龄群众婚育观念的转变。"三结合"的本质是以服务为宗旨，以少生快富文明为主线，以转变婚育观念为目的，实现少生、优生、发家致富奔小康，达到优化人口结构，提高人口素质，促进计划生育效益、经济效益、社会效益的提高。事实证明，中国旧文化、旧伦理道德严重地影响着群众婚育观念的改变，尤其是农村传宗接代思想更浓，增大了计划生育工作的难度。开展"五五"规范工作以来，以突出服务为重点，规范操作为核心，激发群众少生快富文明的内在活力，通过开展少生、优生、优育、妇幼保健服务为一体的全程系列服务，启发群众思想觉悟，冲破旧婚育观念的"心理定式"，由"养儿防老"向"致富防老"转变，"少生孩子快致富，两个文明同进步"已形成共识和行动，促进了群众婚育观念的转变。前郭镇鲜丰村开展"五五"规范以来，杜绝了早婚早育现象，全村符合生二胎条件的有28对夫妇，有10对夫妇决定终生只要一个孩子，领取了独生子女父母光荣证，其中共有7对夫妇只有一个女孩，还有15对夫妇主动退了二胎生育指标。

2. "五五"规范深化了"孕前"服务与"三结合"工作。"五五"规范是操作的核心，孕前服务是计划生育的基础，"三结合"是达到的目标。"五五"规范运用好，深化"孕前"服务，促进"三结合"的发展，而"三结合"的发展进一步完善了"五五"规范，全面提高了"孕前"服务水平，它们之间是相互作用、相互促进的。"五五"规范的开展，改变了原来就超前抓计划外怀孕为主的孕前服务变为不但防止意外妊娠而且还指导计划内优生、优育、优教和妇幼保健、生产生活为一体化的全方位服务。前郭镇鲜丰村和前郭县服务站医护人员一起针对育龄群众的不同情况举办了婚前、孕产期、优生、优育、优教、生产、生活等培训班，开展妇女病普查普治、儿童体检服务活动，受陪受检率达99%。目前，全村无一人意外妊娠。同时，根据本地实际鼓励育龄妇女自愿选择避孕方法，达到了服务与自我教育，服务与自我约束相结合的计划生育境地，推动了"孕前"服务的深化和"三结合"工作的深入发展。

3."五五"规范推动着农村经济的发展，加快了脱贫致富文明的步伐。据统计，前郭镇鲜丰村35%育龄妇女掌握1—2门生产技术，30%育龄妇女办起了饭店等商业经济实体，10%育龄妇女养蓝狐、种蔬菜等发展庭院经济。全村人口30%左右走上少生快富文明的道路。

4."五五"规范融洽了党群干群关系。"五五"规范把人民群众的利益和要求作为计划生育工作的出发点和归宿，让群众看到了少生优生、妇幼保健全程系列服务，尝到快富文明的好处。改变了过去靠行政手段抓计生、群众情绪对立的岔茬局面。现在结合少生、快富、文明做计生工作，群众倍感亲切温暖，真正认识到计生干部是为他们谋利益的"致富救星""育龄妇女的贴心人"，党群、干群关系十分融洽。

自年初开展"五五"规范以来，松原市共普查5000名育龄妇女，发现子宫颈糜烂占30%，10名患子宫肌瘤，4例宫能性子宫出血。5000名独生子女健康检查，发现40%的儿童腹内有蛔虫卵。自愿选择避孕节育方法的50人，自愿落实避孕节育措施的4人。实践证明，"五五"规范对计划调节农村人口数量，提高农村人口素质，使群众早日过上少生、富裕、文明的日子，起到了很好的作用，有力地深化了"孕前"服务和"三结合"工作，为农村创造优生富民环境找到了一条新路子。

★本文在《吉林人口》杂志上发表

针对实际，结合特点，搞好基层计生技术人员培训工作

（1995年4月）

松原市计生委把基层计生技术人员培训工作当作大事来抓，采取多种形式办班，实行分类指导，加快培训速度，有效提高了乡镇技术人员队伍的素质。

一、提高思想认识，增强学习的自觉性

在培训乡镇级技术人员工作中，我们发现部分乡镇领导存在着四种模糊认识：一是担心送技术人员学习会影响工作。二是认为乡镇级技术人员会做人流、放取环等有点知识就行，用不着多次学习。三是送技术人员学习是"远水解不了近渴"。四是乡镇经费紧张，怕浪费资金。因此，他们对乡镇级技术人员参加学习持冷漠态度。不及时传达上级有关培训文件精神，有的用考勤、奖金"卡"技术员，甚至扣发学员通知，致使一些学员上不了学或迟到上学。部分学员也有一些不端正的认识，有的青年学员"爱面子"，怕考试不及格，不敢学习；年龄大的一些学员怕坚持不下来，不愿学习；还有的学员对学习提高知识水平想的很少，只想混个文凭，指导思想不端正。

针对这些情况，我们集中抓了两项工作：

第一，抓学习，促宣传。市计生委领导同志多次认真传达、贯彻国家、省计生委关于提高计生技术人员若干问题的指示精神，学习江泽民等中央领导同志关于加强计生技术人员培训工作的重要讲话。市计生委领导同志在年初工作会议上明确指出：要提高服务质量，必须抓好培训工作。

通过学习文件和有关领导讲话，各地领导克服了培训工作是"软任务"的想法，提高了抓好培训工作的自觉性。变"让我送"为"我要送"；许多学员有了学习的自觉性，变"让我学"为"我要学"，出现了人人争相参加培训学习的生动局面。

第二，运用对比，吸取教训。对比是一种很有效的培训学习方法，说服力很强。长岭县计生服务站未成立之前乡镇技术人员素质和水平较差。成立服务站后开始注重抓县、乡（镇）技术人员队伍的培养和提高。县服务站送技术人员出去到长春高等学府进修深造，刚分配来的卫校毕业生由本站老专家、教授开展传帮带，胜任本职工作的比例大幅度增加，由原来的75%上升到99%。乡（镇）站一方面将技术人员送外地学习，另一方面送到县级医院或县服务站进修学习，拓宽了技术人员的服务面，使他们的本领逐渐提高，从未出现医疗事故。这个比较，让许多同志认识到计生技术人员的培训工作带有战略意义，不能鼠目寸光，只看当前，不想长远。

认识提高后，领导和学员都以积极的态度对待培训学习。截至1994年底，乡镇级技术人员有371人次参加了各种形式的培训。

二、实行分类指导，多种形式培训

1993年以来，对全市乡（镇）技术人员队伍结构的摸底调查中，19%初中毕业，37.8%高中毕业，2.6%医专毕业，40.5%卫校毕业，胜任本职的占70%。这样一支队伍的状况，决定了抓学员培训的形式不能搞"一刀切"，必须针对培训对象的不同情况，进行分类指导，办不同形式的培训班。主要做法是：

从"双差"学员（指文化、业务水平均较低者）的实际情况出发，组织他们学习所担任工作的"四术"教材，在这个基础上，进一步帮助他们了解全国统一全套教材基本内容，掌握基本知识和技能。最后进行岗位练兵。在培训中，利用每天晚上两个小时辅导，采取了起点低、进度快、坡度小的办法，计划允许有弹性。学员经过教材教法学习，提高很快。已培训过的159人中，有95%的人在实践操作中准确无误、方法得当，教学效果有明显提高。

三、按照在职业余特点，探索培训工作规律

市计生委培训班是培训在职乡（镇）级技术人员性质的学习班，不同于计生中专学校，有它自己的特点和规律，需要加以探索。开始办短期班只抓系统理论知识提高，忽视基本业务能力培养，导致教学有些脱离乡（镇）实际。总结之后从实际出发调整教学培训计划，掌握了培训规律，主要做了以下几个方面的工作：

（一）针对学员实际进行教学。一是不同情况不同对待。对于普遍性问题，利用自习课集中补习；个别性问题，个别辅导，给基础差的学员"吃小灶"，在个别人身上补缺。二是从中青年教师的特点出发，不断改进教学方法。这些学员特点是：年龄大，记忆力较差；一听就会，课后就忘；家务负担重，工作量大，不愿听长课，喜欢听短课，愿要标准答案，提高能力的自我意识不是很强。在不胜任乡（镇）级工作的技术人员中，青年技术人员占89%，因此要注重改进教学方法，在课堂上运用启发式，课堂各个环节都注意调动学员的学习积极性，采取随时提问、课后布置适量作业等方式，给学员提供独立学习、思考的机会。例如免疫学教学中，教师注意重要概念反复出现，在运用概念的过程中，加深对概念的理解，收到显著效果，从而加深了记忆，既培养了学员独立思考能力，又掌握了教学的基本原理。三是从函授学习的特点出发，送教上门，进行自学指导。各地距市区远近不同，集中一次培训很不容易，远的二三百里，近的一二十里。扶余县（今扶余市）为了解决这个问题，抓了分片教学试点工作，送教上门，定期讲课，解决基层各种疑难问题，指导学员进行自学。

（二）突出工作重点，做到培训与教研相结合。面对培训工作面大、量大、头绪多的状况，抓住主要矛盾，突出重点，围绕提高课堂教学质量这个中心，具体分析教师的教学质量和学员学习质量的关键问题，总结经验，找出问题，确定各时期的重点。1993年初，重点抓了建立培训规章制度，制定培训方案；1993年中后期，重点探讨乡（镇）技术人员对"四

术"掌握的情况特点，改进教学法；1994年上半年，重点研究乡（镇）药具管理实现规范化，面向药管员实际搞好教学；1994年下半年，重点研究乡（镇）技术人员持证上岗的培训教学。突出抓了课堂教学与生产实习，提出向60分钟要质量，向实际操作要效果，进入了培训和教研相结合的新阶段。

（三）把好"三关"，确保质量。一是统一起点，把好学员关。在每次培训前都做好充分准备，认真登记，凡不是本单位的技术人员予以退回，以防冒充，使每个单位技术人员都得到学习。二是搞好考核，把好验收关。不给"照顾分""人情分"，抵制了结业考试中的不正之风，每次培训都进行严肃、认真的考试，成绩及格者发给结业证书，不及格者给补考机会一次，补考后仍不及格者建议当地政府解聘。优秀者发给优秀证书并给予奖励，现已有20名学员获优秀学员荣誉证书。三是加强教育，把好思想关。学员的思想比较复杂，有的生活上散漫，有的学习上有畏难情绪，有的马马虎虎来学，想混个结业证，持证上岗就行了，市计生委（今卫计委）领导和教师们针对这些思想问题，从政治与业务、教与学、文凭与能力关系入手，以"怎样做一名合格技术人员"为题，摆事实、讲道理，进行深入细致地思想教育。对个别较差的学员，和其所在单位领导互通情况，进行耐心的思想教育，提高了学员的认识和政治觉悟，克服了"混文凭""随大流""图轻闲"的思想。

★本文在《吉林人口》杂志上发表

政协提案工作要更好地为建设经济强市服务

（1995年9月）

政协提案工作只有以经济建设为中心、找准位置、选好角度，才能把问题提到中心上、监督到要害上，更好地服从服务于经济建设。我们在政协提案工作中应重点发挥以下几个方面的作用。

一、在党委、政府科学决策中发挥参谋作用

在市场经济体制改革和生产方式转换中，能否顺利地过渡并达到目的，主要取决于领导机关决策能否符合客观实际。这除了政治经济环境的稳定外，民主参与是必不可少的重要因素。为了保证领导决策程序的可行性和科学性，必须按民主科学的决策程序做好决策工作。政治协商、民主监督和参政议政是政协提案工作活化的有效内容，提宏观大事、办微观实事对领导机关决策是十分必要的。如委员们就我市的实际提出的"加速农村小康进程""农村财务管理混乱""强化廉政建设""加快教育事业发展"以及"加快低质林的改造"等提案，都得到了市委、市政府领导的重视和高度评价。市政协领导围绕市委、市政府的中心工作，对涉及经济建设方面和社会上的热点、难点和重点等问题的提案进行了认真的调查研究，并撰写出了《加快农村小康建设的战略之举——前郭县创办农民文化技术学校》《松原市以致富奔小康为目标梯次推进重点突破成果丰硕》《完善管理体制促进经济发展——松原市着力管好农村财务》等调查报告，在《吉林日报》头版头条上发表后，对完善松原经济发展战略发挥了重要作用。这就使政协提案工作对领导的科学决策起到了促进作用，所产生的经济效益和社会效益更是不可多得的。提案工作还就经济建设中影响

全局的宏观问题，促进经济发展的重大问题，制约经济发展的难点问题，反应经济发展的热点问题，当前经济发展急需解决的重点问题，主动做了一些超前性、针对性和可行性的调查研究，提出有价值的意见和建议，供党委、政府决策参考。特别是对党委、政府虽然已注意到但又没有时间和精力加以研究的较大问题，精心组织相关委员进行调研，提出意见或建议，为党委和政府正确决策提供科学依据。

二、在党委、政府落实经济政策中发挥补充、完善和反馈作用

党委、政府在制订经济发展规划过程中，经过委员们充分酝酿和深入细致研究而写出的比较有价值的提案，找到服务经济建设的最佳结合点、最佳形式和最佳目标，在服务中协商，在参与中监督，在支持中参政议政，在反馈中完善发展。同时，政协提案工作与党委政府及相关部门联系紧密，建立起政策落实及信息反馈的畅通渠道。并通过提案形式了解下情及群众对落实经济政策情况的反映，及时向党委、政府通报，便于领导掌握并制定相应的措施。如委员提出的《加强乡、村两级领导班子建设问题》的提案，市委领导非常重视并深入实际调查研究，制定出了"一推双考"的办法选配乡村两级干部。1995年初，全市共调整了62个后进村党支部、50名村支书和108名村班子其他成员。通过改进监督职能、进行跟踪督办、检查落实，做到了"件件有回音、事事有着落、人人函复较满意"，对实施经济发展决策、建设经济强市打下了坚实的基础。

三、在党委、政府反腐倡廉中发挥民主监督作用

坚持不懈地加强党风廉政建设，深入持久地开展反腐败斗争，将贯穿于建设中国特色社会主义整个过程的始终。政协通过提案实现民主监督，下情上达，沟通信息，就能对人民群众迫切需要解决廉政建设方面的"热点"问题，纳良谏、谋良策。松原市委、市政府组建不久，就聘请一批廉政建设监督员，使市委、市政府了解掌握了更多的实情，对狠刹腐败风

气，搞好廉政建设，为改革开放、两个文明建设保驾护航，起到了积极的作用。去年，松原市委、市政府对委员们提出的关于《加强廉政建设》等方面的提案，立即签署意见，责成市纪委和监察局采取措施，为此专门下发了〔1994〕1号文件，对机关干部及事业单位工作人员涉足营业性娱乐场所做出具体规定。并由市监察局牵头，会同相关部门进行明察暗访，先后进行了7次大规模的检查，对违纪人员在市直机关干部大会上进行了通报批评。为了巩固成果，1995年以来，在市委、市政府的领导下，市公安局等有关单位紧密配合，在全市进行了3次大规模清查整顿。对查出违法行为的歌舞餐厅进行了严肃处理、公开曝光，净化了文化思想、文化风气和文化市场。同时，为了加强机关廉政建设，推进反腐败斗争深入发展，市政府又召开了机关干部廉政建设大会，对机关干部廉洁自律提出了明确要求。目前，全市党政机关干部涉足歌舞餐厅的问题得到了有效遏制，党风、政风明显好转，廉政建设又上了一个新台阶。

★本文在《松原日报》上发表

做好"七个到位"，提高政协委员民主监督能力

（1997年9月）

在社会主义市场经济新形势下，人民政协委员如何确实有效地开展好民主监督，使参政议政更加富有成效呢？具体应做到七个到位。

一、思想认识到位

政协委员要自觉自愿地发挥"要我协商监督，变为我要协商监督"的委员主体作用的积极性，增强市场经济条件民主监督的责任感、紧迫感、光荣感和自信心，当好联系中共党委、政府和群众的桥梁和纽带，认真行使自己的权力，充分履行自己的义务，不负社会的期望，不负时代的重托。

二、自身建设到位

切实加强政协委员的自身建设，提高民主监督工作质量和水平具有极强的现实性和针对性。首先要讲政治，努力提高政治素质。要按照江泽民同志的指示，讲政治、讲正气、讲纪律，保持坚定的政治方向。这样才能做到肩负政治责任和社会责任，识大体、知大局、懂大势；才能做到有纵观大局的眼界，把握大局的能力，服务大局的觉悟。其次要学业务，努力提高政协的业务素质。政协委员必须要了解政协、熟悉政协、通晓政协的业务，努力学习政协的业务书籍、有关资料，熟知政协的有关方针政策及其他相关的知识，并在实践中得到丰富、运用、发展，增长才干，做到德

能勤绩俱佳，提高民主监督水平。

三、职能职责到位

一是既要发挥好政协委员的主动性，又要尊重客观规律和事实。无论是提出批评、建议或意见，都要注重客观事实和规律，都要从实际出发，坚持实事求是。二是既要敢于监督，又要善于监督，提高监督质量。对看准了的问题，就要积极参与、主动介入、迎难而上、认真监督；就要有胆识、敢直言，大胆陈述自己的意见，力求做到监督有事、说话有据、意见有理、建议有效。三是既要摆正位置，又要找准切入点。在监督中正确处理好"有位与有为""服从与服务""尽力与量力"六者之间的关系，做到"尽职而不越位，帮忙而不添乱，切实而不表面"，适时适度，恰如其分，恰到好处。

四、服务指向到位

要坚持为巩固和发展安定团结的政治局面服务；为推进社会主义现代化建设服务；为健全社会主义民主和法制服务；为促进"一国两制"、和平统一祖国服务。

五、求实务实到位

民主监督重在求实、务实、落实。它是政协委员世界观、人生观和价值观的直接表现，也是民主监督工作的出发点和归宿地。政协委员应是一名克己奉公、率先垂范、谦虚谨慎的人；是一位敢于求真、敢于碰硬、敢于务实的人；是一个踏踏实实干事、勤勤恳恳为民、不计个人得失的人。只有这样，政协委员才能用人格的力量，激励广大人民群众振奋精神，开拓进取、求真务实、意气风发地投入到两个文明建设的实践中去。

六、反映社情民意到位

每个政协委员只有吃透上情、了解下情、掌握实情，才能使反映的社情民意上与党委政府的中心工作合拍，下与人民群众的意愿相通；才能不断地活化民主监督的渠道。因此，要充分利用例会制度、民主评议、信息反馈等有效形式，抓住群众反映强烈的那些带有普遍性、实质性、关键性的"热点""难点""重点"问题，从宏观考虑，微观着眼，多视角、全方位的真实反映社情民意，使高质量的社情民意具有参考性、超前性、针对性和可操作性，起到化解矛盾、密切干群关系作用，为群众排忧解难服务，为党政领导决策和决策的贯彻执行服务，推进决策的民主化、科学化。

七、自净、自硬、自正到位

政协委员要坚持修身正心、严以律己，打铁先要自身硬，要求别人做的自己首先要做到，禁止别人做的自己首先不做。做到无私无畏、不贪不求、人格方正、洁身自爱、自我净化，模范遵章守纪。只有在民主监督过程中讲政治、树正气、立威望、强魄力，才能在自省时守身如玉、他省时一尘不染，才能在社会上营造出一种和谐向上的民主监督之风。

★本文在《松原日报》上发表

合理配置和利用农村卫生资源迫在眉睫

（1999年5月）

1999年5月中旬，市政协文史委与文教委由市政协副主席苏赫巴鲁带队，市卫生局相关负责人参加，组成了联合调查组，对全市部分县（区）"农村卫生资源"情况进行了专题调查。通过调查，总的感到，建市以来，市委、市政府始终把农村卫生工作作为大事来抓，克服了"两多三少一严重"（农村人口多、服务对象多，技术人员和拔尖人才少、先进医疗设备少、财政拨款少，面临着严重的生存和发展危机）的诸多不利因素，采取了切实有效的措施，收到了一定的实效。

在全市范围内广泛开展了城市支援农村卫生工作，"九五"期间受到支援的乡（镇）卫生院60余个，培训技术人员1400余人，开展新技术新项目研究30余个。在全市农村有计划地进行了三项（人员、设备、房舍）建设工作。"九五"期间共完成三项建设卫生院55家，大大提高了农村乡（镇）卫生院的装备水平和服务能力。在全市实行了村卫生组织"四统一"（村医统管、业务统训、药品统购、财务统账）管理和合作医疗工作。经过几年的努力，村医管理好起来了，业务能力增强了，药品价格下降了，药品质量提高了。1994年省政府在前郭县召开了现场会，推广了"四统一"经验和做法，省卫生厅时任厅长迟达明在会上给予高度评价。"九五"期间共建合作医疗乡村164个，在全市进一步加强了农村医疗市场管理工作，制定出台了《全市医疗卫生机构管理暂行规定》，依法整顿农村卫生医疗市场，重点打击了非法行医诊所150家，没收伪药品价值1.79万元，保证了广大农村群众就医用药的安全，净化了农村医疗市场。

我市农村卫生工作虽然取得了一定的成绩，但也应清楚地看到，在农村卫生资源合理配置和利用上，还存在着以下主要困难和问题：

一是体制滞后，思想观念陈旧。目前，很多地方对农村卫生工作的运作管理基本上还是延续计划经济体制下的做法，虽然有些改革，但实质的东西尚未改变，不能充分发挥市场对基层单位自主管理功能的调节，卫生资源不能得到合理配置和利用。同时，农村医改的观念和意识没有较好地树立起来，相当一部分职工没有危机感和紧迫感，学习新知识，适应新形势的动力不足，甚至还有很多人想着"等、靠、要"，没有把优质服务和单位形象与自己的饭碗联系起来，困守现状，畏首畏尾，徘徊不前。

二是投入不足，补偿标准降低。在计划经济体制下，卫生事业一直实行国家统包的政策，卫生事业费占同级财政支出的8%左右。实行市场经济体制后，大多数县（区）已降至5%以下，致使一些乡（镇）医院的经费严重不足，各项开支仅靠有限的业务收入难以维持，事业难以发展，建于五六十年代的房屋破损不能维修，设备陈旧无力更换，甚至出现了人散屋空的现象。调查反映，有1/3创收好的单位，职工工资兑现70%（平均每月200—300元）；1/3创收一般的单位，职工工资兑现40%—50%；1/3创收不好的单位，职工工资兑现20%—30%，甚至分文不开。出现了想管没能力，想放舍不得，瘫痪和半瘫痪的不利状态。

三是人才匮乏，服务质量下降。调查中了解到，各乡（镇）院（站）人员一般都在50—60人，最少的也有20—30人，最多达到104人。这些人员中非专业人员和当地卫校毕业生相对过剩，有的竟一半以上属非专业人员，而技术精湛知名度高的业务骨干很少。以较好的前郭县为例，在全县农村卫生单位1319人中，共有副主任医师8人，主治医师25人，大专以上学历毕业生90人，仅占农村卫生人员总数的6.8%，低于城镇十九个百分点。究其原因，卫生系统"孔雀东南飞"的情况比较突出。村卫生所的技术骨干往乡（镇）去，乡（镇）院拔尖人才往县里涌，县医院的"能人"往外地跑。现留在农村的大学生已属凤毛麟角，大多数卫生院不能开展下腹部手术；部分卫生院不能做常规化验检查，仍凭着"老三件"（血压、体温计、听诊器）诊治疾病，卫生院的信誉度和服务质量明显下降，农民患某些疾病也只好去城里医院看。而且，这种状况还将日趋严重。一方面，五六十年代毕业的老医护人员陆续退休，受经济条件限制，有培养前途的人员也不能出去进修深造；另一方面，正牌大专学历以上毕业生分配不下去，堆在城市。以上因素，造成了农村卫生专业技术队伍出现严重青黄不接或断层的现象，已经使得一些乡（镇）卫生院无法承担起基本的医疗服务。

四是竞争无序，规范治理不力。据调查，我市在实行多渠道、多层次、多种形式办医的体制后，农村医疗卫生市场更是处于全方位的激烈竞争之中。城市里退休的医生或专家、少部分游医和无照人员日增，出现医疗市场混乱、失灵，不能有序的运行的状况。另外，农村药品市场开放太快，有的地方一年增加了50家私人药店，遍地都是药商，药质、药量、药价不够规范，不公平的竞争，影响了卫生院（所）正常的运行，使一些乡（镇）村卫生院（所）陷入了难以生存和发展的境地。

面对上述问题，我们感到，农村卫生资源合理配置和利用情况与市场经济的现实需要，还存在相当大的差距。在人才、技术、设施、装备等方面处于不足和浪费并存的状态下，农村又出现了新的缺医少药问题。为了更好地配置和利用农村卫生资源，摆脱目前的困境，我们提出以下建议和思考：

第一，改革农村卫生管理体制和运行机制。改革农村卫生管理体制和运行机制是解决农村卫生事业存在问题的根本性措施和有效途径。各级政府要根据上级指示精神结合当地社会需求与发展状况，合理调整农村卫生体系结构和布局，优化医疗卫生资源，提高服务效率。要把农村中心卫生院建设列入各级政府工作目标，重新确立乡（镇）中心卫生院的地位和作用，原则上应采取"保"的政策，在人才技术、设备设施、经营物资上加大扶持和管理力度。对于设置重复、国家不能保证投入且经营管理不善、水平低、效益差的乡（镇）村卫生院所可采取大胆"放"的政策，积极探索新途径，实行"关停、租赁、承包、联合、股份合作、出售"等办法，或鼓励和支持城乡（镇）医疗机构与科室采取兼并、托管等形式组建医疗服务集团向乡村辐射，进行产权制度和资产重组，实现优化配置，高效利用，尽快改善农村卫生状况。同时，在内部运行机制上，树立"不求所有，只求所用"的人才资源开发利用的思想，改革人事分配制度，引入竞争激励机制，把灵活用人机制还给村卫生院（所），立足市场、淘汰庸才、选择良才、储备贤才、用活人才，使农村卫生人才资源按市场取向优化配置，人才优势整体升位。

第二，进一步提高对农村卫生事业的重视程度。增加资金投入。各级政府要把农村卫生工作作为关心群众疾苦，密切党群、干群关系，促进经济和社会跨越式发展的大事来抓，切实摆上重要工作议程。尽快制定出有关的原则性意见和完善配套制度，保证经费投入逐步递增。像群众所说的，要像农村教育一样，重视农村卫生工作，要像教育筹措希望工程那样，筹措农村卫生事业专项资金，支持卫生事业。要继续实行输血和造血相结合的特殊财政扶持政策，从税收中提取一定比例投入到农村卫生事业，并把农村初级卫生保健费纳入政府财政预算，确定一个最低标准，实现人人享有初级卫生保健的权利。

第三，制定优惠政策，稳定农村卫生队伍。目前，我市农村卫生工作急需的是人才。为了尽快提高乡（镇）村医素质，应积极鼓励市、县、（区）医院减员下来的业务骨干和大专以上毕业生到乡村卫生院（所）工作。一是要在职称晋级、子女就业、业务提高、福利待遇上缩小与城市同类人员差距。宁江区卫生局对群众信得过的业务拔尖人才朝阳乡卫生院卢士英院长，采取"暖人心、拴人心"的办法，争取上级拨款2万元，当地免费批了3间房基地，自己也投入了一部分资金，盖起了全乡一流的房舍后，他激动地说："我这辈子宁可少挣钱，也不开个人诊所，哪也不去，就在这个卫生院干到老，为百姓做点好事，回报各级领导的厚爱。"如果各地都能像宁江区那样，留住一个人，兴旺一个院，造福一方百姓，那么我们的农村卫生事业还是大有前途的。各级政府可出台留住农村卫生拔尖人才政策，使他们在政治上有荣誉，物质上有补偿，生活上有照顾，感觉到农村卫生工作大有作为，进而激励他们扎根农村，营造积极奉献社会的良好氛围。二是各级政府及职能部门有必要把开发"乡土人才"纳入日程，有计划、有目标、有组织地抓好落实。要切实执行定向招生、定向分配的办法，既优化农村义务人员队伍，为农村输送更多的"乡土人才"，又确保农村院（所）后继有人、挑起大梁，满足群众的医疗保健需求。

第四，各级政府要采取自上而下的办法，彻底整顿农村医疗市场。一要加大宣传力度，充分利用各种新闻媒体，广泛宣传医药管理法规，使义务工作者和消费者做到知法、守法、用法。二要建立市、县（区）卫生系统医药管理委员会，针对乡（镇）村院（所）不招标多渠道采购药品的不良做法，对医疗用药、价格、规格等定期检查监督，降低药品销售价格，让利于民，改变"以药养医"的局面。三要加强医疗监督管理，规范医疗行为。卫生行政部门要结合政府机构改革和职能的转变，调整内部机构，组建专门卫生执法监督队伍，依法办事，依法行政，对农村卫生医疗机构严把规划、审批、监督关，着重解决多头管理，职责交叉而带来的管理真空地带问题。坚持持证上岗，杜绝"庸医"乱窜乱治的现象。要把一些不符合政策要求和医疗标准的诊所牌子摘掉，坚决取缔无证行医黑窝点，规范医疗市场。要进一步整顿农村个体医疗队伍，建立经常性的学习培训、考试、考核制度，实行优胜劣汰，能者上，庸者下，提高队伍素质，提高办医质量。

第五，建立城市医院和卫生人员到农村服务制度，常年送医送药。县（区）级以上医院可包保2—3个农村薄弱乡（镇）卫生院，作为定点挂钩，实行人员、技术下乡，着重提高管理水平和业务水平。下乡医护人员的工作好坏与工资、奖金、职称挂钩。凡晋升副主任医师和主治医师的都应在县级以下卫生单位服务半年至一年，并作为硬性条件之一，同时加强考核。凡准备提拔担任卫生行政领导（包括院长、科主任）的后备干部，也应到挂钩县（区）挂职半年至一年，使他们多了解一些基层卫生工作，深入群众，增长见识。市、县（区）卫生院应制定农村医务工作者培训计划和培训制度，保证他们得到培养、锻炼和提高。要继续采取城市支援农村的形式，加强对乡村卫生院（所）援建力度，捐助城市医院卫生物质资源过剩的或更新换代的尚可使用的设备、器材；搞好医务人员"传、帮、带"，使一些先进的医护技术落户到农村，形成一种新的医疗下乡形式，推动农村卫生事业的发展。

总之，改善农村卫生资源配置不合理的状况刻不容缓。因此，希望各级政府要把卫生工作的重点放到农村去，切实重视和加强农村卫生工作，让老百姓少花钱能"看得起病""看好病",保障身心健康,开创农村卫生工作新局面,为促进松原跨越式发展做出积极的贡献。

　　★本文是关于松原市卫生资源情况的调查报告,并在《松原日报》上发表

明镜照后人

（2000年7月）

几年来，松原市中小学校认真贯彻落实相关指示精神和《爱国主义教育实施纲要》，积极探索利用文史资料在中小学生中开展读史进行爱国主义教育的有效途径，使读史讲史活动由过去的无序状态转变为科学规范的有序状态；由抽象的讲道理变为具体的以事明理；由单纯的远学典型变为远近典型结合学，使读史讲史活动出现喜人的局面。全市中小学生精神面貌发生了很大变化，刻苦学习的人多了，关心集体的人多了，扶助贫困的学生的人多了，校内校外做好人好事的人多了，中小学生的整体素质有了很大的提高。据统计，全市中小学生在各级举办的爱国主义教育活动中，有782名获国家级奖，2378名获省级奖，19863名获市级奖；有7所学校被命名为省级精神文明建设先进学校，有120所学校被命名为市级文明学校。正如代表和委员们评议的那样：利用文史资料对中小学生进行爱国主义教育是增强新时期爱国主义情感的需要，是培养高素质创新人才的有效途径，是提高民族自信心、自尊心和自豪感的动力和保证。

一、读史讲史与各学科教学相结合

分学科渗透。注意把读史讲史活动针对学科特点渗透到各学科教学之中。宁江区六中在政治、语文、历史、地理、音乐等学科不同程度地把读史讲史的内容有选择地引进课堂。历史课教师从南京大屠杀讲到发生在松原市境内的扶余县（今扶余市）大獾子洞惨案、高家粉坊惨案，揭露日寇杀害我同胞80余人铁的事实。使学生对教材有了较深刻的理解，对日本帝国主义在中国犯下的滔天罪行和给中国人民造成的深重灾难有了更加清醒的认识，极大地激发了学生们的爱国情感。语文教师有目的地指导学生阅读古今名篇佳作时，选择一定数量松原籍作家学者的论著，如《今古松原》《梁士英传》等，用家乡的人和事激发学生爱国主义热情。

分层次渗透。根据学生年级的不同，在课堂教学中开展读史讲史活动，使不同层次的学生都能在适合自己的学习空间里受益。长岭县二中在狠抓教学改革，实施"落实目标，分层教学、分层推进、分级考核"的教改整体方案中，力求读史讲史与学习知识、全面发展同步。利用《长岭县史》《近代史》等，指导学生学习历史知识。初中一年级结合学生养成教育，开展读史讲史增强爱国主义的道德规范意识；初中二年级结合理想前途教育，开展读史讲史增强祖国的利益高于一切的意识；初中三年级结合"一颗红心，两手准备"教育，开展读史讲史活动，增强民族自尊心、自信心、自豪感意识，进而充分发挥了学生的特长，使学生产生了强烈的求知欲，活跃了课堂的教学气氛，形成了"勤学、会学、乐学"的学风，培养了学生的综合素质。前郭县实验小学以家乡《骏马奔驰》等为史料教材，根据不同年级的特点，制定出"画、知、立、说、绘"等分层次渗透法，增强学生热爱家乡、建设家乡、展望家乡的美好未来。由于教学方法得当，学生智慧、知识、能力、品德等方面都有了很大提高，形成了爱国主义教育的综合效应。

二、读史讲史与校内外活动相结合

校内活动声情并茂。通过读史讲史活动，有声有色地开展校园内文化建设，为爱国主义教育营造良好的氛围。乾安县中小学校几年来，一直坚持开展以弘扬中华民族传统美德教育等为主要内容的优秀班队会评比活动，采取班级评、学校评、全县评的办法，使这项爱国主义教育活动进行得有声有色。水字镇中心小学在校园内开展"六个一"系列活动和"一廊三园"文化建设，通过读史讲史活动进行爱国主义教育。"六个一"：即展一套，每年举办一次爱国主义教育为主要内容的图片展，让学生由浅入深、循序渐进地了解国情和历史；读一套，针对不同阶段的教育主题，开展读书、读报活动，让学生进行自我教育；讲一套，利用校内活动讲解现代史及县校史，让学生认识到新旧社会两重天；演一套，通过演出形式多样的文艺节目，让学生在审美情操中受到爱国主义教育；赛一套，通过开展各种知识竞赛，让学生全方位增长知识；做一套，利用"会说话的墙"（墙报、标语），让学生的综合素质在学做中得到提高。"一廊三园"即百米德育教育长廊和花园、药园、果园。通过这样的活动，使知识性、趣味性、艺术性融为一体，做到了草木能含情，墙壁会说话。

校内外活动寓史于教。松原市中小学校几年来，把读史讲史活动寓教于中小学生各项校内外活动之中，取得了显著效果。长岭县中小学校常年聘请校外辅导员和"三老"讲师团（老红军、老干部、老同志）给学生讲史，引导学生读史，对学生进行爱国主义教育。该县国家级校外辅导员尹德辉腾出了自己的两间房子，拿出所有的积蓄5000多元，精心选购了2000余册图书和260多种少儿报纸杂志，自备桌椅和书架，办起了全县"第一家"校外家庭辅导站。他三十年如一日，组织前来读书学习的中小学生，以故事会、读书讨论会、参观等多种形式，向他们传授革命传统和爱国主义精神。这个县的"三老"讲师团，从县城讲到农村，深受中小学生欢迎。几年来，参加校外活动学生达到40余万次，受教育面达90%以上。

三、读史讲史与影视教育相结合

利用电影电视对学生进行爱国主义教育。电影电视是对学生进行爱国主义教育的有效形式。松原市绝大多数中小学校在组织学生观看爱国主义教育影视片中，一改过去"演、看、散"的方法，总结出"讲、看、议、评"的四字观片法。宁江区六中组织学生观看百部爱国主义教育影视片中，每观看一部影视片都要做好四件事：一是结合教学内容选片；二是在观片前给学生讲影视片的故事和主题，使学生带着课题观片；三是看片后组织学生座谈消化、理解主题；四是组织学生写观后感。扶余县（今扶余市）中小学校还在县电视台的黄金时间为全县中小学生播放纪念"九一八"专题片《山河破碎的日子》，收到了很好的效果。

利用图片展览等对学生进行爱国主义教育。松原市中小学校寓读史讲史于图片展览之中，使中小学生在耳濡目染、潜移默化中受到了爱国主义教育。扶余县（今扶余市）一中，充分利用教室走廊搞图片展览，展览内容分为近代史、党史、校史等10多个部分，让学生从中接受爱国主义教育、革命传统教育和英雄模范人物的思想品行教育，激发了他们的爱国热情，树立为国学习的志向，也丰富了他们的历史知识和课外知识。近几年，共展出图片、文章、奖状、证书等3000多幅。

四、读史讲史与学习先进典型相结合

由远及近地学。我市中小学校学雷锋、赖宁等模范人物的同时，注意结合学习本班级、本学校、本县（区）的先进典型。前郭县三中把开展读史讲史活动与学习先进典型紧密结合在一起，以本校见义勇为、舍己救同学的好学生李冰锋为榜样，号召全校同学学习模范共青团员李冰锋的事迹，各班召开"和李冰锋比童年""向李冰锋同学学习什么""做李冰锋式的青年"等主题班会。李冰锋严于律己、模范地遵守学校的各项规章制度、敢于同歹徒做斗争的精神，为全校同学树立了榜样。去年乾安县四中结合读史讲史活动，在学雷锋、学家乡英模，献爱心、讲传统活动中，记录好人好事800人次，捐资近万元，自制体操垫子20个，收集废旧物资5000多公斤，长期照顾重病老领导、老教师、老人3户。

由静到动地学。文史资料为历史，要把史料从静态中解放出来，运用到育人的活动中，才能起到"活"的作用。前郭县三中在开展读史讲史活动中，把不同时期的历史英雄人物，运用到学习、生活和各项活动中，要求学生"培养五种意识树立五种精神"，即：培养学生"五爱"意识，树立为"四化"大业献身精神；培养学生自强、自尊、自信、积极进取、竞争意识，树立勇攀科学高峰的开拓精神；培养学生遵纪守法意识，树立敢于同坏人坏事做斗争的大无畏精神；培养学生艰苦朴素意识，树立克勤克俭奋发向上的精神；培养学生热爱松原、热爱家乡意识，树立全心全意为人民服务、无私奉献精神，让学生从沉淀多年的历史书籍中学到有益的知识、学习爱国志士的事迹和英雄模范人物的高尚思想品德，使爱国主义教育变成一种动态的而不是静态的教育。

五、读史讲史与形势教育相结合

利用国内重大事件开展形势教育。松原市中小学校在坚持组织学生开展读史讲史活动中，充分利用国内发生的重大事件对学生进行形势教育。1997年7月1日，香港回归祖国。为了利用这一重大历史事件教育后人，不忘历史，各县（区）在中小学校内举行了香港回归形势报告会，香港回归倒计时100天的升旗仪式，迎回归校园文化建设汇报会，迎回归知识问答竞赛、演讲比赛等活动，激发学生发奋学习，树立报效祖国、建设祖国的远大志向。扶余县（今扶余市）士英小学开展形式多样的活动，迎接香港回归。该校在全县举办的"香港百年知识竞赛"中获二等奖；在国家几部委举办的与香港小朋友书信往来活动中获优秀组织奖，有2名同学获最佳书信奖。扶余县（今扶余市）一中举行了"18岁成人宣誓"仪式，300多名学生面对国旗庄严宣誓："捍卫神圣宪法，维护法律尊严，以我火红青春，建设锦绣中华！"各学校抓住这一契机，对学生进行深刻的形势教育和爱国主义教育，使他们认识到落后就要挨打，我们只有刻苦学习，掌握本领，立志成才，长大以后才能时刻准备着建设祖国、保卫祖国。通过一系列活动，培养了学生的爱国主义思想。

总之，做好"五个结合"，以史育人，益今启后，功在当代，利在千秋。

★本文在《松原日报》上发表

把缘分化为工作的动力

（2001年11月）

2001年10月，我调到市卫生局，有幸与大家一起工作真是咱们的缘分，我愿把这缘分化为工作上的动力、行为上的合力、感情上的引力，与大家一起把汗水洒在这里。

近几天，局党委、局班子召开会议决定，由我分管办公室和规划财务科工作。这两方面的工作我比较陌生，更没有经验，但组织上已经决定了，我将尽心尽力、尽职尽责地做好工作。好在这些科室的主任、科员都是行家里手，综合素质较高，在过去的工作中都干得很出色，取得了可喜的成绩，积累了一定的经验，这进一步坚定了我抓好工作的信心和决心。我一定要按照局党委的要求，依靠领导和群众，和大家一道，在战胜困难、务实创新中实现工作新跨越，为推动全局的工作再上新台阶做出新贡献。

办公室、规划财务科都是综合部门，工作具有多、广、杂、难、急等特点。因此，要开展好工作应做到"八个注重"：

一是注重原则性。在新的历史时期，每一名干部注重原则性最关键的是在思想上、政治上、行动上与中共中央保持高度一致，按照市委部署和要求，围绕中心、服务大局，把心思集中到干好工作上，把精力集中到服务发展上，确保政令畅通，确保各项工作落到实处。在日常性工作中，一定要认真遵守党的组织纪律和廉政纪律，以及《党章》《准则》所规定的其他事项。要建立健全各项规章制度，好的保留，不完善的抓紧修改，做到"有章理事、有章理人、不符合原则的不办"。如我在履行财务工作中，不晓得财经政策，财务人员可向我说明情况，拿出依据，如果我固执己见，不予采纳，责任自负；如果其他同志不按照财经纪律办事，我在这里有言在先，谁的责任谁自负，我决不说情，并依法依规办事。同时，也要在不违反政策的前提下，从实际出发，做到原则性与灵活性有机结合，进而既增强法制观念，又增强组织观念，更增强行政的服务能力。

二是注重程序性。办公室和规划财务科工作程序性都很强。因此，凡事都要事先拟定计划或方案，合理地设计出工作中的基本程序，比较科学地反映工作运行的内在规律，有条不紊高质量地开展工作。要分清主次先后，清晰条理；要划清职责，减少交叉，科员的事科员办，主任科长的事主任科长办，领导的事领导办，一级干一级的活，一级管一级的事，各司其职、各负其责，真正把握信任与赢得信任、尊重与赢得尊重的内涵，既不随意升级矛盾，也不越级处理问题，避免越位、缺位、不到位及多头请示或先斩后奏问题的发生，以免给领导、同志间造成误解，做到既不失职，又不越权。要安排好先干什么、后干什么，一年准备干几件大事，一季准备干几件新事，一月准备集中精力干几件实事。做到心中有数，前后照应，环环相扣，既有长计划，又有短安排，全面兼顾，突出重点，真正使我们的工作在事事有计划，计划中有轻重，轻重中有着落，着落中有回音。要具有独立作战的意识和能力，执行政策不折不扣，落实任务不等不靠。要说了就算，算了就办，办就办好，不要重复交代工作，切实提高工作效率。

三是注重协调性。在实务上，办公室和规划财务室都是一个系统，工作中涉及方方面面、大大小小、前前后后、里里外外，这就要求我们注重协调，善于协调，成为协调工作的行家里手。因此，要正确地协调好点与面的关系，纵向中的前后关系，横向中的左右关系，上下级间的一般和特殊关系。凡事多沟通、多商量、多配合，只有这样才能把阻力变助力、分力变合力，同奏一支曲，共唱一首歌。

四是注重合力性。合力来自团结。团结出感情、出人才、出凝聚力和工作效率。俗话说，家和万事兴，人和万事成，人心齐泰山移。因此，在工作中要学会多尊重人、关心人、理解人；要以党为先，以事业求团结，以团结兴事业。坦诚相见，与人为善，助人为乐，共同进步，不利团结的话不说，不利团结的事不做，不该知道的不打听，不推诿扯皮，更不传话、说假话。要以德为本，为政以德，摒弃私心杂念，把全部精力用在想事上、干事上，树立起正确的"三观"，增强事业心、责任感和使命感，努力做一名德才兼备的机关干部。

五是注重创新性。创新是现代机关干部做好工作应具备的重要素质和能力，直接关系到工作目标的实现和事业的兴衰成败。这就要求我们在工作中要有创新思维，注重思维的多向性、超前性、逆向性、求异性，不断提高创新能力，培养创新品格。要在结合中创新，善于把党的路线、方针、政策和成功经验与本单位的工作结合起来，创造性制定出适合我们实际情况的有特点、有特色的工作思路、工作方法和工作措施来，要在变中创新，对变化的新情况、新矛盾及早了解，超前洞察、深入思考、妥善解决，创造新成绩，总结新经验。

六是注重求实性。求真务实是衡量一个干部素质的基本标准。要坚持对领导与同志负责的统一，掌握客观情况，尊重客观现实，按客观规律办事，树立正确的价值观、政绩观，扎扎实实地埋头干事；要敢讲真话、实话，介绍情况，反映问题，要坚持原则，有一说一，言之有理，言之有据。比如，汇报工作时要把成绩、问题原因和几种解决问题的办法详略得当地说出来，提出有价值、有分量的意见和建议，切实为领导决策当好参谋。

七是注重笃学性。追求学习是美德之为、立身之本。每个同志要珍惜大好时光，减少不必要的应酬，重视学习，善于学习，潜心学习，成为自觉学习的模范。要对现代科学知识，多学一些、先学一步、学好一点。做好学习计划，写好读书笔记，增加知识积累，更新知识结构，陶冶人格情操，不断提高理论修养、政治水平、业务能力，在未来的竞争中立于不败之地。

八是注重自省性。在踏实做人、做事的前提下，深知省悟是一面镜子，也是一种修养的放大。坚定省悟，就能够多一点谦虚，少一点盛气；多一点自励，少一点自负；多一点奉献，少一点功利；多一点成功，少一点失败，真真切切地晓得人无完人的真谛，克服前进中的大敌，大家才能接受你、理解你、支持你，轻松自如地创造风调雨顺的和谐环境。

我希望通过这次交心活动，进一步形成共识，团结一致，克服困难，开拓进取，埋头苦干，把工作做得更好、更富有成效。

★本文是在松原市卫生局分管工作会议上的讲话

降低药品虚高价格，切实减轻人民负担

（2002年6月）

我市的药品招标采购工作在市委、市政府的高度重视下，在纪检监察等部门的大力支持下，在14家院长及各位同志的努力下，进展顺利。前几天，在张兆才副市长主持召开了药品招标采购领导小组第一次会议上，主要研究确定了《松原市医疗机构药品集中招标采购领导小组工作职责》《松原市医疗机构药品集中招标采购专家库管理办法》《松原市医疗机构药品集中招标采购专家委员会的组成与抽取办法》《评标现场纪律》。这些规定和办法对我们今后工作的开展将起到重要指导作用。今天这次药管会会议标志着这项工作将进入实质性操作——开评标阶段，此阶段有四点需要注意。

一、要从讲政治的高度来认识药品招标采购工作的重要性

药品招标采购工作是我市践行"三个代表"重要思想、转变工作作风的一件大事，是深化卫生体制改革、加强经济管理的一件大事，是着力解决人民群众切身利益的大事，是纪检监察部门跟踪督办的一件大事，是当前我市纠风工作的重中之重。市纪检委韩英俊书记、市政府张兆才副市长十分重视。在市纪委和药品招标采购领导小组会上都做出了指示、提出了严格的要求。因此，我们一定要认清形势，充分认识其必要性和紧迫性，增强事业心责任感，端正思想，排除杂念，服务大局，切实担负起第一责任人的责任，摆正自己的位置，当好"管理监督者"，摆脱"直接参与者"，绝不做"利益收获者"，为党和人民掌好权、用好权。我了解，并且相信，我们各位院长政治性和责任心都很强，一定能够把这件顺应时代

发展趋势、暖民心、顺民意、树立党政形象的工程抓细、抓实、抓好、抓出成效来。

二、要按照公平、公正、公开的原则，注重维护各方当事人的合法权益

为了努力营造各方当事人在同一起跑线上、规则在同一尺度内的平等竞争、优胜劣汰的公平环境，我们必须从各个环节上建立约束机制，减少人为因素，从源头上防止不规范行为。市里成立了领导小组，主管市长牵头，纪检监察领导为成员，纠风办全程跟踪，为药品招标采购工作顺利开展提供了坚强的组织和纪律保障。今天作为在决策环节上发挥重要作用的药管会成员，大家的行为直接关系到药品招标采购的公平公正性，无论在制度的研究上还是在选举议价决策人上，都要对党、对国家、对人民负责，也要对自己的行为负责。因此，我们要严密组织、规范程序、强化监督，按原则办事、按法制办事、按程序办事、按规则办事，防止暗箱操作，提高透明度，堵塞漏洞，不搞串标、假标、不公正招标以及恶意招标。遏制或杜绝医药购销中的不正当行为，提高药品营销质量，保证药品招标采购工作的健康发展。

三、要从人民群众的切身利益出发，切实减轻医药费用负担

我们这次药品招标采购工作目的之一，就是让药品虚高定价和非法回扣等不正之风得到有效遏制，让利于我们的衣食父母，这是应该的，也是值得的，因为人民医院为人民，就得全心全意地人民服务，真正让百姓吃上安全有效的放心药。不然的话，百姓吃药不治病等于谋财害命，我们有愧于他们，有愧于自己。所以，一定要切切实实地解决"吃药贵"、因病致贫、病返贫的现实而又严重的问题，这样才能理顺群众的情绪，化解群众的矛盾，排除群众的困难，做一件功德千秋之事。为官一任，造福一方，我们心装人民群众，人民群众也会记着我们。

四、发挥中介机构的纽带作用

中介机构通过药品招标采购上联党政、下关群众，其行为是否规范直接影响着各方当事人的合法权益。因此，要按照国家六部委等有关文件精神，制定出科学严谨、公平公正公开、环环相扣的科学程序、办法、标准来，切实发挥好中介机构的职能和作用，努力把这项工作做细、做正、做好，让党政机关和社会充分认可，切实保障人民群众的身体健康。

★本文是在松原市卫生系统药品招标采购工作会议上的讲话

弘扬高尚师德，双岗建功立业

（2002年9月）

在第十八个教师节来临之际，能与民进会员的教师一起座谈，同庆教师节这个神圣的节日，我倍感亲切。首先代表民进松原市委，向老师们致以崇高的敬意和节日的祝贺，祝愿老师们节日愉快、身体健康、工作进步！你们是教师，也是民进会员，双责在肩，需要我们学高为师，身正为范，开拓进取，敢于担当，勇创佳绩。

一、要以高尚的职业道德做好教育工作

著名的教育家苏霍姆林斯基说："教师是太阳底下最光辉的职业。"人们经常用"园丁""春蚕"和"蜡烛""人类灵魂的工程师"来赞美教师，讴歌教师的辛勤劳动和奉献精神。这是十分贴切和恰当的。教师的职业是光荣的，品格是高尚的，贡献是伟大的。教师传播知识，教书育人，造就了人类的文明，推动了社会的进步和发展。纵观古今中外，无论是科学家、艺术家、学者，还是英雄伟人，哪一个不是经过教师的培养教育而成才的呢？莘莘学子，只有在教师指引下，才能迈进知识的殿堂，进而成长为祖国的栋梁。人民教师呕心沥血，浇灌桃李，甘于清贫，乐于奉献，立足三尺讲坛，胸怀世界风云，把对祖国的忠诚，对学子的热爱，都融注在无怨无悔的粉笔生涯之中，受到了人们的普遍赞誉和尊重。

中国民主促进会是一个以教师为主体的民主党派组织。从马叙伦、雷洁琼等老一辈领导人创建民进半个多世纪以来，无数志士仁人以他们良好的个人品格和精深的知识水平赢得了国人的赞誉，得到了执政党的首肯，为我们树立了学习的楷模。我们松原民进组织现有会员78人，其中教育界

会员50人，占会员总数的64%。我们这些人的形象和声望，不仅关系到教育事业的兴衰，而且关系到民进组织的形象。因此，我们必须不断加强自身建设，在大力提高业务水平的同时，努力培养和形成良好的职业道德。师德建设是教师队伍建设的重要课题，正在引起各级党委、政府和教育战线的高度重视。我们必须看到，绝大多数教师的职业道德是高尚的，真正做到了克己奉公、为人师表。但是随着市场经济的发展，拜金主义等腐朽思想也在侵蚀着教师队伍，一些不良风气在教师队伍中也有所表现。个别教师打骂体罚学生的现象时有发生；个别教师乱办班、乱收费，以教谋私；个别教师向学生及家长索要好处；个别教师水平低下，不负责任，误人子弟；还有个别教师，也出入那些不该涉足的场所。这些不正常的个别现象，极大地损害了教师队伍的形象，降低了人民教师的威望。学高为师，身正为范，作为民进会员，我们绝不能玷污人民教师的光荣称号，要旗帜鲜明地同有违师德的不良现象做斗争。要自尊、自重、自爱、自强，爱事业如自己，视名节如生命，八小时内外从严自律，时时处处为人师表，永远保持高尚的师德，做一名爱岗敬业、德才双馨的优秀人民教师，为党和人民的教育事业多做贡献。

二、要以高度的政治责任感积极参政议政

我们在座的各位都具有人民教师和民进会员的双重身份。我们感到光荣，更加体会到了责任。我们在做好教师工作的同时，还要认真履行民进会员职责，积极参政议政。民进松原市委成立九年来，参政议政工作取得了较好成效，民进的很多议案都被有关部门所采纳，既收到了推动工作的实效，又提高了民进组织的威望。但由于特殊原因，近几年来会内活动弱化，会员缺少交流，参政议政的积极性受到一些影响。我们新一届领导班子和全体会员一定要认清形势，提高认识，正视不足，加倍努力，积极参政议政，提振民进精气神。

（一）加强学习，提高素质。学习永远是我们前进的动力源泉。我们要认真学习邓小平理论、"三个代表"重要思想和中共十六大精神，学习

中共统一战线工作理论和民进会章会史，学习党的路线、方针、政策和国家法律法规。作为教育战线的会员，还要结合教育改革需要，学习科教兴国的重大国策和教育方针，学习课程改革纲要和任教课程内容，学习先进教学经验和教学方法。通过学习，提高做好民进会员和人民教师工作的自觉性，增强教书育人和参政议政的实际本领。

（二）善于调查，写好议案。毛泽东说过："没有调查就没有发言权。"[1]作为民进组织，没有调查研究就没有议案权。因此，我们要紧紧围绕全市经济和社会事业发展的大局，深入搞好调查研究。民进中央主席许嘉璐多次强调要全方位参政，不能认为我们民进会员多是搞教育、出版、文化的而不去对经济问题有所建言。我们要重视研究教育、文化与经济发展的紧密联系，积极探讨教育、文化与经济发展相适应的问题。我们要通过多种渠道和方式广泛开展推进松原经济跨越式发展、优先发展教育、加强农村文化建设、强化中小学素质教育、关于教育的先导性和思想教育工作的先行性探讨、提高民进会员素质等方面的调查研究。要广泛收集及时反映社情民意，写出有情况、有分析、有决策参考价值的高标准、高质量的议案，促进经济发展，维护社会稳定。

（三）增强团结，合力干事。团结出凝聚力、战斗力、生产力，团结出干部、经济效益、社会效益。我们的会员来自四面八方，要搞"五湖四海"精诚团结。要互相尊重、互相理解、互相学习、互相支持。要像爱护眼珠一样爱护民进组织的团结，在民进组织中营造一种人际关系和谐、心情舒畅、团结共事的良好氛围。民进松原市委会班子成员要在其位谋其政，按集体领导和各人分工负责相结合的原则办法，分工不分家，补台不拆台，大事讲原则，小事讲风格，在合作共事中加深了解、增进团结，形成班子的整体合力。全体会员人人要明确责任、负起责任，想事、干事、成事，干事不整事，成事不败事，以实际行动把工作做实、做细、做出成效来。

（四）从严自律，奋发进取。我们民进会员和机关干部要大力弘扬高尚师德，在工作中干一行、爱一行、钻一行、精一行，干在民进就要热爱

---

[1] 毛泽东：《毛泽东选集》第一卷，人民出版社，1991，第109页。

民进、干好民进，成为民进工作的行家里手。工作要高标准、严要求，解放思想，开拓创新。要注意研究新情况、解决新问题、总结新经验、开创新局面。要从严律己积极工作，做到有人监督、无人监督一个样。要勤俭节约、清正廉洁、谦虚谨慎、联系群众，努力建设一支政治强、业务精、作风正、贡献大、形象好的民进队伍，卓有成效地做好新时期的民进工作。

振兴民族的希望在教育，振兴教育的希望在教师。政治协商任重道远，民进工作大有作为。让我们在中共松原市委的正确领导下，在民进吉林省委的指导帮助下，充分认识自己所从事的职业的伟大意义和崇高价值，不负重托、主动作为，立足本职、双岗建功，不断开创民进工作的新局面，为助推松原经济社会跨越式发展贡献出应有的力量。

★本文是在民进松原市委会召开的会员教师节座谈会上的讲话

借鉴先进经验，推动我市医药产业发展

（2003年5月）

前不久，我利用到省卫生厅挂职锻炼的工作机会，考察了江苏扬子江药业集团和成都康弘药业公司，初步了解到他们药业发展情况，使我深受教育和启发。对照外地发展经验，今后要推动我市医药产业升级，应抓好八个突破。

一是在思想观念上要有突破。山城通化过去是一个比较贫困落后的城市，改革开放以来，这里的党政和企业领导班子，思想解放，视野开阔，敢试敢闯，终于把通化药业做大、做强，现已成为享誉国内外的医药产业城市。成都康弘药业有限公司，起初是由几名教授创建的，白手起家，他们思想解放，不断创新，现已成为全国重点药业企业，全国第一家GMP认证企业，去年实现销售收入3.5亿元。与他们相比，我们的中心意识不牢，市场意识不强，安于现状，小成即满，不富也安。因此，新一届市委决定进一步在全市范围内，开展解放思想大讨论活动，提出：不要目光短浅，不要墨守成规，不要怕担风险，大力改善软硬环境，一心一意抓发展经济的思想，是完全正确的。我们发展医药产业不是没有条件，我市有药用野生动植物资源、有传统的药材种养基地、有较强的生物制药科研基础和技术力量等。而要发挥这些优势，就必须解放思想，敢于突破，发挥后发优势，真正把医药业作为全市经济战略重点来抓。

二是在发展思路上要有突破。通化市发展药业一个明显特点是，他们改变家庭式管理模式，引导强势民营企业向现代企业管理制度迈进，现已形成以修正、东宝、金马等为代表的一批骨干企业。去年通化医药业完成工业总产值超亿元的企业达9户，实现利税超千万元的企业达18户。相比之下，松原医药业发展思路还有一定滞后性，特别是在药业改制方面存在着一卖了之，一联了之等不适应市场经济规律的问题。因此，我们必须调整松原医药产业发展思路，瞄准国际、国内医药产业发展方向，走集团管理、滚动发展、股份合作、多种经营的路子，坚持"不求所有，只求搞活"的原则，提高企业运营管理。

三是在药品生产企业GMP改造上要有突破。GMP认证是企业进入市场的准入证。通化市到去年年末已有15户企业的25条生产线完成了GMP改造，55户企业、70条生产线进行了建设申请，项目总投资达15亿元。松原市也应该大力推进药品生产企业的GMP改造，促进药品生产结构调整和优化升级，真正实现制药工业从化学合成为主向生物技术制药为主的转变，新产品开发从仿制向创新的转变，药物制剂从普通型向新型药物制剂转变，中成药生产从传统的制造向现代化生产转变，全面提升药品生产企业整体素质。在抓好GMP改造企业立项和认证初审工作的同时，要注重搞好产品结构调整，着力发展市场潜力大、技术含量高、适合东北特点的新品种原料药和新研制开发，扶持研究开发具有自主知识产权的新药，集中力量扶持松原本地的吡拉西坦、肝复康、牛黄解毒片等产品，重点扶持基因工程等生物技术，鼓励开展普通中成药等制剂有效成分的提炼、纯化及分析、技术开发，引导企业选择市场需求的品种和向先进剂型发展。

四是在扩大企业规模上要有突破。从国际上看，制药行业已是集约化、国际化程度极高的产业，通过资产集中、产业整合、经营统一等方式，提高企业的核心竞争力，已经是当今世界医药行业发展的一种必然趋势。从国内看，深圳"三九"集团的资产重组搞得比较早。现在已经收购或控股了8家企业。5年前四川雅安制药厂年销售额不足1000万元，被深圳"三九"集团收购后，通过优质资产的注入和技术改造，现已成为年销售额达6亿元，出口量2000万美元的大型企业。通过注资、托管、联合等多种形式的资产重组，都产生了更强大的竞争优势。这为松原的医药业进一步改革、改组、改造提供了很好的借鉴。松原药业应在政府扶持和调控下，探讨如何组建松原医药业集团，寻求与国内外大企业联合或重组，实现超常规的资源汇聚，资产增值和资本扩张，形成更为强大的发展合力和竞争实力。

五是在创品牌上要有突破。铸造企业品牌，创造无形资产，实现有形扩张，这已是国内医药企业发展的共识。扬子江药业集团起初在企业发展较好的时候，年产值不过几百万元，但在开发出的新产品板蓝根干糖浆和速效伤风胶囊分别获国家金牛奖和"信得过用药"称号后，企业效益连年翻番，迅速成为江苏医药行业第一大户，实现产值超亿元，利税超千万元。企业发展快的主要动力"靠的就是品牌含金量"。我们要认真借鉴成功企业的经验，树立品牌意识，强化知识产权观念，形成尊崇品牌、爱护品牌的氛围，努力创造名牌产品，具体应在原有产品上创造品牌，如人参生命源、妇春丽、康利血、鹿胎膏、三肾丸等；在新开发产品上创品牌，如市美罗药业有限公司生产的人参糖肽、大输液等；在开发小儿新药上创品牌，充分发挥长岭正辉煌有限公司生产的小儿肺热平、小儿消咳片等市场看好的优势产品，开发儿童系列新药。

六是在组织与管理上要有突破。扬子江药业集团是当时年仅27岁复员军人徐镜人创办的，到1988年这个企业成为江苏医药行业第一家实现产值超亿元，利税超千万元的企业。在徐镜人调走后不到两年，这个企业利润由1300多万元跌至0.4万元，潜在亏损236万元，企业濒临破产。重新启用徐镜人后，使企业摆脱了困境，企业每年销售产值以50%速度增长，目前，已拥有各类优秀人才和员工3000人，总资产近9亿元，综合经济效益再度高居江苏医药企业榜首，连续四年跻身全国医药行业五强，成为全国最大的中药提取生产基地。外地在用人上有三条经验可借鉴：第一条是不看年龄看本领，优秀企业领导不一定强调到点下岗，可超期服役，但不搞终身制。第二条是保持企业领导干部相对稳定，规避短期行为，着眼长远发展。第三条是持续鼓励机关干部到民营企业任职工作，解决人气不旺、管理人才匮乏、企业低水平运行等问题。松原应突出选好配强国有、集体企业的领导班子，尤其要从经济部门选派一批作风正、会管理、善经营的年轻后备干部到医药企业担任重要职务，充实加强企业领导班子，以特定特殊政策吸引更多优秀人才到松原后，为他们施展才能创造有利条件。同时，积极引导民营企业着力解决各方面人才缺乏问题，振兴民营医药产业。

七是在政策上要有突破。通化市政府出台有关扶持政策，明确规定民营经济贷款担保基金来源，一部分是从企业上缴的地税和个体户管理费等收费中提取一定比例，另一部分是担保基金成员上缴的担保基金，基金实行专户存储、有偿使用、滚动发展。松原要在条件允许的情况下也要抓紧建立医药企业贷款担保基金，同时在医药业的审批、税费、新产品开发和利润分配等方面在原有的基础上制定出更多的优惠政策，推动我市医药企业发展。

八是在招商引资上要有突破。松原医药业发展缓慢的主要原因之一就是招商引资力度不够。我们必须创新投融资机制，吸引民间、外资多元投入。要采取多种招商形式，如成立医药产业招商办公室，选派专业人才组建招商引资队伍，开展专业招商；通过经商者现身说法实行以商招商；与中介机构签订委托协议进行委托招商；等等。同时，要积极搞好市场资本运作，争取在医药领域尽快发展上市公司，提高融资水平。

★本文在《松原日报》上发表

大力发展循环经济，加快重点项目建设

（2003年7月）

在全市经济形势分析会上，听了各县（区）、部门的发言，并察看了市区部分在建重点工业项目取得的可喜变化，感到很高兴、很振奋，也很受教育。主要有三点：

一是决策正确。几年来的实践证明，市委、市政府做出的工业立市的战略决策是正确的，无工不富这个道理已深入人心。市委、市政府解放思想，抢抓机遇确立了工业立市的思想，可以说眼光远、有胆识、思路新、措施实，符合松原实际，为破解当前社会存在的难题，推进松原工业化、城镇化探索出了一条有效的发展路子。

二是重点突出。抓重点工业项目体现了四个注重。即注重调研、注重规划、注重质量、注重效益。进一步讲，既抓对发展全局带动力强的大强项目，又抓有利于扩大就业、改善群众生产生活的中小项目；既抓能增强后劲的长远项目，又抓能早见成效的短平快项目，逐渐形成了大项目科技主导、中项目潜力不少、小项目效益可保的特点突出、特色鲜明的工业经济发展格局。会议期间，与会人员参观了五户企业，看到了松原市经济发展的良好势头，说明了抓项目、抓一批好项目、抓一批大项目就抓住了经济发展的关键和根本。

三是主体形成。松原工业主体氛围已经形成。目前，广大干部群众深刻认识到工业化是推进经济从不发达到发达过渡的重要动力。可以说，上上下下、党内党外都齐心协力，狠抓重点工业项目谋划，强力推进项目落实落地，为工业经济的发展耗费了心血，倾注了精力，营造了全党抓经济、重点抓工业、突出抓项目的良好氛围。我市的人气、商气和人们的干劲从来没有像今年这样旺盛。下面是我的几点思考：

（一）要一抓到底。要充分认识到工业经济是一个长期性、艰巨性和复杂性的系统工作，不能一蹴而就，而要常抓不懈。因此，在工作中要坚决克服打打停停、时紧时松、忽冷忽热的问题。抓而不紧等于没抓，抓而不实等于白抓。树立一种坚韧不拔和一竿子插到底的精神，一切从实际出发，坚持工业立市的思想不动摇，人换事不变。经过一年一年的努力、一届一届的跨越，建设一个充满生机、安全和谐的新型工业城市必定实现。

（二）要大力倡导用经验推动工作。要定期或不定期地召开工业项目座谈会，加强交流，沟通信息，取长补短，丰富经验，防止照抄照搬、走弯路、出差错，做到边实践边总结边提高，完善和创新招法，对于促进工业经济健康快速发展有着举足轻重的作用。

（三）要制定出松原发展循环经济的出路与对策。循环经济是新型工业化的高级形式，尤其对我们松原这个刚刚起步的新型工业化城市来说更为重要，同时也是落实科学发展观的客观要求。因此，我们要增强资源保护的忧患意识，将循环经济纳入科技兴市的战略规划，作为政府、企业、个人的共同行为准则。要加强宏观调控，制定相关政策，发挥政府在循环经济中的主导作用，用工业化的理念推动经济建设，决不能走先污染后治理或边污染边治理的老路，堵住那些付出土地、水、能源、矿产等为代价取得一点点经济效益的低级产业进入，努力实现优化产业结构与控制环境污染相结合，力争在资源综合利用和相关企业的废弃物资源转化链接上有新突破，在搞配套、抓延伸上下功夫，在创名牌、上档次、提质上谋发展，走出一条符合松原实际的社会经济、人口、资源和环境协调发展之路。

★本文是在松原市重点项目建设座谈会上的发言

重点工业项目建设是经济发展的支撑力量

（2003年9月）

参加松原市委、市政府组织的这次大规模的重点工业项目视察活动，对我来说这是第一次。通过到各地实地视察，目睹了经过几年的努力我市工业企业发展由小到大、由少到多、由旧到新、由弱到强，发生了可喜的变化，既给我上了一次长知识、受教育、拓视野的理论课，又给我上了一次变观念、鼓干劲、增信心的实践课。主要有以下三个方面的感受：

一、从理论上讲

工业是经济发展的重要支撑力量，具有举足轻重的地位和作用。一个区域能否快速发展，关键在于工业。市委、市政府正是基于这一点提出了"工业立市"的战略思想，并且把它作为推进我市工业化、城镇化的出发点和落脚点；作为破解当前诸多问题的有效途径；是发展循环经济，走出一条科技含量高、经济效益好、资源消耗低、环境污染少，资源优势得到充分发挥的新型工业化路子的实践与探索，是对落实科学发展观，振兴我市老工业基地，全面建设小康社会的具体体现。可以说，市委、市政府抓"工业立市"的战略观念是新的、站位是高的、政策是对的、成效是显著的，符合松原实际。

二、从实际上讲

市、县（区）两级班子抓重点工业项目高位运作，措施着实，真正产生了凝聚力、战斗力和生产力，形成了"全党抓经济、重点抓工业、突出抓项目的浓厚氛围"。在这次调研的100个项目中，目前有的企业已具规模，有的企业已见成效，有的企业在建中，如长岭县的174个风电项目、科尔沁集团饲料加工项目、乾安县的无水酒精项目、前郭县的辉山乳业项目、市直的聚四氢呋喃项目、宁江区的丙烯酸及酯项目、雅达虹园区的嘉实油脂项目、高新技术开发区的30万只肉鸡屠宰加工及配套项目、油田的产业园区项目等，这些企业各有侧重和特点，只要扎扎实实抓下去，前景可观。

三、从操作上讲

我们在看到成绩的同时也应注意几个问题，一要坚定不移地贯彻落实市委、市政府提出的"工业立市"战略，大力发展工业经济、突出项目带动，坚持大中小相结合，体现资源型、科技型、环保型、民族特色型。我们必须在思想深处认识到，只要我们一年一年的紧抓、一任接着一任干、一届一届地跨越，全市上下就能够形成发展工业的自觉共识和坚定行动，不断开创我市工业发展的新局面。二要定期或不定期召开项目工作经验交流会，及时总结经验，在经验中积累经验，用经验推动工作。三要注重推进循环经济的发展，加快编制出台《松原市循环经济发展规划》，把循环经济放在建设节约型社会框架下。做到优化产业结构与控制污染相结合，力争在资源综合利用和相关企业的废弃物资源转化链接上有新突破，不断提高资源建设循环利用水平。市、县（区）两级班子，应积极鼓励发展自主创新能力，切实转变工业经济增长方式，不断优化产业层次，克服布局分散、规模较小、效益不高、结构不优等问题，在财政、税收等政策上，最大限度地给予扶持，坚决遏制重复或盲目建设。四要切实地节约集约土地作为转变经济增长方式的突破口和重要抓手，全面提升土地资源的利用效能。从实际出发，用好用活土地资源政策，为客商投资建厂，创造良好的发展环境。要坚决防止质量不高的项目占用有限的土地资源，避免出现地价过高或过低、使用时间过长或过短等现象，做到讲服务、讲诚信、讲效益，优化土地资源配置。

★本文是参加松原市重点工业项目建设视察时的思考

坚持建管并重，全面提升城市综合治理水平

（2003年10月）

随视察组实地察看了城市建设和综合整治情况，听取了市政府的情况介绍，很受教育和鼓舞，可以说上了一堂生动的城市建设和环境保护课。主要有以下几点感受：

一是我深切感受到市委、市政府是一个有远见、敢担当的市委、市政府；是敢于决策、善于决策、正确决策的市委、市政府；是想事、干事、成事的市委、市政府；是得民心、顺民意、聚民智的群众满意的市委、市政府。二是感受到市委、市政府及相关部门在这方面重视到位、思路清晰、重点突出、措施得力、力度加大。三是感受到城市建设和环境综合整治发生了明显变化，尤其是在新一届市委、市政府的领导下，在人大、政协、纪检机关的支持下，在相关部门共同努力下城市综治成果出现了"七多七少"的现象。"七多"是：灯光明亮多了、树草绿化多了、交通便利多了、街路宽敞多了、市容干净多了、广场小区规范多了、城市信息快捷多了；"七少"是：乱贴乱画的少了、三马作业的少了、违章建筑的少了、地上的障碍物少了、乱泼乱倒乱撒的少了、城市牌匾不规范的少了、污染环境作业的少了。

这些可喜的变化，是各级领导和广大群众用智慧、力量、汗水以及牺牲精神换来的；是在克服"五难"（群众难发动、资金难筹措、工作难管理、机制难创新、办法难出台）中取得的，我市的城市建设和环境综治工作实现了"五个转变"：一是由过去的小县城意识向现代的大城市意识转变，也就是说观念发生了转变，提升了人们的城市认知品位。二是由过去机关部门管理机制向创新的多个部门分保责任管理机制转变，也就是说机制实现了创新，找到了管理的突破口。三是由过去的城市建设规划政出多

门向新的统一的城市建设规划政出一门转变，也就是说规划建设一盘棋，优化资源配置。四是由过去的突击性、阶段性检查向经常性、长效性检查转变，也就是说形成了一套相对固定的制度和办法，基本实现了制度化、规范化和科学化。五是由过去的传统的管理工作作风向市场经济条件下管理与服务相结合的工作作风转变，也就是说干群尽职、尽责、尽力，体现"三贴近"原则。

我们在看到成绩的同时，也清醒地看到了不足，主要是在认识上有待于进一步提高，在规范管理上有待于进一步加强，在制度落实上有待于进一步到位。为此，下步工作应做好四个坚持：

一、坚持统筹兼顾，规范开发建设

要按照城市综合治理的要求，科学制定城市建设与管理规划，以规划引领和提升城市品质。具体说，就是在统筹协调城市建设发展中，要落实好国家各项政策及配套设施建设，无论地上要素还是地下要素，都要兼顾各方，合理配置资源，平衡好硬件和软件、经济和人文、私人与公共空间的关系，既有人又有景，既有文体活动场所又有休闲生态空间，既有历史文化传统又有现代人居环境，既有地上网络又有地下网络，形成前瞻性、科学性、规范性开发，确保各项管理指标到位，不断增强城市的综合服务功能。

二、坚持建管并重，强化管理力度

城市建设"三分建，七分管"，说的是城市建设难，管理、运营更难。因此，一方面要妥善处理好城市建设与管理的关系，以高水平的规划来调控城市建设，以标准化管理实现城市有效运转，让城市建设与管理相得益彰，防止走上一条有建无管、先建后管、重建轻管的非均衡发展的道路，使城市建设与管理处于脱节的境地。另一方面要加大对广大干部和市民的教育宣传力度，提高全民的城市建设和管理意识，逐渐改变人们的传统观念、思维定式和习惯陋习，用行政、法律方式和手段来治理建设中存在的问题，实现城市空间、城市环境、城市功能、城市风貌、城市人文等资源的最大化，不断满足广大市民日益增长的城市品位要求。

三、坚持创新机制，提高服务质量

创新推动发展，机制规范管理。我们要积极探索和创新城市"建设、管理、监督、参与和信息化"为一体的长效监管机制，优化整合城市管理资源，使"有人做事、有钱办事、有地议事、有章理事"的行为准则落到实处，努力形成重心下移，原地管理，统一领导、权责清晰，依法管理、精细科学的城市综合管理格局。要按照国家制定的城市服务标准，对责任单位严格实行检查和考核，实行奖惩制度。在奖惩中凸显行为规范，在规范中改进服务质量，着力提升城市文明水准。

四、坚持以人为本，营造良好氛围

做好"人民城市人民建，人民城市人民管"的主题宣传。一要宣传好国家《城市管理条例》和我市出台的《暂行办法》等法规和政策，做到家喻户晓、人人皆知。二要宣传好城市文明给人民群众带来的实惠，运用鲜明生动的典型事例教育广大市民，增强他们建设文明城市的自觉性。三要及时报道城市管理的工作动态，表彰先进，树立典型，严查各类违法违纪行为，激发干部群众和广大市民参与城市建设和管理的积极性，形成共建共治共管的社会治理新局面。

★本文是在松原视察城市管理和综合整治情况座谈会上的发言

开展"四好"教育活动，推动民进
工作走向深入

（2004年5月）

民进松原市委成立十周年暨开展"四好"教育活动座谈会，得到了民进吉林省委、中共松原市委及市委统战部领导的高度重视、大力支持和鼓舞鞭策，同时也凝聚着一份深情厚谊。

会上，会员们用亲身经历和感受，本着对组织高度负责的精神，畅所欲言、气氛热烈，讲得入情入理，既回顾了松原民进所走过的艰难历程和取得的可喜成绩，又结合主体会员实际，站在战略和全局的高度，充分认识开展"四好教育"活动的重要性和必要性，符合民进松原市委会的实际，体现了市委会的精神，进一步增强了市委会的凝聚力和战斗力。民进吉林省委主委段成桂莅临会议祝贺的同时发表了热情洋溢的讲话，充分肯定了市民进在艰难中所取得的成绩，对今后工作做了重要指示、提出了新的更高的要求。中共松原市委副书记孙冀代表中共松原市委做了重要讲话，称赞松原民进十年来担当有为、履职尽责，破解自身难题有办法，并为松原经济社会健康发展建言出力，做出了可喜贡献。两位领导的讲话，有着很强的政治性和针对性，对于我们做好今后工作具有十分重要的指导意义。我们要深刻领会精神实质，认真抓好落实。借此机会，围绕贯彻落实段主委、孙书记的讲话精神，就如何做好民进工作我讲两个方面的思考建议。

一、正确看待十年来所取得的工作成绩

1994年5月20日，民进松原市委成立已历十年。十年来，在中共松原

市委和民进吉林省委的正确领导下，在市委统战部的大力支持和帮助下，在全体会员的共同努力下，我们以"三个代表"重要思想为指导，围绕中心，立会为公，履行职能，不负众望，主要体现了"四个得到"：

一是民进历史遗留问题得到了妥善解决。大家知道，建集资楼本金返还问题，一直是多年来困扰民进工作的难题，上届民进班子、几届统战部班子都把它作为工作中的大事来抓，进行审计核实和法律诉讼，做了大量的工作。但是，由于种种原因未能如愿。新一届市委班子上任后，多次召开会议、汇报情况、接待来访、咨询律师，下决心、花力气解决这一难题。在中共松原市委、市委统战部领导的关怀和支持下，成立了由市统战部、民进、审计局、监察局及审计事务所有关部门单位组成的联合调查组，历经8个多月的工作，摸清了底数，千方百计想办法、筹资金，在市委主要领导的指示批示下，在人大、政协、纪检委的关怀下，在市委统战部主要领导的亲自指导下，我们履行行政和法律程序，于1月17日召开了民进综合楼集资本金返还大会，得到了广大会员的拥护和称赞，一次性还清了集资者的本金。由于这一难题的破解，理顺了情绪、化解了矛盾、凝聚了人心，坚定了广大会员的信念，为做好今后的工作奠定了坚实基础。

二是基层组织建设得到了巩固和发展。换届后，按照会中央对组织建设的要求，在上届工作基础上，借鉴其他地区经验，结合市委会的实际，注重了组织建设和发展比例的调整。两年发展新会员17名，主体会员比例由原来的80%降为70%，也使30%的界别比例得到了有效的改善，适应了新形势下参政议政多渠道、多层面的需要。突出抓了后备干部的培养教育工作。市委会有计划地建立干部队伍梯次结构，并定期不定期地给他们出题目、压担子、设台阶、创条件。目前，已有10人先后到北京、省、市院校参加学习培训，保证了民进组织充满生机和活力，也扩大了影响力和知名度。强化了基层组织建设和管理，制定和完善了《民进松原市委基层组织建设制度》《基层组织建设工作方案》，并借鉴外地经验，征得领导同意，重新组建了12个支部。在今年的组织建设年中，我们大力开展"三创"（创优秀市委会、创优秀支部、创优秀会员）活动，推动了基层组织建设工作的程序化、制度化和规范化。

三是参政议政职能得到了充分发挥。上一届民进松原市委会班子带领会员，无论在调查研究、繁荣文艺创作上，还是立足本职、奉献爱心上，都给我们带了好头，做出了榜样。如杨士奎会员撰写的多份提案被省市采用，他提出的"我国急需一部《考试法》的建议"，在民进中央国内外发行的《民主》杂志上发表；原主委苏赫巴鲁撰写的《大漠神雕》获国际大奖；原副主委王维宪撰写的《洪皓研究文集》《洪皓诗词译注》《洪皓在松原及其他》等五部专著受到各界人士的好评。新一届民进班子带领新会员继承发扬了过去的优良传统，有10余篇文章在省市报刊上发表；有6份提案被市政府、市政协评为优秀提案，民进松原市委会被评为优秀提案单位；有多名会员获国家、省市大奖；有多名民进界别的民营企业家为松原的经济发展、社会稳定做出自己的贡献。

四是民进机关建设得到了有效加强。换届以来，我们十分注重加强机关建设，尤其是在经济十分困难的情况下，大力改善了办公条件，更换了办公设备，购置了微机、传真机和车辆等。同时又建立健全了各项规章制度，实现了民进机关工作制度化、人员行为规范化、办公条件自动化、交通工具现代化，进一步提高了办公效率，发挥了"会员之家""服务窗口"的作用，受到有关领导和广大会员的认可。

回顾十年的实践和历程，民进组织确实做了大量的工作，取得了可喜成绩。同时，我们也深切地感到还有一些不尽如人意的地方，主要表现在：少数会员对民进组织认识不高；个别会员的素质较低，参政议政意识不强；各支部活动开展的不平衡；基层组织建设还有待于进一步加强。所有这些我们将在今后的工作中逐步加以解决。

二、今后工作的几点具体想法

第一，加强学习，提高参政议政的自觉性和紧迫感。学习是一种美德，是一种政治责任，也是立身之本。作为一名新时期的会员，除学习本专业和其他知识外，应突出学习好"三个代表"重要思想和刚刚闭幕的十六届四中全会精神以及统战理论和会章会史等。只有这样，才能不断提高综合素质、理论政策水平和参政议政能力。具体做到"五要"：一要有学习计划，明确内容和时间；二要有读书笔记；三要作为政协委员的会员每年应写一篇理论性或工作研究性文章，其他会员每年应写一篇文章，在省市报刊上发表；四要每个支部月集中学习一次，写出心得体会；五要按市委组织部、统战部的要求进行学习。年底，市委会对学习情况进行检查评比和总结，好的表扬，不好的批评，进而使民进松原市委会的学习能够学出风气、养成习惯、形成制度。

第二，搞好调查研究，提高参政议政质量。调查研究是民进会员履行职责的前提和基础，也是做好参政议政工作的基本功。因此，希望我们的会员经常深入实际、深入基层、深入社区、深入群众，关注社会中心热点、难点及冷点问题，了解百姓的疾苦，倾听百姓的心声，反应百姓的意愿，提出有见地、有价值、有可操作性的意见和建议，为党政科学决策提供可靠的依据。今后，在职的每位会员每年至少写出1份提案和社情民意；各个支部每年要写出1份集体案；市委会每年至少写出2篇调研报告。要在民进组织中大兴调查研究之风、大兴求真务实之风、大兴参政议政和建言献策之风。

第三，开展好"四好"教育活动，始终保持高度的政治敏锐性和方向性。"四好"涉及的都是根本性的政治问题。所以中共中央在统一战线成员中开展"四好"教育活动，其实质就是开展思想政治教育工作，使之在党的基本理论、基本路线、基本纲领、基本经验和一系列重大方针政策上达成共识。坚持共产党的领导，共同努力实现共产党的政治目标和政治使命，是对我们参政党在政治上的一项最基本要求。因此，民进松原市委在今后一个时期要把这项工作作为事关全局的大事来抓，摆上突出位置，纳入议事日程，做到"三个一""五个结合"。"三个一"即：一制是民进机关和各支部要制定"四好"工作目标责任制；一案是每个支部要有"四好"实施方案；一板是民进机关要有"四好"教育宣传板。"五个结合"即：一要与深入学习"三个代表"和十六届四中全会精神结合起来，指导和统领我们的思想行动；二要与深入学习民进章程结合起来，立会为公、遵纪守法，注重人格修养；三要与振兴松原老工业基地结合起来，履行职责、一展身手；四要与各支部活动结合起来，丰富内容、活跃生活；五要与民进成立十周年庆祝活动结合起来，融为一体、互为促进。同时，要搞好宣传报道，营造民进工作良好氛围。这样才能保证"四好"教育活动既有声有色又扎实有效。

第四，加强管理，增强民进会员的组织纪律性。民进会员来自市区内的各单位和部门，由多个界别组成，这就要求在管理上要严格，行动上要统一，目标上要一致。因此，我们将在明年出台《加强会员自身建设的实施意见》，目的就是提高自身素质，摆正自己的位置，建立监管机制，实行动态管理。如会员一年连续10次无故不参加支部活动，市委会委员一年连续3次无故不参加市委会活动的应劝其退会和取消市委委员资格；同时，对有悖民进章程行为的会员，该开除的就开除，该辞退的辞退。民进松原市委机关组成考核小组，对会员情况进行考核。通过扎实有效地推进这些措施，塑造民进新形象。

十年风雨历程，十年艰苦创业。我们历尽沧桑、脚踏实地、埋头苦干、成绩非凡、硕果累累。回首往事，我们收获了工作的经验，聚积了奋进的勇气。展望未来，我们信心百倍，豪情满怀。让我们在中共松原市委、民进吉林省委的领导下，在市委统战部的大力支持下，认真贯彻落实十六届四中全会精神，牢固树立科学发展观，团结带领全体会员和机关干部，以改革的精神、创新的思维、坚定的信念、务实的作风、扎实的工作，续写民进松原市委会发展新篇章，创造更加美好的明天。

★本文是在民进松原市委会成立十周年暨开展"四好"教育活动座谈会上的讲话

工业企业要以创新精神求发展

（2004年6月）

实现工业企业的发展，必须更新观念。要引导广大干部职工树立工业观念、市场观念、创新观念，真正把工业摆上重要位置，切实采取有力措施，把抓工业当作"一把手"工程。有关部门要心往工业上想、劲儿往工业上使，为企业当好参谋、服好务，促进企业改革向纵深发展。

实现工业企业改革的突破，必须创新制度。一是抓紧建立和完善企业法人治理结构，明确股东大会、董事会、监事会、经理的职责。二是将"权责明确"作为搞好搞活工业企业的突破口，切实把经营管理者和广大职工作为企业改革的利益主体，从根本上调动他们的积极性。三是抓好思想政治工作，建立健全职工民主管理的有效机制，增强职工的主人翁意识，提高企业凝聚力、向心力和战斗力。

实现工业企业市场价值，必须革新技术。积极建立适应市场经济发展需要的技术革新机制和体系，支持有条件的企业或几个相关的企业尽快组建技术开发中心和成果应用机制，确保资产投入、设备更新和技术储备不出现短板，使企业成为技术革新应用和产业化的主体。广泛长期建立产、学、研联合体，创造条件引进科研单位、大专院校的科技成果和人才；加速建立技术创新信息网络，为工业企业快捷提供国内外技术信息；加快建立和完善技术创新基金保障机制；建立科技人员奖励制度；大力开展群众性的合理化建议和技术改进活动，广泛发挥广大职工的智慧和力量。

实现工业企业本位竞争，必须创新用人机制。要树立以人为本的观念，努力组建一支高素质的经营管理者队伍。实行党管干部与市场选人相结合制度，对那些德才兼备的人才，采取"领导点、自己荐、市场选、群众推"的公开竞争办法，最后由党委、政府人员和专家组组成评委会确定其资格认证，使其持证上岗，让懂经营、善管理的人才来管企业；实行企业经营管理者和有特殊贡献者收入梯式分配制度，试行年薪制、奖励红股、股份、社会保险金及精神奖励；实行经营管理者内外相结合的监督制度和任期内与离任后审计、风险抵押、产权报告等制度；形成企业经营管理者优胜劣汰机制，同时建立以技能为主体的岗位标准与贡献相结合的用工制度，力争使劳动力资源得到最佳配置，提高企业经营管理水平。

★本文在《松原日报》上发表

推进现代物流业发展

（2004年7月）

现代物流被称作促进经济增长的"加速器"，是推动经济发展的重要产业和新的利润源。随着经济全球化和信息化进程的不断加快，物流业作为具有广阔前景和增值功能的新兴服务业，在全球范围内获得迅速发展，美、日、欧等发达国家和地区开始了对各种物流功能、要素进行整合的"物流革命"。目前，我国已进入了现代物流快速发展的阶段，物流市场规模正以每年30%的速度递增。

基于物流产业的发展前景，吉林省提出加快发展现代服务业，积极发展物流配送等现代流通方式。加快发展现代物流，对于优化资源配置、改善投资环境、提高经济运行质量、增强企业竞争能力、推进经济体制与经济增长方式的根本性转变，具有十分重要的战略意义。目前，吉林省现代物流业已初具规模，取得了长足进步，但也存在一些问题和困难，主要是物流需求增长慢于供给增长、物流业综合效益不高、城市物流水平较低、信息网络技术落后、物流人才短缺等，亟待解决。

实施东北地区老工业基地振兴战略，为发展现代物流提供了难得的历史机遇。针对发展现状，吉林省物流产业应遵循以市场为导向、以企业为主体、以物流服务需求为依托，最大限度地降低全社会物流总成本和提高物流效率，促进和支持经济快速协调健康发展。今后一个时期，吉林省物流产业发展的总体目标是：发展和完善包括基础设施在内的物流系统，建立起基本适应经济发展需要的社会化、专业化的物流服务体系。培育和发展一批具有市场竞争能力、经营规模合理、技术装备水平较高的优势物流企业。以重要经济区域和中心城市为依托，建立与经济发展水平相适应、具备一定竞争能力的现代物流设施系统和网络系统。在具体实施中，当前应抓好这样几个环节。

加快物流体系建设。一是加强现代物流基础设施建设。统筹考虑新型物流基础设施的发展要求、科学合理地规划物流发展。要注意协调不同部门、不同地区、城市之间的物流设施发展规划，以避免可能出现的重复建设和资源浪费。在科学规划的基础上，各级政府可有选择地、有针对性地加大对物流设施的资金投入，并制定一些鼓励多元化市场主体投资物流设施的政策，以加快物流设施系统建设。特别是交通枢纽、工业基地、商贸中心、物资集散地等，都要全面筹划，建设合理配套的物流基础设施。二是加强现有物流资源整合。工业、商贸、运输、仓储等部门是现代物流的主要力量，应全力整合现有物流资源、合理设置物流设施、发挥整体合力作用，避免存量资源闲置、增量资源浪费。大力推进物流的共同化、合理化，积极推进综合配送，使物流资源的潜力发挥到最大化，共享物流规模效益。三是加强物流信息化建设。采取积极措施，促进物流信息系统的发展，加快物流标准化的进程。重视物流信息系统的建设和发展，鼓励和帮助企业实现信息资源的共享和连通，在运输、仓储、装卸、加工、整理、配送、调度等方面广泛运用信息资源，加快现代物流与电子商务的融合，实现对物流各个环节的实时跟踪、有效控制和全程管理，以电子网络信息化带动物流现代化。

培育物流产业的市场主体。应采取多种形式支持专业化、社会化物流服务企业的发展。鼓励从事运输服务、仓储服务、货运代理服务和批发配送业务的企业，允许它们围绕市场需求，延伸物流服务范围和领域，逐渐成为部分或全程物流服务的供应者；在规范市场准入标准基础上，鼓励多元化投资主体等进行必要调整，鼓励一些已经具备一定物流服务业专长、组织基础和管理水平的大型企业加速向物流领域转变，尽快形成竞争优势。

扩张物流人力资本。物流是一个人才密集型行业，物流企业需要拥有一批熟悉服务对象生产、经营、管理、运输，市场营销和网络技术相结合等方面知识的专业型人才。要充分调动企业、大学和科研机构的积极性，促进他们之间的合作，加强应用性物流技术的开发和应用。鼓励和允许高等院校按照市场对人才的需求开办和设置相关的专业和课程，为物流领域培养高级的经营管理人才，引导企业、行业组织及民办教育机构参与并开展多层次的物流人才培训和教育工作，推动现代物流业发展，服务社会进步，幸福人民群众。

★本文在《吉林日报》上发表

全力做好食品安全工作

（2004年12月）

在市委、市政府的领导下，在有关部门的密切配合和支持下，松原市卫生局按照上级精神要求，结合我市实际，在体制机制不完善、人财物等不到位的情况下，开拓性地做了一些工作，为松原经济发展和社会稳定做出了积极努力，主要体现为"七抓"。

一、抓思想教育

思想决定行动。我们从干部的思想入手，有针对性地开展教育工作。针对《食品卫生法》的实施，我们召开了由卫生监督人员参加的工作会、由广大干部参加的学习《食品卫生法》座谈会、由卫生监督人员参加的我市制定的食品放心工程实施方案研讨会，开展了落实《食品卫生法》宣传周活动。通过学习、宣传和教育活动，广大干部实现了由不认识到认识、由认识肤浅到认识深入、由行动不自觉到行动自觉，破解了不是中心工作、但影响中心工作等思想难题，摆正了食品放心工程与部门利益的关系、与社会利益的关系、与软环境建设的关系，从而进一步树立了食品放心工程新意识，转变了新理念，增强了新责任，明确了新使命，形成了共同为食品放心工程多做贡献的良好氛围。

二、抓组织领导

为了全面落实好市委、市政府关于食品放心工程的实施方案，市卫生局成立了以局长为组长的领导小组，下设办公室（在法制科）负责日常工作，各基层单位也成立了相应的组织，负责所承担的工作任务，形成了网络健全、措施具体、责任明确、宏观工作有人抓、具体工作有人管的工作格局，为创建最佳的食品放心工程提供了组织保障。

三、抓制度建设

制度是保证。用制度管人管事是做好工作的经验。市卫生局先后制定了"七项制度"和"五个不放过"的工作要求。即，食品放心工程组织制度、检查制度、廉洁自律制度、监督制度、责任制度、报告制度、宣传制度；食品放心工程重大隐患不清除不放过，依法监督责任不落实不放过，限期整改问题不解决不放过，重点环节整治不达标不放过，出现食品安全事故责任未追究不放过。通过制度和要求的落实，努力做到"人人肩上有责任，责任面前一律平等"，进一步树立了正确的权力观，提高了自身的政治素质和道德水准，做到有章可循，按制度办事。

四、抓规范管理

为了把食品放心工程做得扎实有效，市卫生局立足当前，标本兼治，重在治本，以《食品安全行动计划》为基础，加强督促检查和指导，对辖区的经营业户进行了逐家普查和有重点的检查。不流于形式，不留死角，以教育为主，以引导为主，以规范为主。但对群众反映强烈的问题，坚决查处，该曝光的曝光，该处罚的处罚，依法办事，绝不手软。例如2004年5月20日，接到群众举报，位于前郭县拘留所附近地下面食加工点未办理卫生许可证和从业人员健康证，卫生状况极差。执法人员当即对该加工点予以取缔，并进行行政处罚。今年市卫生局监督部门共出动车辆30台次，检查生产经营加工单位7432家，取缔无证生产企业31户，查处违法案件210件，吊销许可证18个，取缔生产加工黑窝点6个，没收伪劣食品15个品种875公斤，行政罚款12.4万元。由于引导和规范到位，既净化了食品市场，保障了食品安全，震慑了违法犯罪，又得到了群众的支持和称赞。

五、抓突发事件

为了加强对食品卫生的监管和管理，尽量减少或避免突发事件，特别是食物中毒事件的发生，市卫生局根据省、市的部署和专项检查的要求，先后下发了多个文件，要求各地高度重视，负起责任，并开展了多个专项检查，有力地保证了广大人民群众的身体健康和生命安全。针对我市今年发生的重大食物中毒事件，我们按照省、市领导的批示，召开了紧急会议，研究制定了切实可行的对策，进行了具体的部署：一是进行全市通报，要求认真查找原因，总结经验教训，制定防范措施，防止类似事件再次发生。二是成立两个督察组深入到四县一区，对餐饮业、建筑工地食堂、学校食堂卫生进行重点抽查，提出整改意见11条。三是对市辖区管的餐饮业、建筑工地食堂、学校食堂卫生进行了逐户检查，重点检查了采购、贮存、加工、销售过程中容易造成食物中毒的关键环节。在对近200家的企业和业户检查中，责令整改40家，罚款2500元。四是为了吸取阜阳伪劣奶粉中毒事件的教训，我们迅速行动开展专项检查，对全市乳制品大型超市、副食店等进行了拉网式的大检查。市直共检查奶粉经营单位257家，查处违法案件两起，没收销毁伪劣奶粉15袋，共检查农村2300家副食店，未发现伪劣的奶粉。由于我们遵循监督与服务相结合原则，确保执法的人数和公正性，有效地遏制了食物中毒事件的再次发生，维护了食品市场的良好秩序。

六、抓服务管理

市卫生局决定，凡是有关食品放心工程的生产经营企业，都要全程跟踪服务。一是简化手续，缩短时间，提高办事效率。如食品、公共场所卫生许可证审批不超过15个工作日办结，食品广告不超过7个工作日办结。二是提前介入，落实服务。市卫生局把为企业服务落实到行动上，实施了"实事工程"。阳光商城、飞宇超市等大型商业单位，从业人员多，又离不开岗位，体检是最让公司头痛的一件大事。针对这一实际情况，市卫生局及时组织市疾控中心体检人员上门服务，现场检验，共体检300多人次，减轻了企业的负担。三是对外来企业特事特办。市卫生局按照市政府的规定，凡来松原投资注册资金1000万元以上的企业，实行一企一策、一事一议制。一年多来，共为两家外来企业提供了优质服务，减免了各种费用达万元，受到了他们的好评。

七、抓宣传引导

我们利用食品安全宣传周活动、"3·15"消费者权益日活动、食品卫生科普宣传日活动，大力宣传《食品卫生法》及相关的法律、法规和食品科普知识，以及假冒伪劣食品的鉴别常识等，引导消费者安全消费。以2004年《食品卫生法》宣传活动周为例，我们采取了市、县（区）同步，全市卫生系统共有1000多人参加宣传活动，设立咨询台6个、图片展6个，发放宣传单、宣传手册3000余页（册），出动宣传车10余辆，展示假冒伪劣食品48个品种，组织大小座谈会15次、400余人参加，现场咨询的群众络绎不绝。2004年全年市卫生局通过市电视台播发新闻报道12次，《松原晨讯》刊登稿件20篇。这些宣传工作持续产生轰动效应，收到了家喻户晓、深入人心的良好效果。

★本文是参加吉林省卫生厅在松原召开的食品安全检查座谈会上的发言

整顿和规范卫生市场秩序，为人民群众提供良好的医疗服务

（2005年5月）

整顿和规范卫生市场秩序，是事关人民群众生活和生命安全的一件大事。几年来，在市委和市政府的正确领导下，全市卫生监督机构和广大干部职工努力践行"三个代表"重要思想，认真按照国家卫生部和省卫生厅的工作要求，紧密结合松原实际，切实加强卫生监督队伍建设，注重解决群众反映的突出问题，集中开展专项执法行动，努力为松原的经济社会发展和人民群众生活打造良好的卫生环境。

卫生行政审批工作运行良好。24项卫生行政许可审批项目已全部纳入大厅管理，切实解决了布局分散的问题。建立健全了松原市卫生局行政审批工作制度、行政审批责任追究制度、限时办结制度、卫生窗口工作制度、行政许可管理办法、行政审批工作运行机制六项具体措施，并对行政许可文书做了规范。在工作中，我们始终坚持"高效、优质、廉洁、规范"的原则，一切服务于松原经济发展的大局，简化工作程序，提高办事效率，改善服务态度，真抓实干，依法行政，使行政审批工作超常运行，做出了很大的成绩，受到了广大业户、审批中心领导和业内人士的好评。

整顿市场经济秩序工作成绩显著。根据国务院办公厅印发的《2004年全国整顿和规范市场经济秩序工作要点》和省卫生厅关于开展卫生系统整顿和规范市场经济秩序工作的安排，我们调整了工作思路，把整顿市场经济秩序作为全年卫生监督工作的重中之重，统一部署，统一行动。一是深入开展了食品安全专项整治工作。按照国家对食品安全监管的重新分工，我们依据自己的职责划分，以粮、肉、蔬菜、水果、奶制品、豆制品、水产品7个品种为重点，对其生产加工、批发零售和消费3个环节进行了全方

位监管。在整顿过程中，全市共出动监督员4210人次，出动车辆230台次，查处违法案件210件，吊销许可证18个，取缔生产加工黑窝点6个，取缔学校周边非法餐饮点35个，没收伪劣食品15种3000余公斤，行政处罚12.4万元。有效打击了违法行为，为百姓创造了放心满意的食品安全环境。二是深入开展了非法采供血液和单采血浆专项整治工作。对市中心血站、扶余县（今扶余市）人民医院血库、长岭县人民医院血库、乾安县人民医院血库4家采供血机构和市中心医院、吉林油田职工医院（今松原吉林油田医院）等14家医疗机构进行了监督检查，对存在的问题提出了限期整改意见。对不符合采供血条件的3家采供血机构予以取缔，保证了临床用血安全。我们对保留的市中心血站建立了经常性检查制度，把日常监管和专项整治结合起来，形成长效监管机制。同时，我们通过各种媒体，大力宣传《献血法》《血液制品管理条例》等法律法规，增强采供血机构和医疗卫生机构自觉守法意识。同时，鼓励广大人民群众对非法采供血（浆）的行为进行举报、投诉，形成全社会良好的监督氛围。

各类卫生专项整治工作效果明显。全年共组织专项整治活动5次。一是开展了医疗市场专项整治工作。全市共出动监督人员1372人次，车辆81台次，查处违法案件408件，限期整改80户，吊销执业许可证16户，取缔非法行医256户，罚款8.18万元。严厉打击了私自聘用非卫生技术人员，不消毒处理一次性卫生用品，超诊疗科目行医，无证行医等违法、违规行为，对性质恶劣的典型案件，通过新闻媒体予以曝光，净化了我市医疗卫生市场。二是开展了生活饮用水卫生安全整顿工作。我们采取边检查边整顿边宣传的措施，大力宣传生活饮用水卫生安全的重要性以及生活饮用水卫生安全方面的知识，不断提高居民和管理人员的卫生安全意识。市局卫生监督所还主动与市自来水公司配合，对市区的二次供水单位的水箱进行除垢。共检查集中式供水单位8家、二次供水自备水源单位26家。检查各级各类学校30所，收到了积极的效果，受到了省卫生厅的好评。三是开展了学校食品卫生安全整顿工作。共出动执法人员180人次，监督车辆20台次，共检查学校、幼儿园（所）230家，学校食堂90家，查处无卫生许可证的11家，责令整改40家，吊销卫生许可证2家，罚款2500元。在检查过程中，我们始终遵循监督与服务相结合的原则，在被检的学校、幼儿园（所）实行食品卫生校长、园长负责制，落实了防投毒的措施。此外，我们还针对公共场所和餐饮业等开展了专项卫生整治活动，均收到了较好的效果。

突发公共卫生事件得到了妥善处理。2004年，我市共发生重大食物中毒事件4起。针对这4起食物中毒事件，市委、市政府领导做了重要批示，市卫生局主要负责人专门召开了班子会议，落实领导指示。一方面成立了两个督察组深入县（区）进行检查指导，市监督所对辖区内的餐饮业进行了全面的大检查。另一方面，发生食物中毒事件县（区）的卫生行政部门，在县委、县政府的领导下，对食物中毒事件进行了及时、妥善的处理，有效地控制了事态的发展，体现了我市卫生系统应对突发公共卫生事件的能力和水平在不断地提高。

在肯定成绩的同时，也应该清醒地看到，全市卫生监督工作还存在着很多不尽如人意的地方，与市委、市政府及人民群众的要求还相差很远。

一是卫生监督体制改革进展缓慢。目前，我市市本级卫生监督体制改革基本完成，正式承担起相应职责。但县级卫生监督体制改革还相对滞后，尚无实质性进展。

二是卫生监督工作职责还没有完全理顺。卫生部已对医疗机构、采供血机构及其执业人员、执业活动的监管做了调整，此项工作由各级卫生监督机构承担。但我市对这一关系尚未完全理顺，存在着职能交叉、权责脱节等问题，多数地方的卫生监督机构还没有开展这项监督业务，致使医疗机构监管薄弱、传染病防治监督不力、血液安全监管不到位，广大人民群众的身体健康和生命安全不能得到有效地保障。

三是部分卫生监督员素质较低。具体表现为有的监督员对专业知识学习得不够，掌握得不牢，理解得不透；有的监督员法制观念淡薄，自律性不强；有的监督员文字综合能力较差，监督能力较低，很难深入地开展卫生监督工作；还有的监督员服务态度生硬，吃拿卡要报、冷硬顶推拖、乱罚款、乱收费；更有甚者，无视大局，说不该说的话，办不该办的事，严重地影响了卫生系统的整体形象。

四是行业内部监管不到位。各地卫生系统内部的医疗及采供血机构

（包括市本级在内）一直是我们卫生监督工作的薄弱环节，对外出租、承包科室问题、医疗废弃物不消毒不毁形问题、聘用非卫生技术人员行医问题等，屡禁不止，给各种事故的出现埋下了隐患。

据以上情况，今后一个时期卫生监督工作将以服务松原经济社会发展为中心，以贯彻落实国务院食品安全整顿和非法行医的专项治理工作为重点，以抓好卫生监督队伍建设为突破口，以行风建设为保障，按照省卫生厅的总体部署，结合实际、总结经验、吸取教训，扎实推进各项任务的落实，努力提高卫生监督工作整体水平。

一、加强卫生监督体系建设，提高卫生监督执法能力

一是要完善保障措施。重点要解决卫生执法监督经费严重不足的问题，进一步落实《关于卫生事业补助政策的意见》等文件精神，按照有关规定，切实解决卫生执法监督机构的交通工具、取证工具、通信设备、卫生防护设备、服装等装备和办公用房问题，保证执法办案经费和执法监督人员的合理待遇，创造良好的执法办案条件。今年要有三个县监督所实现标准化，明年全部达到标准化水平。要加强各级卫生执法监督机构的现场快速检测能力建设，配备必要的技术装备，解决工作中出现的问题，提高办事效率，保证执法的客观公正。要把好人员的准入关，切实把那些素质好、作风正、业务精、纪律严的人员选调到执法队伍中来，重心下移，充实和加强基层执法力量，并通过各种形式的培训，提高卫生监督队伍的整体素质，使之能够胜任本职工作，切实提高执法办案能力。

二是要按照职能履行职责。各地卫生行政部门要根据卫生部《关于卫生监督体系建设的若干规定》的要求，明确各级卫生监督机构的职能，强化属地管理原则，做好卫生监督机构与各相关部门之间的分工配合，协调衔接，解决目前存在的多头执法、重复执法、责权不清等问题。我们不仅要监督市场，也要监督医疗、疾病预防控制机构，监督其他从事公共卫生管理的部门，抓好日常监督和专项监督的有机结合，逐步探索建立起综合执法的有效模式。

三是要树立卫生监督新形象。卫生监督工作与人民群众的切身利益息息相关，卫生监督人员的一言一行，关系到卫生队伍的形象。在2004年全市纠风评比中，部分地方的卫生部门排位靠后，这说明社会上对卫生工作还有不满意、多误解的地方；我们的监督员执法还有不廉洁、不规范的地方，存在着工作纪律松散、服务态度生硬的现象，需要我们在今后的工作中切实加强行风建设，对群众反映的人和事做到有案必查、有查必果、有错必纠，对屡教不改者要坚决清理出卫生监督队伍，真正使我们的行业风气得到改善。

二、以整规任务为重点，全面做好各项卫生监督工作

一要贯彻落实好国务院今年的整规工作任务。今年，国务院部署的三项整规工作任务，其中食品药品专项整治和打击商业欺诈专项行动涉及到卫生系统。要按照意见和有关文件精神全面抓好落实，取得成效。

二要做好医疗机构及采供血单位的日常监管。医疗卫生行业一直是广大人民群众和社会关注的"热点"和"难点"，必须引起我们的高度重视。因此，对非法行医、非法采供血活动，要进行一次全面的清理、整顿。重点查处大案、要案和流窜作案等违法行为，净化医疗服务市场。同时，要逐步探索和完善对医疗行业监管的长效机制，规范医疗服务秩序，切实维护人民群众的健康。

三要做好食品卫生监管工作。食品卫生监管工作是当前的重点。各地要按照食品安全监管部门职责分工有关要求，做好职责范围内的食品安全监管工作。要以实施食品卫生监督量化分级管理制度为手段，结合食品放心工程，规范卫生许可行为。加大农村食品卫生、餐饮业特别是工地食堂、学校食堂的监督管理工作。市本级今年要以学校食堂和餐饮单位为重点，全面实施食品卫生监督量化分级管理制度，落实《食品卫生监督量化分级管理标示管理规范》，市本级学校食堂要求100%达到"C"级以上水平（含"C"级），餐饮单位多数要达到"C"级以上水平（含"C"级），未达到"C"级的餐饮单位必须达到"D"级中的一般等级，并限期整改，其他的按规定依法处理。

四是要做好化妆品等与健康相关产品卫生监督管理工作。近几年来，一些地方投诉、举报假冒伪劣与健康相关产品的案件呈上升趋势，群众反映强烈。对此，各级卫生监督机构要高度重视，加大力度，开展化妆品等与健康相关产品的专项监督检查，对重点单位、重点环节和重点产品要按照相关监管标准严格把关，规范与健康相关产品市场秩序。

五是要做好职业卫生和放射卫生监督管理工作。各级卫生监督机构要按照卫生部《关于职业卫生监督管理职责分工意见的通知》界定的职责范围，做好职业卫生和放射卫生监管工作。重点要做好用人单位健康监护的监督管理；做好医疗机构放射防护安全的监管；组织开展对可能产生职业病危害的新建、改建、扩建项目的技术改造、技术引进项目的职业病危害预防评价和控制效果评价情况的监管；对严重违反职业健康监护的案件要进行组织调查、严肃处理。

六要做好公共场所卫生监督管理工作。开展美容美发场所、游泳场所的专项监督检查；把对公共场所公用物品集中清洗、消毒措施落实情况纳入日常监管工作；开展实施公共场所量化分级管理制度试点工作，不断提高公共场所卫生监督管理水平。

七是要做好传染病防治监督工作。今年要下大力气做好传染病防治的监管工作。要对疾病预防控制机构、医疗机构和下级卫生行政部门疫情报告工作进行监督检查。要对医疗机构的消毒隔离制度执行情况和医疗废弃物处置情况和规定的传染病预防控制措施落实情况进行监督检查，完善突发公共卫生事件的应急处理机制。

三、要强化措施，建设高素质的卫生执法监督队伍

随着新阶段、新形势卫生事业的发展，新问题、新矛盾不断地出现，这对卫生监督工作人员提出了新的更高的要求，需要我们加强学习，着眼实践，造就一支高素质的卫生执法监督队伍。

坚持"真学"与"真用"相统一。当前，学风不正的现象仍然严重存在，有的监督员学习兴趣不浓，自觉性不高，忙于各种应酬，不注意挤时

间学习；有的监督员学习不刻苦、不钻研，浅尝辄止；有的监督员热衷于做表面文章，追求形式，并不真学。针对这些问题，要求我们每位监督员要加深对"三个代表"重要思想和落实科学发展观的学习和理解，把握群众脉搏，增强讲政治的自觉性。深入学习卫生政策、法律、法规专业知识和市场经济理论，拓宽知识面，更新思想观念，实现由传统思维定式向人性化的思维方式转变；实现由以处罚为主向服务为主转变；实现由卫生监督的松散管理向科学化、制度化、法制化管理转变。要把学到的知识运用到实践中去，带着问题学，做到学用结合、学以致用、学懂弄通。只有这样，才能提高松原卫生监督员的整体素质和执法能力，增强执法的自觉性和有效性，切实担负起全市的卫生监督工作的重任。

坚持"治上"与"治下"相统一。建设高素质的执法监督队伍，领导班子是关键。"严下先严上，治员先治长。"只有建设一流的班子，才能带出一流的队伍，干出一流的工作。执法监督系统的各级领导班子，特别是"班长"，要以强烈的事业心和使命感、率先垂范的姿态、廉洁自律的风范、求真务实的作风，走在广大监督员前面，凡是要求监督员做到的自己首先做到，凡是要求监督员不做的自己坚决不做，增强班子的凝聚力和战斗力，带领全体成员谋其政、担其责、尽其力，净化队伍风气，开创工作新局面。

坚持"治标"与"治本"相统一。加强执法队伍建设是一个标本兼治、治本为主的过程。各级领导干部要树立对党、对人民、对企业负责的精神，层层建立责任制和责任追究制，如建立举报奖励制度和监督员定期轮岗制度，建立落实督查制度和违纪重处重罚制度，等等。对监督员要敢抓敢管，对违法违纪监督员要严肃查处，不护短、不手软，发现一个查处一个、警示一方教育一片。尤其是在工作中因卫生监督员监管不力，而造成重大事故的，根据有关规定除要依法处罚卫生监督员，还要逐级追究有关领导的责任，确保卫生监督工作顺利开展。今年对落实国务院、省、市安排的整体工作任务，要分解到县（区）、部门及科室人员，做到任务到人、权力到人、责任到人。要围绕案件查问题，围绕问题找原因，围绕原因施对策，切实提高查处案件的能力和水平。

坚持"内治"与"外治"相统一。权力失去监督必然产生腐败。要通过强化外部监督，进一步发挥特约监督员、企业、人民群众、社会舆论及权力机关监督的重要作用，解决群众不满意的问题，增强执法的公开性、公正性、公平性，防止权力滥用，保证严格执法。在强化"外治"的同时，要增强监督人员的自律意识，加强世界观、人生观、价值观的教育，真正做到自重、自省、自警、自励，切实把外部约束转化为内在自觉，提高拒腐防变能力。同时，要解决内部宣传力度不够的问题，利用各种信息渠道，宣传执法监督的政策和思路、职能和任务、做法和事迹，让广大群众多一分了解、多一分信任、多一分支持，从而使松原市卫生监督工作步入制度化、规范化、法制化轨道，塑造出卫生监督队伍的良好形象。

★本文是关于松原市整顿规范市场秩序工作的调研思考

关于让松原市民吃上放心水的建议

（2006年2月）

水是人类的生命之源，生活饮用水的好坏直接关系到每一个人的身体健康和生命安全。我市城区供应市民的生活饮用水水源主要是地面水和地下水，地面水是松花江水，地下水主要是二龙山水、龙坑水和宁江伯都讷水。其中，松原市自来水公司江北净水厂的水源为松花江水，饮用此水的市民8万人左右。去年中石化吉林分公司"11.13爆炸事件"引发的松花江水污染事件，使我市8万市民饱受了5天的停水之痛。在参与处理整个事件的过程中，我深深感受到了广大市民盼望安全饮用水的迫切心情，也深为我市目前的生活饮用水处理和管理中存在的隐患感到担忧。

通过调查发现，影响松原市饮用水安全的主要原因有：一是水源污染严重。受工业"三废"污染、农业资源污染和生活垃圾污染的影响，水质越来越差；二是自来水公司水处理方面存在的问题。取水点在排污口的下游，且取水管离江边太近；水处理设备过于简单；三是自来水公司检验室设备简陋、检验设备落后，出厂水不能按国家有关要求做出水质安全分析；四是供水管网老化，二次供水管理不到位，易形成二次污染。为此提出以下几点建议：

一、市政府应积极帮助市自来水公司江北净水厂做好新厂的选址和设计工作，加快建设进度。

二、市政府应加大饮用水处理及管理方面的资金投入，引导建立多元化投资机制，坚持谁投资谁受益的政策，鼓励支持民间资金介入自来水处理项目。

三、有关部门要根据松原市实际情况，帮助制订城市管网改造计划，尽快解决城市管网老化的问题。

四、做好水源地的保护工作。科学划定饮用水水源保护区，合理设置取水点；有效防治工业污染，全面控制农业面源污染，积极推进循环经济发展，加快提升安全生产法治化水平。

五、科学管理二次饮水。一是把住二次供水入口关。新建高层建筑的二次供水设施的选址、设计审查、竣工验收必须有卫生行政主管部门参加，实行卫生许可证制度。在此基础上，要求所有二次供水单位都必须建立供水管理制度，并坚持每年对设施不少于一次的清洗消毒制度。二是一定规模的新建住宅小区要取消目前的一楼一泵一套水池的供水模式，推广应用小区集中式变频恒压供水。对现有水池进行改造时，推广采用特种型材的池体，尽可能减少二次污染，减少洗池水耗。三是对于现在处于运行状态的二次供水泵站及相关设备管网，政府要责令其产权单位按要求进行维修、清理和更新；对于二次供水设施所采用的原材料不符合卫生标准的、老化严重的要及时进行更换；对于设计不合理的二次供水设施要及时按照有关要求进行改造，以确保二次供水的顺畅、清洁、及时。

六、加大居民生活饮用水卫生的监管力度。卫生行政部门要加大对自来水公司及二次供水单位的监督管理力度。认真落实监督监测频次，严格按有关标准进行监测，发现问题及时进行处理。

★本提案被松原市政府采纳落实

关于加强体育教育提高中小学生身体健康素质的建议

（2007年7月）

青少年是祖国的未来，他们的素质决定着民族的整体素质，也在一定程度上决定着中华民族的前途和命运。学生时代是他们的身体成长发育的黄金阶段，加强学校体育教育，有针对性地开展体育锻炼，既能促进他们身体器官的发育成熟，也能培养他们终生运动的良好习惯，为一生的健康打下坚实的基础。

目前，从调查的情况看，中小学生的身体状况存在着较严重不容忽视的问题：一是超重学生明显增多，比例逐渐上升；二是学生的体能、爆发力、持久性等素质呈下降趋势；三是学生视力不良检出率居高不下，小学有30%、初高中有60%以上学生近视或视力有问题；四是学生普遍缺乏体育运动的意识、兴趣和习惯。

上述问题具有严重的危害性：

第一，直接危害学生个体身心健康，造成了学生身体的亚健康状态，为未来几十年的成长过程埋下了隐患，甚至造成他们现阶段的身体超负荷运转；第二，由于身体状况欠佳，使他们在未来的社会中缺乏竞争力。仅有知识和智慧是不够的，强健的体魄才是工作和生活的基础；第三，学生身体健康程度下降，将危害到国家和民族的整体素质。因此，必须引起全社会特别是教育部门的重视。

造成学生体质下降的原因主要有以下几个方面：

一是素质教育落实不到位。由于中、高考升学考试压力较大，学校还不能完全摆脱应试教育的模式。虽然素质教育明确要求学校要把学生培养成德、智、体、美、劳均衡发展的全新型人才，但是从目前的实际情况看，无论是学校还是家长对素质教育的理解都还存在片面性的认识，把重点和精力都投注到智力教育上，而忽视体育锻炼。

二是体育教学模式陈旧质量差。我国的体育课教学一直是"达标考试"模式。多数学校放弃了球类、体操、武术等活动内容，专为达标而设置体育课程内容，而且体育课程时间往往被其他课程所挤占。这种陈旧的教学模式已经满足不了学生的需求，激发不了学生锻炼的兴趣，培养不了运动习惯，严重挫伤了学生参加体育锻炼的积极性。

三是独生子女受到畸形"呵护"。一方面大部分独生子女家长对孩子都比较溺爱，生怕受到伤害，不愿意让孩子吃苦和锻炼，学校为了安全也不得不取消一些对抗性较强的和容易受伤的体育教学项目，削减了体育课的运动量。另一方面，学生的营养过剩，又不能适度运动，也导致了身体超重学生的增多。

为此提出以下几点建议：

1. 全面落实素质教育。按素质教育的要求，培养德、智、体、美、劳均衡的全新型人才。澄清学生的培养就是文化素质的培养，人才的竞争就是知识竞争的模糊认识，走出认识上的误区。要按要求真正减轻学生的课业负担，给学生提供体育锻炼的时间和空间。

2. 全面实施《学生体质健康标准》。2004年新学年开始，教育部已在全国各级各类学校全面实施了《学生体质健康标准》，通过这一"标准"，学生可以清楚地了解自己的体质与健康状况，并帮助学生有针对性地选择锻炼方式。教育行政主管部门应加大对中小学落实"标准"的督导检查力度，对没按"标准"实施或达不到要求的学校给予相应的处罚。

3. 改革对学校教育质量的评价。要改变目前一些教育部门对学校教育质量的评判还是以文化课考试成绩为标志，按升学人数多少排位次的评价标准，采取和制定德、智、体、美、劳综合评价的标准和体系。

4. 提高体育课教学质量。要改革体育课"达标考试"模式，实施素质教育新课标。突出健康概念，创新教学模式，指导学生制定锻炼身体的方法，帮助学生树立终生参与体育活动的习惯。

5. 加强体育课教师队伍建设。要选拔专业的体育教师，从事体育课教学工作。学校和业务主管部门要加强对体育教师的专业培训和关于实施《学生体质健康标准》的业务培训，做到定期考试考核，持专业合格证上岗。

6. 加强学校体育设施建设。要加大资金投入，按要求配备好、建设好供体育课教学所必备的操场、场地、器材，开齐门类，开足课节，开满课时，保证质量，为全面提高学生的身体素质提供保障和支持。

*本文是在吉林省政协大会教科文卫分组会议上的发言

建设社会主义新农村应着力解决好几个问题

（2008年12月）

当前，建设社会主义新农村还面临着不少矛盾和困难，主要体现在以下几个方面：

一是经济发展缺乏强有力的产业支撑。一些乡村的种植业、养殖业发展还比较落后，产业化程度低，没有形成依托本地资源的农产品加工业，农民收入增长缓慢。新农村建设中生产发展的后劲不足。

二是基层干部还未适应从管理到服务的角色转变。随着农村税费改革的不断深入和"一免三补"政策的实施，农村发展形势发生了新变化，乡村干部应重点引导和帮助农民开拓市场，捕捉商机，抓好农村基础设施建设和社会化服务体系建设。因此，习惯于传统思想的干部一时难以适应，依然沿用行政命令的工作方式，群众已不欢迎，常常事与愿违，费力不讨好。

三是村级债务化解成为难题。由于历史原因，绝大多数行政村都背负着数量不等的债务，少则十几万、几十万，多则上百万。国家实行"一免三补"政策后，统筹提留款全部取消，村里没有了收入，欠款无法偿还，群众欠村里债务收不上来，而在村里有存款的群众及其他债权人纷纷到村里讨要欠款，出现了讨债"高峰"，影响农村社会稳定。

四是基层政权运转发生困难。农村税费改革后，由于取消了税费收缴的职能，加之思想政治工作乏力，许多群众不拿村干部当回事，出现了开会难、议事难等一系列难题。有些地方农村经济类组织、社会服务性组织虽然已经建立，但在运行上不规范，村级组织管理断层，一些村级党组织涣散，干部人心不稳定，个别地方党组织在农村的领导被削弱。

五是"一事一议"在某种程度上制约了农村公益事业的发展。"一事

"一议"虽然是农村民主管理的一种好形式，但在实际运作过程中，有些好事也很难议成。特别是由于缺乏必要的制约执行措施，在一些地方实际运作过程中很难行得通，需要农民出资出劳的公益事业都存在事难议，议难成的问题，即使有的事项议成了，由于个别反对者抵制，也难以办成。再加上免征农业税后村民和村委会的经济利益割断，农民多数不愿意投入开展公益事业，农村公益事业发展受到一定的制约。"一事一议"工作机制还需在实践中不断完善。

六是农村教育发展相对落后。由于城乡资金投入失衡，农民收入增长相对缓慢，教育布局调整后，又给一些农民子女就近入学带来难题，以及由于目前大学生就业难等因素的影响，导致农村又出现了新的"读书无用论"，农民子女辍学率增加，巩固农村义务教育成果面临很大困难。农村的职业教育还没有引起足够重视，农民缺乏实用技术和务工职业技能。

针对上述情况，提出以下建议：

一是要加快农村产业化进程，促进传统农业向现代农业转变。要转变农业发展方式，用工业化思维谋划实施辐射本区域的农业产业化项目，加快农产品加工业的发展，使种植业、养殖业等产业的效益不断提高，确保农民收入持续快速增长，农村经济快速健康发展。

二是政府要加大整合力度。在巩固撤并乡（镇）成果的基础上，将那些规模小、经济基础很弱、运转困难的行政村予以合并，争取一步到位。同时，选派乡镇干部或农林类院校大学毕业生到村级任职，在实践中转变自己的角色。

三是市县一级要成立专门工作小组。协助乡（镇）村，摸清债权、债务底数，有针对性地采取财务清理还债、化转债务降债、削减高息减债、清收债权还债、债权债务抵债、盘活存量资产还债、落实减负政策清债等措施，集中时间，集中人力，集中清理村级债务，使这一难题尽快得到解决。

四是要进一步规范村级组织选举方式。对村级组织候选人资格进行严格认定，按照《村民自治法》办事，并建立巡察制度，做到全程有效监督，确保选举的公开、公平、公正。

五是要完善村民的"一事一议"筹资筹劳制度。建议将全体村民议事改为村民代表议事，对议成的事要强化执行措施，提高"一事一议"的成功率。

六是要扎扎实实地抓好农村教育事业。要本着造就有文化、懂技术、会经营、守法纪的新型农民为目标，保证农村适龄青少年都能完成九年义务教育。要教育农民转变观念，充分认识职业教育的重要意义和作用，大力实施"农民知识化工程"，使每个农民都能学到农业技术，掌握一技之长。

七是要加快农村剩余劳动力转移的步伐。在不断提高农村劳动力素质，提高农业机械化水平的同时，鼓励农村土地适度规模经营，鼓励农民进城务工，在劳务输出上创出本地的特色和品牌。

八是要加强农村基层党组织建设。把那些政治素质好、群众威信高、懂经营、会管理的能人选配到领导班子中来，充分发挥他们建设社会主义新农村的带头作用。要巩固保持共产党员先进性教育活动成果，与社会主义新农村建设工作结合起来，发挥农村基层党组织和广大党员在新农村建设中的战斗堡垒和先锋模范作用。

★本文是在吉林省政协《社情民意》第46期（总第2062期）刊发

以史资政，努力开创文史资料工作新局面

（2009年3月）

2008年，市政协文史委紧紧围绕文史资料工作的重点，按照五年编纂计划，在时间短、人手少、机关部门工作紧张的情况下，发扬文史工作者吃苦耐劳的"老黄牛"精神，齐心协力、紧密配合，在市政协四届二次会议召开前编辑出版了文史资料第七辑《名院名医名护》一书，为我市文史资料库增添了一本宝贵的资料。同时，还整理了《前进中的松原松江老醋酿造有限公司》两万余字的文字资料，被省文史委编入出版发行的《百年老字号》一书中，等等。我们要发扬成绩，再接再厉，继续把纂写文史资料纳入自身履职的重要内容，积极主动地纂写、提供、保护文史资料，及时总结实践经验，分析研究工作中出现的新问题，积极探索开创文史资料工作的新局面。

一、提高认识、把握方向，进一步增强做好文史资料工作的责任感和使命感

政协文史资料工作是一项有益今人、惠及后世的光荣事业，在服务经济建设、促进文化繁荣、构建和谐社会中具有重要作用。政协文史资料是具有统战性、"三亲性"（亲历、亲见、亲闻）、史料性的近代、现代史资料，是历史当事人和见证人对历史事件和人物的记述，是进行历史知识教育、国情教育、爱国主义和革命传统教育的一种有效工作方式和载体，发挥着"存史、资政、团结、育人"的社会功能。如长征、两弹一星、改革开放等史料，影响、教育和鼓舞着几代人甚至几十代人，切实起到动人心、暖人心、安人心的作用，达到了每征集出版一篇史料，都能团结教育一

大片的社会效果。为社会主义革命、建设和改革，为统一战线和人民政协事业的发展做出了重要贡献，具有其不可替代的作用。因此，我们必须下大力气做好文史资料工作，把握正确的方向，做到"三个坚持"，即：坚持党的基本路线，弘扬主旋律，把社会效益放在第一位，向社会提供高层次的精神产品；坚持立足统一战线，高举社会主义、爱国主义旗帜，体现大团结、大联合宗旨，把统一战线各方面有价值、有教育意义、有借鉴作用的"三亲"史料真实记录下来，通过编辑、整理、出版、发行，增强凝聚力，扩大团结和联系面；坚持实事求是，正确评价历史，评价人物，尊重历史，忠于真理，不限体裁，不求完整，不拘观点，不虚美化，不需掩饰，客观公正。按照"征集无禁区，出版有选择"的原则，来征编史料，真正让我们的工作经得起历史的检验。司马迁名垂千古的巨著《史记》就是一个令后人学习的榜样。可见，我们从事的政协文史资料工作使命光荣、责任重大，希望大家切实增强工作的责任感和使命感，认真做好文史资料的征编工作。

二、突出重点、明确思路，切实找准文史资料工作的着力点

一是要以做好"一个转移，两个继续"为重点。要深入学习领会全国、全省政协会议精神，把文史资料工作重点从征编出版新中国成立前史料转移到征编出版新中国成立后史料上来。因为，当前文史资料工作面临的最紧迫的任务是必须想方设法趁前辈健在的时候，把珍贵的历史资料留下来。大家知道，新中国成立初期参与重大决策的人物如今依然健在的已不多了，就连改革开放初期参与重大决策、重要事项的许多人也已故世。我们一定要突出重点地抓紧做好这一时期的文史资料的抢救工作，只有这样，才能无愧于历史，无愧于人民。继续搞好库存资料的清理、保管和利用工作；继续探索文史资料工作为松原经济社会发展服务的新途径，不断开拓文史工作的新领域。二是以保持史料特色为重点。政协文史工作同以往的修史不同，它的鲜明特色即"三亲"，是由历史事件的参与者来写，这就突破了历史上后人写前人、少数人修史的格局。政协文史资料有着极

为广泛的群众基础，更真实，更可信，亦可以起到补文献之不足、匡史料之谬误作用。所以，我们要充分调动市政协统一战线广大成员和联系对象的积极性，增进各界人士对我市近现代史的认识和了解，客观反映其发展历程，广泛地提供一些翔实可信的史料，进一步扩大史料征集面，突出"三亲"性。三是以编辑出版精品史料为重点。我们要牢固树立文史资料的精品意识，要发挥工作热情，充满工作激情，在纷繁的史料中去注重征编那些有重要历史背景，贴近社会生活，鲜为人知的题材。要把好政治关、史实关、文字关，做到内容健康、史料精准、真实可信。融较高的史料价值、较好的教育作用、较强的可读性为一体，真正成为精神食粮，用来教育鼓舞后代人创造更加美好的未来。四是以为社会主义现代化建设服务为重点。政协文史资料工作，必须围绕全市经济建设这一中心，服务于推进松原社会事业发展这一大局，突出团结民主两大主题，立足松原地域文化特点，发掘重大历史题材事件，记录松原发展建设中的辉煌成就，反映统一战线涌现出来的优秀人物，以文史资料特有的优势和角度展现松原发展变化的历史和人物，为促进全市经济较快平稳发展贡献力量。

三、解放思想、开拓进取，努力开创文史资料工作的新局面

文史资料工作是人民政协的一项经常性工作，但思想认识不能僵化，要与时俱进，要大胆尝试和探索。

一是要加强对文史资料工作的领导。重视政协工作、重视统战工作，必须重视文史资料工作。因此，市、县（区）政协要高度重视文史工作，切实把文史资料工作作为人民政协的一项基础性工作，纳入日程，摆上位置，切实抓紧、抓实、抓好。要有抓文史工作的领导，要设立专门的机构，要有专职文史工作人员，要有现代化的必要的办公设备，要有编书的经费，要有有效的协调运行机制，为工作顺利开展提供保障。

二是要加强撰稿人队伍建设。撰稿人是文史工作的重要依靠力量和基础。因此，努力建设一支素质精良、结构合理、爱岗敬业、相对稳定的文史资料工作队伍，就要打破传统的选人办法，多渠道、多层次、多领域

把那些热爱并具有较强综合素质的文史工作者选调进来，发展壮大我们的队伍。同时，要不断加大文史资料工作队伍的培训力度，通过办培训班和传、帮、带等有效形式，进一步提高广大文史资料工作者的能力和水平，切实发挥每个撰稿人应有的作用。

三是要加强学习。当好一名文史工作者，首先应该乐于学习。在政治上应认真学习马列主义和党的路线、方针、政策，学习政协理论。在业务上要向专家学者学习勤奋严谨的科学精神，向古人学习秉笔直书为真理勇于献身的精神。要向实践学习，乐于吃苦，勇于探索，坐得住凳子，耐得住寂寞，守得住清贫，甘于奉献。只有这样，才能够成为集史德、史才、史学、史识、史情于一身的合格的文史工作者。

四是要开拓创新。坚持在继承中创新、在创新中发展，努力探索为政协整体工作服务的新思路、新办法、新途径，保持政协文史资料工作的生机和活力。我们要把文史资料工作与履行政协职能结合起来。使政协的文史资料更贴近实际，更贴近生活，更贴近群众。不断创新内容，创新形式，创新手段。去年，我们编辑出版的《名院名医名护》一书就体现了几个变化：即由内部发行变为公开发行；由装帧各异变为统一装帧；由普通材质变为新型材质。可以说，这是一本质量较好的书。

五是要密切协作。要树立全市文史资料工作一盘棋思想，对一些涉及全局的重大历史题材，要采取整体作战的方式，整合资源，上下配合，集中力量，统一开展征编，力争反映的史实更全面，挖掘的更深刻，形成的作品更具影响力。今年，我们与市文化局合编文化系统专辑就是一个好的范例。年后，我们召开了协商座谈会，市政协原主席倪庆路、市文化局（今文旅局）主要领导及全体科（室）人员与市文史委的人员一起讨论研究制定了方案，以及有关方面的内容，可以说既集思广益、各抒己见，又统一了思想、达成了共识，开局良好。对此，我对市文化局（现文旅局）及市政协文史委的密切合作表示赞许和感谢。希望大家要按照方案的要求共同努力多编好书，更好地服务读者，更好地服务松原经济社会发展。

★本文是在政协松原市委员会文史资料工作会议上的讲话

发挥民主党派作用，为创建"五城"做贡献

（2009年4月）

松原市第四次党代会以来，在市委、市政府的正确领导下，全市上下同心协力开展了声势浩大、扎实有效的"五城"创建活动。"五城"创建是市委、市政府审时度势做出的一项重大决策，事关松原又快又好发展大局。创建工作开展以来，城市形象明显改观，市民素质明显提高，发展环境明显改善，政府效能明显提升。2009年3月20日，市委召开了"全市推进'五城'创建工作会议"。会后，民进松原市委会迅速召开会议，传达学习会议精神，全体会员一致拥护市委"五城"创建决策，积极响应市委号召，决心履职尽责，主动投入到"五城"创建活动。

一、充分认识"五城"创建工作的重大意义，增强责任感，提高自觉性

一是"五城"创建是全面贯彻落实科学发展观的需要。创建"五城"涉及政治、经济、社会、文化、生态等各个领域，是一项综合性复杂的系统工程，必须用科学发展思想来统领，这样，才能同心同创幸福和谐松原。因此，我们要顺应形势，把握市情，充分认识"五城"创建的意义。松原是一座新兴城市，虽然近几年城市面貌发生了翻天覆地的变化，但与其他城市发展建设相比，无论是在规划设计，还是在承载功能等方面都存在着不小的差距。为此，在全市推进"五城"创建工作会议上，市委对创建"五城"进行科学分析，审时度势，及时提出了"五城"创建的发展思路。这一思路是促使我们改变城市发展现状的战略性部署，也是创建"五城"的必然选择，又是推动实现松原经济社会又快又好发展，让人民群众

得到更多实惠的有效途径。这就要求我们全市上下、党内党外，认真客观地分析市情，对当前"五城"创建发展态势有个全面地认识和把握。统一思想，提高认识，科学决策，积极有效地应对所面临的困难，切实增强责任感和使命感，不断推动"五城"创建活动顺利开展。

二是"五城"创建是增强民主党派政治观念的需要。民主党派作为中国共产党的亲密友党，我们要在中共十七大精神的指引下，按照中共松原市委提出的"五城"创建的总体工作部署，认真领会精神实质，实实在在地感到"五城"创建不仅是中共松原市执政党的事，也是各民主党派参政议政的事；不仅是一项全民的社会工程，也是一项政治任务。因此，我们要讲政治、讲大局、讲合作，增强政治观念和政治把握能力，坚定走中国特色社会主义的政治发展道路，把发展作为参政党的第一要务，把"五城"创建作为当前民进参政党参政议政工作的第一要务。注意突出特色，发挥人才荟萃、智力密集的优势，团结和带领广大会员积极投身到"五城"创建工作中来，履行职责、立会为公、参政为民、建言献策，助力党和政府决策的民主化、科学化，共同促进经济社会健康可持续性发展，不负时代重任，不辱历史使命。

三是"五城"创建是实现好、发展好广大人民群众根本利益的需要。目前"五城"创建工作已取得了阶段性成果。市委、市政府立足于群众需求，为群众办实事、好事，解决了一些群众关心的问题，特别是松原市城市面貌发生了巨大变化，人民群众享受到了最直接、最现实、最具体的实惠，受到了群众欢迎。随着经济社会的发展，群众的物质生活更加宽裕，精神追求更加高尚，幸福指数越来越高。群众企盼碧水蓝天，宜居宜游，富足康乐的愿望和呼声更加强烈。创建"五城"就是顺应群众的愿望和呼声，努力为群众创造健康向上的人文环境，安居乐业的生活环境，充满生机和活力可持续性发展的生态环境，让老百姓享受到实实在在的城建成果。

四是"五城"创建是构建和谐社会的需要。"五城"创建是构建和谐社会的重要组成部分。"五城"创建活动不但可以提高松原广大人民群众思想道德水平、科学文化素质和健康素质，而且还能通过城市环境的改善，城市面貌的变化，凝聚人心，激发广大市民的荣誉感、自豪感；激发热爱家乡、建设家乡的巨大热情，吸引更多的人来松原旅游观光、投资兴业。开展创建"五城"活动，群众是最大的受益者，是德政工程、民生工程、幸福工程，造福当代，惠及子孙。作为参政党的民进松原市委会，一定要与市委、市政府同心同德、协调关系、汇聚力量，多做理顺情绪、化解矛盾工作，充分发挥民主党派作为党委、政府联系群众的桥梁和纽带作用，为社会和谐稳步发展献计出力。

二、正确处理"五城"创建中的各种关系，把握高标准，讲求高质量

当前，我市"五城"创建工作已经取得了可喜的成果，国家园林城目标已经实现，国家卫生城创建已经达到了省级标准，创建的各项工作正在有序开展，保持强劲势头。但是按照科学发展观的要求，对照国家的创建标准，我们的工作任务还相当艰巨。我们必须按照市委关于创建"五城"要更快、更好、更高、更大的要求，高点定位，自我加压，集中全力在关键问题上求突破，重点要处理好四种关系：一是处理好"说"和"做"的关系。"五城"创建不能只说不干、停留在口头上。市委主要领导在"五城创建推进工作会议上重点强调了真抓实干和狠抓落实，充分说明狠抓工作落实在创建工作中的重要性，我们必须要保持良好的精神状态，坚决抓好各项工作的落实，只要坚定信心，坚持不懈，"五城"创建目标就一定能够实现。二是处理好当前与长远的关系。创建"五城"既要立足当前，又要着眼长远，不仅要顾及老百姓的眼前利益，更要顾及老百姓的长远利益，不能竭泽而渔，搞短期行为损害长远利益；既要把握高数量，又要树立精品意识，打造松原城市品牌和名片，为松原的可持续性发展积蓄力量。三是处理好建设与管理的关系。建设是管理的前提和基础，脱离建设的管理是空洞的管理；管理是建设的保证，脱离管理的建设是盲目的建设。因此，我们要一手抓建设，一手抓管理，建管并重，努力营造创建"五城"人人参与，创建"五城"人人有责，人人都是城市的建设者和管

理者的良好社会风气。四是处理好继承与创新的关系。松原是一座保持特有传统民俗的城市，也是一座城市面貌日新月异新兴发展的城市。因此，我们在"五城"创建中，既要注重特有的文化内涵，又要注重观念上的突破和创新，从左顾右盼、瞻前顾后的思想顾虑中解放出来，从循规蹈矩、墨守成规的传统观念中摆脱出来，从"庸、懒、散"等不良习惯和作风中破解出来，拿出新思路、新招数、新举措。打破一切"五城"创建过程中不适应的思想障碍，敢于向陈旧做法开刀。在继承中创新，在创新中发展，在发展中彰显松原悠久的历史文化和现代化文明城市的魅力。

三、积极参与"五城"创建工作，履行职能，发挥作用

创建"五城"是一项庞大的社会系统工程，是一项功在当代、惠及子孙的宏伟大业。需要全市上下、方方面面的共同努力，民进松原市委必须在政治上、思想上、行动上与中共松原市委保持高度一致，围绕中心、服务大局，组织民进会员积极投入到"五城"创建活动中。要发挥民进人才荟萃、智力密集、联系广泛的优势，全心支持中共松原市委、市政府工作，积极组织广大民进会员建言献策，共同推进"五城"创建的进程。一是积极行动搞好宣传。要组织召开各种专题会议，认真贯彻市委、市政府主要领导在推进"五城"创建工作会议上的讲话精神，把全体会员的思想统一到"五城"创建上来，使每个会员都明确创建"五城"的重大意义、总体要求及目标任务，并能在工作单位及社会上自觉宣传、讲解，成为创建"五城"工作的宣传员。二是制定方案，抓好落实。我们要把民进工作与"五城"创建工作有机结合起来，根据自身特点和优势，在思路上、抓法上倾斜"五城"创建。通过上下一心，党内外联动，精心设计活动载体，积极引导广大民进会员投身到创建工作上来。在会员中要开展"五个一"活动，即每位会员要为创建"五城"工作写一份提案、反映一件社情民意、争当一名文明市民，市委会要搞一次公益活动、召开一次座谈会。通过"五个一"活动，激发广大民进会员创建"五城"热情，引导他们自觉参与创建活动，牢固树立"人人为我，我为人人"的城市主体意识。三

是深入实际，搞好调研。要发挥参政议政职能，紧紧围绕"五城"创建工作，组织骨干会员，深入基层和社区，搞好调查研究，了解广大人民群众对"五城"创建工作带有倾向性、苗头性、普遍性的意见和诉求，及时向市委、市政府反馈信息，积极为创建"五城"建言献策。今年要围绕"五城"创建中群众关注的重点、热点、难点问题开展两次大型调研活动，为市委、市政府"五城"创建工作提供有价值、有分量的意见和建议。创建"五城"活动意义重大，影响深远，是一项光荣的政治任务。我们一定要站在政治和全局的高度，把思想真正统一到市委、市政府的决策部署上来，以强烈的事业心和责任感，认真履行民进松原市委会作为参政党的职能，发挥优势和作用，为把松原建设成为吉林省西部现代化中心城市，构建和谐幸福家园、创造美好未来贡献我们应有的力量。

★本文在《松原日报》上发表

贴近实际，切实提高反映社情民意信息工作水平

（2010年5月）

体察民情、了解民意、集中民智、珍惜民力，形成科学有效的诉求表达机制，是党的十六届六中全会深刻把握我国社会发展阶段特征，紧密结合构建社会主义和谐社会的现实要求而做出的重要部署。作为政协组织、政协委员要从提高党的执政能力和保障人民权益的高度来认识，深入实际了解群众疾苦，倾听群众呼声，通过社情民意引导社会热点，疏导群众情绪，搞好民主监督，为党政民主科学决策提供最直接、最可靠、最鲜活的信息，助推松原经济社会又好又快发展。

一、注重强化对反映社情民意信息工作重要性的认识

了解和反映社情民意是人民政协积极促进社会主义民主政治建设，推动科学民主决策的重要形式，是构建社会主义和谐社会的有效途径，是党和国家社会舆情汇集和分析机制的有机组成部分，也是党委、政府联系人民群众的桥梁和纽带，更是人民群众开往党委、政府的"直通车"。人民政协在了解和反映社情民意信息的过程中，发挥着其他舆情机制不可替代的作用。近年来，全市各级政协组织、各民主党派和广大政协委员以"三个代表"重要思想为指导，认真贯彻落实科学发展观，坚持以人为本，把围绕决策、关注民生、体察民情、反映民意作为政协履行职能的出发点和落脚点，积极有效、扎扎实实地做好反映社情民意信息工作，每年收到委员反映社情民意达60多条，每年刊发《社情民意简报》达15期30多条。这些社情民意信息对于党政科学决策以及解决人民群众关注的热点、难点问

题，都做出了积极贡献，在社会上引起了较好的反响。

第一，反映社情民意信息有利于党政决策民主化、科学化。人民政协在了解和反映社情民意信息方面有自己的独特优势，能够让党委、政府听到老百姓的真实声音。位置超脱，较少受到部门或地区利益的局限，能够站在全局的高度，比较客观公正地反映各种情况和问题。人才荟萃，具有各方面的实践经验和专业知识，能够提出有价值的意见和建议。渠道畅通，联系社会各界，实现了上情下达、下情上达。及时有效地把党政方针、政策、措施贯彻传递到百姓之中，同时，把百姓的意愿又及时地反映给党委和政府，有利于党政决策实现民主化、科学化、程序化，也有利于党政实现民主理政、科学执政、依法行政、从严治政的要求。市党政主要领导曾讲过，市政协反映的社情民意我们每期必看，对影响较大的信息都签批意见，可见党委、政府对反映社情民意信息的关心和重视。去年，省政协和松办信息也几次对我们反映的社情民意信息予以刊发，对于党政决策都起到了一定作用。

第二，反映社情民意信息有利于人民政协履行职能。政协组织和广大政协委员了解和反映社情民意，政治协商就有了可靠依据，民主监督就有了着力点，参政议政就有了鲜活的题材，就能够更好地发挥协调关系、汇聚力量、服务大局、建言献策的作用。政协委员分布在各条战线、各个领域，在普通老百姓中间能够了解其他渠道难以掌握的社会信息，听到各种声音和诉求，获取各种建议和批评。通过反映社情民意信息这一重要形式，就能进一步增强履行职能的针对性和实效性。例如委员反映的加强城市交通管理的建议，加强对个体医疗机构整顿的建议，加强食品安全管理的建议等，有关部门予以采纳，及时采取措施加以整顿和治理，都收到了明显的成效。

第三，反映社情民意信息有利于人民群众愿望和诉求的表达。我国正处在改革的关键期、社会的转型期和各种矛盾显现期，在经济体制、社会结构、利益格局和思想观念等方面都发生了深刻的变化，呈现出前所未有的复杂性和多样性。社会上不同群体的利益诉求在不断地增长，人民群众最现实、最直接、最关心的问题渴望得到表达也备受各界关注。而人民政协通过反映社情民意信息这种有效形式，把具有前瞻性、倾向性和苗头性问题及时反映给党委、政府及有关部门，可以做到未雨绸缪、有备无患、科学处置，既有利于经济社会又好又快的发展，也有利于维护人民群众的根本利益，又有利于社会热点、难点问题的真正解决。例如，委员反映的强化下岗职工再就业工作的建议、严防医疗垃圾危害社会的建议、加强回迁安置工作的建议、城区供热工作亟待加强的建议等，对有关部门都起到了警示作用。

二、注重把握反映社情民意信息的基本特性

反映社情民意信息是人民政协一项政治性、政策性和时效性很强的工作，必须按照政协章程、规则办理，遵循社情民意规律，体现应有的价值。

第一，把握方向性。反映社情民意信息要以科学发展观为指导，高举中国特色社会主义伟大旗帜，牢牢把握团结和民主两大主题，履行政治协商、民主监督、参政议政职能，紧扣党委、政府的中心工作和现实要求，推动反映社情民意信息工作体现时代性、把握规律性、富于创造性。

第二，把握真实性。反映社情民意信息要讲究真实性，尊重客观实际。如果信息失实、失真，就会给决策造成失误，给党和国家造成损失，给人民政协参政议政带来不利影响。反映的社情民意一定要真实可靠，坚持实事求是的原则，有喜报喜，有忧报忧，并经过深入细致地调查研究和充分论证，决不能弄虚作假，决不能哗众取宠，决不能文过饰非，要把对上负责与对下负责结合起来，摆正全局利益和局部利益、长远利益和眼前利益、部门利益和群众利益之间的关系，做到有心、有情、有为地反映情况。只有这样，我们反映的社情民意信息才真实可靠，有参考价值。

第三，把握特色性。人民政协反映社情民意有着政治上的巨大包容性，组织上的广泛代表性和反映问题的前瞻性的特色，可以从独特的视角和方位，多声共存、众音共鸣。侧重反映其他渠道不易掌握、不易反映、难以得到的社会情况和群众意见；侧重反映统一战线内部各阶层人士的看

法，尤其是民主党派代表人士对一些重大问题的表态和意见建议；侧重反映各个界别和特殊群体的合理诉求；侧重反映具有苗头性、倾向性、警示性的问题；并能侧重当好为党政部门服务的"参谋员"、人民群众的"代言人"，成为协调关系、化解矛盾的"连心桥"、促进经济社会发展的"催化剂"和人民政协履行职能的"晴雨表"。

第四，把握时效性。古人云：言当其时，一语千金；言背其时，一文不值。也就是说，反映社情民意信息的要始终坚持时间和效率第一的意识。因此，我们政协反映社情民意要对重大决策、关乎民生等方面问题，特别是具有苗头性、倾向性问题，做到早了解、早发现、早收集、早反映，以利于党委、政府及时、准确、快捷地掌握情况，科学分析判断，迅速地做出决策，促进问题的解决。只有这样，反映社情民意信息才有价值、才有指导意义，否则时过境迁，很难产生实际效果。

三、注重加大反映社情民意信息的工作力度

反映社情民意信息工作，只有围绕党委、政府的中心工作，把握重点，反映难点，找准结合点，下大力气，有的放矢，才能起到事半功倍的作用。

要树立大局观念。大局观念，不仅是新时期对政协组成人员理论水平和工作能力的重要考验，也是政协组成人员履职尽责的基本要求。首先要围绕加快经济发展方式转变、增强自主创新能力、发展循环经济、建设社会主义新农村等重大战略决策，反映社情民意。其次要围绕大项目建设、"五城"创建、工业园区建设、生态建设等重点工作部署，反映社情民意。再次围绕教育、就业、收入分配、社会保障、医疗卫生、民生改善以及社会管理等事关社会和谐稳定发展大计，反映社情民意，做到参谋者与决策者共鸣，意见建议与群众意愿合拍，为党政科学决策献计出力。

要坚持民本思想。科学发展观的核心是以人为本，人民政协工作的出发点和落脚点是履职为民。政协组织和政协委员反映社情民意，其目的是要为百姓说话，当好人民群众的代言人，这既是履职尽责所在，更是人

民群众的愿望所向。人民政协要在履职过程中，把维护好、实现好、发展好人民群众的根本利益放在首位，把人民群众的呼声作为第一信号，把人民群众的利益作为第一责任，把人民群众的满意作为第一标准，做到问计于民、问政于民、问需于民、站在人民群众的立场上，说真话，讲实话，推动人民群众关心的问题及时有效地得到解决，不辜负党和人民群众的期望。

要发挥政协作用。政协是党和政府联系各界人士的桥梁和纽带，具有代表性强、联系面广、包容性大的优势，积极发挥其咨政建言和团结联谊的作用，可以反映社情民意，做好党委和政府的帮手。一是要发挥政协委员的主体作用，特别是要发挥信息联络员的作用，把反映社情民意信息工作打造成为政协委员有效履职尽责的重要品牌。二是要发挥各民主党派、工商联及无党派人士的特色作用，可以使党委、政府的各项决策、工作思路、措施更完善，更符合人民群众的需要，促进政党关系、民族关系、宗教关系、阶层关系的和谐，形成和谐共进环境的社会。三是要发挥专委会的基础作用，开发利用好"富集区"的信息资源，使其具有真知灼见的各类人才释放出智慧和力量。四是要发挥县（区）政协的基层作用，开拓更贴近实际、更贴近群众、更贴近生活的重要信息来源渠道，提高全市各级政协反映社情民意信息工作整体水平。

要坚持质量标准。质量是反映社情民意信息工作的生命，是反映社情民意信息工作保持生机和活力的关键。高质量的信息领导重视程度高，参考价值大，易于被采用、进入党政决策层面。因此，反映社情民意信息要在提高质量上下功夫，做到"四个一"：一是力求一个"准"字，即主题要准，建言要准。二是突出一个"深"字，即内容要深，分析要深。三是坚持一个"实"字，即实事求是，不夸大，不缩小，该一是一，该二是二。四是把握一个"度"字，即选好角度，站在高度，突出深度，强化力度，把握尺度，体现人民政协咨政建言的特色和风采，实现反映社情民意信息的升华和增值。要完善工作机制。建立健全与党政部门的沟通联系机制，及时了解党政决策的信息需求，使政协信息工作有的放矢，"适销对路"；建立健全收集和分析机制，拓宽信息来源，增强信息工作的针对性，提高信息的系统性和科学性；建立健全跟踪反馈机制，推动社情民意信息进入党政领导机关受理程序和反馈程序，对一些重要的社情民意进行跟踪督办，促进问题的妥善解决；建立健全情况通报和激励机制，及时通报信息的采用、批示和落实情况，定期进行总结评比和表彰，鼓励先进，推动工作；建立健全学习培训机制，努力建设一支高素质的政协信息员队伍；建立健全领导责任机制，把反映社情民意工作纳入政协主席会议、常委会议的议事日程，听汇报，找思路，解决问题。各级政协分管主席要做到每期必阅、亲自批示、严格把关。

★本文是在政协松原市委员会反映社情民意信息工作会议上的讲话

强化学习、增强本领，不断提高民进
工作水平

（2010年12月）

今天的会议是在新春佳节临近之际召开的，既是一个总结会，又是一个工作部署会。在此，我代表民进松原市委会对大家一年来的辛勤工作、无私奉献，圆满出色地完成各项任务，表示衷心的感谢！对班子成员能够团结合作、率先垂范、尽职尽责表示诚挚的问候！祝大家新年快乐！

新的一年即将开始，如何转变我们传统的工作模式，将个人和组织的活力转化为参政议政的能力，着力加强自身建设，是当下做好我市民进工作的关键所在。

一是讲学习。学习是一种生存需求、一种生活态度、一种精神境界，也是一种工作责任和终生追求。它对于我们增长知识、提升能力、修身养性、陶冶情操、明确方向、增强斗志，具有十分重要的作用。可以说，讲学习是我们的安身立命之本。然而，在工作生活中，我们的会员在讲学习方面也存在一些问题，有的重业务，不想学习理论知识；重实干，不愿学习理论知识；重应酬，不爱学习理论知识。出现浮浅、浮躁、浮夸的现象，不仅直接影响学习任务的完成和自身的发展与进步，更重要的是与组织所面临的形势和任务很不适应，必须引起高度重视。因此，我们的会员要遵照民进中央，民进省、市委对学习的安排部署，把讲学习作为当前第一位的工作来抓，大力倡导学习之风，掀起学习高潮，做到"三要"：一要善于提出问题。古人讲："学起于思，思源于疑。"爱因斯坦讲："提出问题比解决问题更重要。"这就要求我们弄清楚学习知识点本身是什么、这样的提法为什么、学会知识点能干什么的问题，培养对新形势、新知识、新观点的学习兴趣；对好的讲座、好的评论和好的文章的学习兴趣；对知名权威人士、专家学者、成功人士的言论和著作的学习兴趣，激发求知欲望，发挥独到之见，汲取他们进行研究和指导实践的思想精华。二要坚持勤奋学习。勤奋是一种可以收获一切美好事物的天然磁石。对文学家来讲，是打开文学殿堂之门的一把钥匙；对科学家来讲，能够使人聪明；对政治家来讲，是实现理想的基石。我们只有勤奋学习，学懂了，学精了，才能有渊博的学识，有谋业的本领，有做人的道德。当下，我们有的会员并不是没有时间，而是浪费的时间太多。我们要牢记"黑发不知勤学早，白首方悔读书迟"的古训，增强学习的危机感和紧迫感，树立终生学习观，使学习工作化、工作学习化，重点解决好为什么学、学什么、向谁学、怎样学的问题，真正把学习与工作、理论与实践有机结合起来。只有这样，才能一个问题一个问题的学习、研究、解决，慎终如始，举轻若重、循序渐进，定有所成。三要抓住机会充实自己。善于捕捉机会者为俊杰。机会是成功的关键。因此，我们要借助独特优势，利用每一次集体学习的机会，努力创造、不断充实、提升自己：一是向人请教；二是讨论交流；三是发表见解。只有这样，才能静下心来学习，敞开胸怀交流，培养自己胸怀如海的学习气度，披沙拣金的认知能力和深中肯綮的批判精神，从而印证自己所学理论知识的准确性、深刻性。四要增强自己的思考力、识别力、认知力。讨论和调研是有效培养这种能力的最好方式。因此，我们在日常的工作和生活中，要注重讲究学习的三种重要方法：一是搜集。要广寻书山报海，剪报刊，摘文录，日积月累，就有了广度；二是整理。对搜集到的材料进行梳理分析，归类整合，并逐步进行细选精读，长年累月，就有了深度；三是体会。把自己的理解表达出来，把自己的思考记录下来，久而久之，就有了精度。只有通过上述做法，才能提高政治素质、理论水平和参政议政能力。今后，市委会、各支部每个季度都要集中学习一次，做到有签到、有计划、有内容、有记录、有体会、有检查、有总结。对学习活动开展不好的要提出批评，且不能评为先进支部或先进个人。

二是讲团结。人们常说，团结就是力量，团结就是胜利。团结是营造民进和谐奋进、事业成功的基础。当前，面对新的形势和任务，我们民进基层组织已调整完毕，现在就需要大家抓住机遇，大显身手，把意志和力量统一到工作部署上来，更好地推动民进事业大发展快发展。首先，要有大局意识。大局就是全局，就是大势，就是民进的整体利益、长远利益和人民群众的根本利益。因此，民进松原市委会班子成员、全体会员都要把握大局，服从服务于大局，在大局下行动。坚决贯彻执行市委会的决议，不动摇、不走样、不懈怠、不失职，并善于把民进的各项工作放在大局里去谋划、考量和落实，以大局的中心为中心，以大局的重点为重点，切实找准工作的结合点和着力点，真正实现思想同心、目标同向、行动同步、事业同为。其次，要有合作意识。合作是做好各项工作的基础。每位班子成员和会员都要有合作精神，正确处理好讲宽容与讲原则的关系，摆正个人位置，深化组织观念。努力做到：大事讲原则，小事讲风格；干事不整事，成事不败事；补台不拆台，帮忙不添乱。互相尊重，勤于沟通；互相谦让，换位思考；互相支持，宽以待人。避免不讲程序、不讲规矩、无端猜疑、犯自由主义。有的问题如同隔了一层窗户纸，互相间谈一谈，把问题点破，也没有什么大不了的事情，认识上有偏差，工作上有疏漏，互相间提个醒，失误就可以避免，矛盾就可以化解，多讲别人的好处，多看别人的长处，多找自己的短处，不断充实、提升自己，只有这样，才能弘扬真、善、美，割舍繁杂的人情纽带和庸俗的人际网络。再次，要有奉献意识。奉献是一种精神境界，是一种道德修养，是一种人生责任和高尚品格。他是我们搞好团结，做好工作必不可少的素质要求。因此，我们要从实际出发，民进班子成员做到"三不"：即不争主位，驻会、不驻会都是围绕集体权威，密切配合，是合作伙伴，不是竞争对手；是工作上的分工，不是权力上的分配；是事业上的志同道合，不是两股道上的"马车"。不争角色，正副职都要围绕"团体赛"发挥各自的作用，正职不主观，副职不旁观；正职不专权，副职不争权；正职要心胸开阔，凝聚集体力量，副职要顾全大局，拾遗补缺。不争风头，班子成员围绕"主旋律"奏好协作曲，既当主角，又当配角；有利的事带头往前做，无利的事也带头往前冲；辩证看待自己和他人。工作和生活中就会不碰撞、不交叉、不闹情绪、不搞分歧，努力营造舒心展志、奋发有为、风调雨顺的良好氛围。会员间要立足实际，爱岗敬业，艰苦奋斗，淡泊名利，增强进取意识，有高度政治责任感和强烈的事业心。有一种说了就做的工作实劲，有一种做就做到底的工作狠劲，有一股锲而不舍的工作韧劲，克己奉公，无私奉献，正确对待成绩、荣誉，把个人成长融入民进发展中，与民进同呼吸，共命运，自觉地把为组织服务当作人生最大追求，把奉献作为人生的最大快乐和幸福。正因为如此，我们才能五指并拢，形成拳头，心往一处想，劲往一处使，增强整体合力和战斗力，真正造就一支政治素质好，工作业绩好，团结协作好，作风形象好的集体。我们的工作一定无往而不胜，我们民进的事业一定会兴旺发达。

三是讲纪律。讲纪律就是要有必要的清规戒律，因为它是我们做好工作的胜利之母。因此，我们每个民进会员都必须遵守各项纪律，严格要求自己，做到克己自律，进一步提升我们民进会员的良好形象和社会影响力。一是要严守纪律。在今天这个市场经济的环境下，作为一个松散型的政治组织，需要大家自觉遵守《会章》规定，增强纪律意识，时刻敲响克己自律和道德规范的警钟，做到：脑子里绷紧一根弦，嘴巴上加一把锁，不该说的不说，不该办的不办，不该争的不争，不该吃的不吃，不该去的不去，要求别人做的自己先做到，要求别人不做的自己先不做，洁身自好。具体地讲，当教师的就要廉洁从教，为人师表，塑造品行；当医生的就要廉洁从医，精益求精，为患者服务；当干部的就要廉洁从政，为政以德，做人民的公仆。今天，就需要大家共同制定实施一项能进能出的规定，就是对全体会员来说，一年中有半年以上不参加会议和活动，或给组织造成不良影响的，经市委会研究后，该教育的教育，该退会的退会，该开除的开除，决不手软，决不姑息迁就，能进能出，吐故纳新，既不耽误你个人的前程，又不影响组织的社会形象。二是要遏止贪欲。贪欲的魔瓶一旦打开就会如决堤的洪水，使人难以控制。因此，我们的会员必须做到：慎初，不让鞋湿第一次，不存侥幸，"决不先贪针，后贪银，再贪金"；慎微，就是防微杜渐，"不以善小而不为，不以恶小而为之"；慎独，就是自重、自警、自省、自励，在金钱、利益、美色等各种诱惑面前不能动心，谨守防线。高飞之鸟，毁于美食，深水之鱼，死于香饵。三是要慎重交友。"近朱者赤，近墨者黑。"人生在世不能没有朋友，但交什么样的朋友对一个人的成长与进步关系重大。孟母三迁，择邻而居的典故正是说明了这个道理。因此，我们交友必须慎之又慎。有的人专门盯着位置交朋友，有的看重权势交朋友。所以一定要慎重交友，形成健康的人际空间，力戒不良嗜好，收敛个人爱好。四要建立健全长效监管机制。建立健全民进机关与民进组织建设长效机制，是一项长期的战略任务，也是紧迫的现实要求，更是履行民进成员职责的重要保证。因此，我们民进组织要强化教育、管理、监督，规范日常行为，不断提高民进参政党的拒腐防变能力。重点在"九要"上下功夫。要严明党的政治纪律。不能上有政策，下有对策，切实保证党委政府重大决策落实到位；要严格落实党风廉政建设责任制；要制定《民进松原市委会、机关内部和会员监督办法》，要建立健全《机关工作人员行为规范》；要制定《民进会员禁令》；要建立健全谈话制度；要建立健全个人情况报告制度；要建立健全支部情况报告制度；要建立健全市委会工作报告制度。总之，我们只有把讲纪律讲好了，才能有助于全体民进会员道德水准的提高和良好组织作风的形成，真正把民进组织建设好。

四是讲调研。讲调研是辩证唯物主义认识论和方法论的基本要求，是发现问题、找出解决问题方法的重要途径，也是密切联系群众，反映社情民意的重要渠道。凡是成功的实践活动，都离不开调查研究。没有调查研究就没有发言权。因此，作为民进党派成员，就要把调查研究作为一项经常性、基础性的工作，作为立会为公、参政为民的一项重要内容，作为围绕党政中心工作建言献策的重要载体，立足实际，体现特点，了解社情，反映民意，为党政民主、科学决策提供参考依据。所以，在调研中要采取"三个步骤"，把握"六个特点"。"三个步骤"：一是选准课题。选准课题就是从讲政治高度判断形势，以了解党和国家一个时期大政方针，需要探讨和研究突出问题作为出发点，以全市经济社会如何发展，老百姓关心什么、干什么作为落脚点，以市委的工作重点、热点问题为着力点，以成功经验为结合点，围绕调整结构，转变方式；围绕改善民生，维护社会稳定；围绕教育文化、五城创建等进行调查研究，提出有分量、有价值的意见和建议。二是设计调研方案。做到有目的（要解决什么问题，解决到什么程度）、有内容（看得见、摸得着的具体事物）、有方法、有范围、有地点、有对象、有提纲、有行业部门参加，有事先学习准备，有调研队伍和经费。有详细第一手资料，有解决问题的措施。三是深入开展调研。要"沉"下去，用心听讲，切忌走马观花；要甘当小学生，谦虚谨慎，切不可高高在上；要全面了解，占有材料"以十当一"，多多益善；要注意引导，围绕主题发言，不可泛泛而谈；要反映实际情况，对有关典型细节和数字要核实；要亲手记录。总之，在调查中，要身到、心到、口到、手到。要对记录的材料及时进行梳理、交流，获得更多真知灼见。把握"六个"特点：一是政策性。作为党派的调查研究，其目的就是为党政决策提供情况和建议，其质量高低关键要看有多少调研成果进入了决策，变成了政策，以及这些决策和政策在实际工作中发挥了什么作用。政策性是民主党派调研工作的基本特征。二是针对性。调查研究必须围绕中心，考虑决策需要，关注和着力调查重点、热点问题，只有忙在点子上，谋在关键处，才能做到有的放矢。三是应用性。民主党派的调研工作，既不是纯粹的理论探讨，也有别于具体的工作部署，是介于二者之间的应用性研究，强调"研以致用"。古人云："文可载道，以用为贵。"民主党派的调研必须紧扣现实工作需要，出发点是提供急需有效的对策建议，落脚点是解决经济社会生活中的实际问题。这样调研成果，才能对决策有用。四是前瞻性。调研必须有战略眼光，既立足当前；又要面向未来，注意瞻前顾后，注意大势所趋，这样才能看到苗头性、倾向性的问题，才能提出真知灼见的对策建议。五是操作性。提出建议必须思路清晰，观点正确，措施具体，切实可行，尤其应充分考虑需要与可能。六是时效性。对关注的重点和紧迫性问题，必须快速反应，集中力量，及时调研，尽快提供情况和建议，"文当其中，一字千金"，时过境迁，工作重心转移，即使写得正确、深刻，也难有大用。对调研成果而言，时机因素更为重要。"逢当其时，谋当其用。"我们只有深刻认识和正确把握民主党派调研工作特点，从中总结出一些带有规律性东西，对提高调研工作质量非常重要。今年，每个支部都要确定具体的调研课题，拿到市委会上统一研究，确定后各个支部都要开展一次调查研究,拿出一篇有质量、有深度、有水平的调查报告,以供党政部门决策参考。

五是讲活动。开展有意义、有影响的活动,能为民进组织注入生机活力,也是提升民进参政党社会影响和推动工作发展的重要形式。所以,我们要不断创新和设计活动载体,大力开展以下几个方面活动。一是开展好支部活动。支部活动是民进会员融化民进组织活动的最直接平台,是社会各界了解民进参政党的窗口。开展好支部活动对于我们提高履行职能和自身建设水平,扩大社会影响具有十分重要的作用。因此,首先要求支部主任在实际工作中注重克服"八难"问题,一是班子建设难(表现为组织力量不强,示范本领不硬,成员分散为兼职综合素质不高);二是思想教育难(政治素质较低,党派观念淡薄,价值趋向、思维方式多样性,得不到满足就不参加会,以至无法知其下落);三是组织约束难(全凭人格魅力、思想品质和人际关系);四是组织生活难(没固定场所,缺乏参政党的政治性和严肃性);五是组织活动难(没经费、没场所、没有足够时间,难以开展有效活动);六是参政议政难(对理论研究和学习不深入,政党意识不强,组织活动不力知情晓政渠道不畅);七是组织规范难(由于以上情况制约,工作规范难以制定和落实);八是首位首肯难(成员单位不将其活动计入工作量,考评只注重本职,对党派工作付出的劳动视而不见)。从积极的方面讲,就是做到"八强八硬":组织力量强,示范本领硬;自我教育强,履职尽责硬;组织约束强,人格魅力硬;组织生活强,软硬环境硬;生活经费强,时间保证硬;综合素质强,畅通渠道硬;工作规范强,制度落实硬;本职工作强,参政议政硬。只有这样,才能勇于担当,善于担当,胜任本职,双岗建功,出色地完成好工作任务。其次每个支部至少每个季度开展一次活动,有的支部条件具备的可以两个月开展一次活动,做到:有工作条件,有会议制度,有学习制度,有组织生活制度,有工作制度,有活动资料存档制度,有发展会员谈话制度和考察制度,有与中共基层组织联系制度等。这样我们的支部才能规范有序,生机勃发。在这里我要重点强调一下的是,教育支部为我们树立了典范,它不仅活动开展的好,制度建设的好,还有会员办公室,并为其订购刊物。可以说，"事在人为"，正如拿破仑所说："狮子统帅的绵羊部队，能够打败绵羊统帅的狮子部队。"由此断言，支部主任能否胜任在很大程度上决定着我们民进参政党的兴衰。现在看，绝大多数主任是胜任的，渐入角色、大有作为，支部为我、我为支部的氛围正在形成。市委会将在适当的时机，组织一次参观学习。二是要继续开展创先争优活动。我们要按照民进中央精神和《民进松原市委会基层组织建设方案》的要求，结合支部实际，创新方式方法，以抓好特色支部示范性建设为重点，在创建团结和谐型、学习交流型、本职建功型、文艺特色型、参政议政型、社会服务型等特色支部上下功夫，出高招，出经验，出典范。真正营造基层组织的新气象。今年市委会要评选出5个先进支部，对先进支部和优秀个人给予表彰、奖励。希望我们的支部主任在基层组织建设中大显身手，再创佳绩。三是继续开展"教育、文化、医疗"三下乡活动。去年的"三下乡"活动收到了明显的效果，在社会上引起了很大的反响。今年，教育、文化、油田支部要在原有的基础上，进一步谋划好这项利会利民的社会服务活动，在下去之前，市委会要听汇报。我想，经过坚持不懈的努力，一定会把我们民进的社会服务活动搞得丰富多彩、有声有色。四是开展好对外宣传活动。宣传部和信息联络员要加强与民进吉林省委宣传部的对口联系，与报社、电视台、统战部、市政协等方面的对外联系，及时上报工作和活动信息。要抓好宣传员队伍，通过《统战信息》《社情民意》《吉林民进》《统一战线》《协商新报》等信息载体，宣传报道松原民进的工作，向外推介松原民进，扩大知名度和社会影响。五是抓好招商引资任务。今年，我们要早动手，早谋划，挖掘会员中对外联系的潜力，积极开展招商引资活动，力争完成或超额完成市里下达的招商引资任务。

新的一年即将到来。我们要继续解放思想、奋发进取、加强学习、增强本领，以新认识引领新实践，以新作为创造新辉煌。

★本文是在民进松原市委会工作总结会议上的讲话

关于加快我省畜牧业发展的几点建议

（2011年1月）

近年来，在吉林省委、省政府的正确领导下，经过各个方面努力，全省畜牧业有了长足的发展。去年，全省牧业产值达925亿元，同比增长12.1%，这是很了不起的成绩。但是，我们也应清醒地看到，畜牧业发展还面临诸多困难和问题。

一是从总体上看，我省规模饲养场和牧业小区建设水平较低，管理不够规范，与规模化、标准化的要求还有差距，与山东、四川等牧业发达省份比还有发展空间。

二是在政策支持上有些方面还不到位。对畜牧业发展给予信贷支持以及解决规模养殖用地审批方面难度较大。如商业银行贷款门槛高，需要养殖户提供财政开支人员或城市不动产担保抵押，贷款时限短，多为一年，而养殖户产生效益要在一年以上，这与畜牧业发展的特点不相符。

三是龙头企业没有与养殖基地、农户之间形成风险共担，利益共享的运营机制，抵御市场风险的能力较差。龙头企业与农户之间签约率仅在成交量的10%左右，而签约订单的履约率只能在80%左右。一旦受市场价格波动和订单法律效应等影响，不仅农户损失较大，龙头企业损失也较大。

四是动物疫病防控和畜产品监管的基础条件落后。一些基层畜牧站缺少技术人员和必备的监测检疫设备，牧业执法体系不健全。如：在人员方面，受编制、财力、观念、待遇等问题的影响，正规大学本科毕业很少到乡镇畜牧业站工作，在岗的技术人员多为40岁以上，也存在年龄老化问题；在防疫方面，保存、运输疫苗的冷冻、冷藏与生物安全柜等冷链体系建设不够完善；在监管方面，市、县级缺少独立的检测机构、检测设备、检测经费等。

五是畜牧业发展面临环保压力。部分养殖场和小区污染排放不达标，主要缺少化粪池、沼气池等设备；许多规模养殖场无垃圾无害化处理设施，即使有利用率也只在70%左右；一些小规模的养殖户污染更为严重，阻塞道路和排水，影响村容村貌。

面对这些困难和问题，结合谋划"十二五"，围绕加快我省畜牧业发展，提出如下建议：

一要强化行政推动。发展畜牧业是把我省粮食、秸秆、草原这些得天独厚的资源优势转化为经济优势、产业优势和竞争优势的有效途径。要实现农村经济科学发展、农民收入逐渐提升，可以说，出路在于畜牧业，希望在于畜牧业，潜力也在于畜牧业。要加快畜牧业发展，行政推动是首要环节。各级党委、政府应高度重视，把思想和行动统一到省委、省政府的决策上来，把加快畜牧业发展作为一把手工程来抓。要从我省西部半农半牧区、中部农区和东部山区的不同实际出发，统一规划，分类指导，分步实施。各相关部门，要从大局出发，各司其职，各负其责，形成工作合力。

二要加快牧业园区建设。这是发展畜牧业的重要载体。要推动畜牧业从传统饲养方式向现代化饲养方式转变，从小规模分散养殖向规模化、标准化养殖转变，尽快实现畜牧业提质增效。要抓好全省15个牧业园区升级达标，采用先进技术手段，实现园区内饲养业标准化。要科学规划、合理布局，新建一批大规模的养殖基地或养殖小区。要把牧业园区与新农村建设结合起来，通盘考虑，统一运作。

三要积极培育龙头企业。畜产品加工企业是整个畜牧业发展的龙头，直接联结着基地、合作经济组织、农户和畜产品市场。要引导龙头企业，摆正与农户之间"一荣俱荣、一损俱损，互惠互利、双向共赢"的利益关系，主动与农户签订单，更好地发挥辐射带动作用。要鼓励企业成立担保公司、组建牧业合作社，把更多的农户吸纳进来，提高组织化程度。要通过提高科技含量，拉长产业链条，多培育出像德大、双汇那样的龙头企业和"拳头"产品，引领畜牧业实现跨越式发展。

四要加大政策落实力度。重点应在财政、金融、土地等方向加大力度。省、市、县级财政每年都要拿出一部分资金设立牧业经济发展专项资金，以奖代补，支持牧业小区、龙头加工企业和养殖大户发展。金融部门应针对畜禽饲养种类，把支持牧业发展贷款期限放宽到3—5年，土地、场房、设备等地面附着物可作为抵押贷款担保，确保牧业贷款额度达到全部农业贷款额度的30%以上。积极争取国家支持牧业发展的重大项目投资和专项资金，把更多的畜牧业发展项目纳入国家预算盘子。同时，在用地审批、水电供应等方面给予政策倾斜。

五要坚持发展与环境保护并重。推动畜牧业发展，不能忽视和影响环境保护。要鼓励养殖加工企业建设无害化处理设施，或通过生态养殖方式实现资源的循环利用。政府要出台相应的政策，加大对畜牧业污染治理的投入力度，通过修建沼气池，大规模养殖废弃物转化燃料等措施，按照"减量化、无害化"的要求，推进清洁生产，实现经济效益、社会效益和生态效益的良性循环。

六要切实抓好疫病防控和产品质量安全。我省虽然近几年没有大的疫情发生，但仍要提高警惕，绝不能麻痹大意，疫病控制这根弦时刻不能放松。要加强基层防疫基础设施建设，乡（镇）畜牧站要配强配齐专业技术人员和必备的检疫监测设备，全面落实各项综合防控措施。各级政府应把人畜共患疾病，如布病等防疫经费专项列入财政预算，并保证及时拨付到位。要进一步完善动物卫生监督执法体系，有效维护公共卫生安全，确保无重大疫情发生，确保人民群众身体健康，确保畜牧业健康发展。

＊本文是在政协吉林省第十届委员会经济组会议上的发言并录入委员专题论坛汇编

勇于创新、开拓进取，推动民进事业长足发展

（2011年8月）

2006年12月15日，民进松原市委二届委员会换届，第三届委员会产生。经过全体会员选举和中共松原市委任命，我继续担任民进松原市委主委。在新一届市委班子里，我全身心地投入民进事业的发展，带领全体成员勇于创新，开拓进取，在原有的基础上不断开创民进工作新局面，使民进事业又有了长足的发展。各项工作得到了中共松原市委、民进吉林省委和省市统战部门、政协组织的高度评价。

一、主要工作成绩和做法

（一）加强思想建设，不断提高会员的政治素质

三届民进松原市委会以来，我按照民进中央、民进吉林省委和中共松原市委的要求，注重强化会内学习，不断提高全体会员的政治素质和政治把握能力，使全体会员做到在大是大非面前立场坚定，在政治上与中共中央、中共松原市委同心、同向、同行。一是认真抓好理论学习。几年来召开学习会20余次，重点抓了关于邓小平理论、"三个代表"重要思想、科学发展观的理论学习。认真按照《民进中央关于深入学习贯彻科学发展观的通知》要求，深入把握科学发展观的内涵、精神实质和本质要求，不断提高服务经济社会科学发展和促进多党合作事业科学发展的能力。二是开展了十七大报告和十七届三中、四中、五中全会精神的学习和理解，增强广大会员自觉坚持中国共产党领导，坚定走中国特色社会主义政治发展道路的自觉性，正确认识中国特色政党制度的特点和优势，提高广大会员

的政治敏锐性，提高政治把握能力、合作共事能力和建言献策能力。三是按照民进中央和民进吉林省委要求，认真开展了以政治交接为主线的主题教育活动，做到有方案、分步骤地学习和开展活动。四是举办了关于学习和践行社会主义核心价值体系学习会，重点学习了民进中央主席严隽琪在中共中央统战部举行的社会主义核心价值体系学习与践行报告会上的讲话。《松原日报》和市电视台对会议进行了报道。通过学习，发表理论性文章《学习践行社会主义核心价值体系，努力推进民进参政党建设》，在《吉林民进》和《松原日报》刊载。五是举办了中共十七届五中全会精神学习会，让广大会员及时领会五中全会精神实质，振奋精神，扎实工作，为制定"十二五"规划建言献策。六是选派骨干会员参加省民进、市委组织部和统战部组织的培训班，为很好地履行参政党职能奠定了坚实的思想基础。七是积极组织会员撰写学习体会和理论性文章，共写文章20余篇，其中《围绕中心，积极为松原经济发展做贡献》《加强统战工作，为构建和谐松原贡献力量》《进一步加强新时期新阶段参政党建设》等多篇文章在省市报刊上发表。选出两篇有代表性的文章，在民进吉林省委举办的第11次统战理论研讨会上交流。选派三名代表参加全省党派统战知识竞赛活动，取得了第二名的好成绩。

（二）加强组织建设，积极推动组织工作上层次

几年来，我们认真贯彻民进中央、民进吉林省委关于组织建设的要求，以抓支部活动为突破口，强力推进组织建设。第一，以完善基层组织活动的各项规章制度，强化基层组织规范化、程序化管理为重点，抓好基层支部建设，推动基层支部工作平衡有序开展。第二，建立支部主任述职的常态机制。每年年初开展支部主任述职专项活动，推动各支部工作和活动有计划地开展。第三，召开了基层组织建设现场会。今年三月，在市教育学院召开了有市委委员、支部主任等40余人参加的现场会。由评为国家级先进基层组织的教育学院支部做典型发言、介绍经验，并参观了教育学院支部活动室。民进中央网对此次活动进行了报道。第四，重点加强民进松原市委会领导班子建设，提高班子整体领导水平和理论水平。配合市委统战部，完成了民进松原市委会委员增补人事考核。第五，切实加强后备

干部队伍建设。按照民进中央和民进吉林省委的要求，保证了合理的知识界别、年龄结构，并建立了后备干部队伍档案。同时，努力为后备干部铺路，做好后备干部的推荐工作。去年，以市委会文件形式向市委组织部和统战部推荐了4名后备干部。并先后召开市委扩大会议、会员会议，配合省、市统战部门完成了主委、副主委后备人选民主推荐、考察、确定工作。我们还积极鼓励民进会员中的副科级以上干部，参加全省的领导干部公开选拔考试，会员中有2名科级干部入围副处级岗位笔试面试，使会员得到了锻炼。第六，注重做好组织发展工作。继续以调整结构和速度质量为重点，积极培养和发展新会员，重点在经济、公务员等界别发展会员，用好用足30%，几年来发展新会员16名。这些会员在本行业都有一定的影响、年富力强，增加了民进组织的新鲜血液。我们还利用召开会议、学习等机会，组织对新入会人员进行有关会章、会史知识培训，使新会员加深了对民进组织的认识，受到民进优良传统教育。几年来，我会的组织建设工作有了很大的发展，先后有宁江初中支部、市教育学院支部、吉林油田职工医院（今松原吉林油田医院）支部、机关支部等4个支部被评为省级以上先进支部，在全省先进基层组织评比中，市教育学院支部被民进中央评为先进基层组织，又有10余名会员被评为省级优秀会员。通过上述各种活动，推动了组织工作的健康发展。

（三）深入调查研究，认真履行参政议政职能

参政议政是民主党派的重要职能。几年来，我会紧紧围绕松原"十一五"规划的实施、大项目建设、市委确定的"双一五"奋斗目标、"五城建设"和人民群众普遍关注的热点、难点问题，组织有关会员和会员中的政协委员深入基层和社区，开展调查研究。在省、市政协大会和各种大型论坛上重点发言8次，撰写出了《关于加快社会主义新农村建设的建议》《关于泥草房改造的建议》《关于加强松原小城镇建设的建议》《关于松原牧业发展的建议》《履行职能，建言献策，共同谱写"三化"统筹新篇章》等多篇调研性文章。有的市委主要领导签批了意见，有的引起了党政部门高度重视，为党政科学决策提供了有益参考。几年来，还结合民进特点，组织会员和会员中的政协委员，撰写各种调研报告和社情民意等

60余篇，其中集体提案12件。《关于全市教育均衡发展的建议》《关于打造松原文化品牌的建议》《关于调整一二三产业的建议》《关于加强体育教育，提高中小学生身体素质的建议》等多项建议，市委、市政府和相关部门都十分重视，有些建议已被采纳和实施，并在《松原日报》的"政协委员回声"专栏刊发。同时，还积极参加市委、市政府、市政协组织的大型视察调研活动，积极为全市经济发展，保障改善民生建言献策，得到了省政协和市委主要领导的高度评价。

（四）抓好活动载体，努力提升民进组织良好形象

认真组织开展了教育、文化、医疗三下乡系列活动。先后于2008年11月和2010年8月，两次带队分别深入到宁江区伯都乡中学和敬老院，组织教育界优秀教师进行教育讲座和送教下乡，指导教学，突出素质教育，转变传统观念，体现新纲要精神，深受基层学校和教师欢迎。组织医卫界专家为敬老院近百名老人送药义诊，送药品两次价值万余元，为他们的健康提供了力所能及的服务。组织文化界演员为农民朋友送去文艺节目，文化娱乐生活受到了广大群众和基层领导的欢迎。松原电视台以《民进松原市委三下乡活动开展得有声有色》《民进松原市委开展教育文化医疗三下乡活动》为题，《松原日报》以图文并茂的方式都给予了宣传报道。民进中央网对活动给予了报道，极大提升了民进参政党的社会形象。

积极开展了献爱心活动。在四川汶川发生地震灾害后，广大会员在各自单位积极捐款后，民进松原市委又组织会员以交纳特殊会费的名义再次向灾区捐款献爱心，共捐赠人民币累计14500.00元。2010年，在灾情频发的情况下，广大会员又向灾区捐款累计近万元。同时，还向灾区捐书120余册。

组织参加一些重大庆祝活动。筹备召开"民进松原市委庆祝国庆60周年座谈会"，参与纪念人民政协成立60周年和多党合作制度确立60周年重大活动，成功召开了建党90周年、辛亥革命100周年座谈会，对弘扬多党合作的优良传统，加强新时期民主党派参政议政的意识，共同建设我们美好家园营造了良好氛围。《松原日报》、松原电视台对活动进行了宣传报道。《松原日报》还开辟专栏刊登多篇会员的理论文章。我们还选派20多

名骨干会员参加市委统战部举办的庆祝活动，选派文艺界会员参加民进吉林省委庆祝建党90周年文艺演出。

认真开展了走访支部活动。我们每到一处都认真听取工作汇报，检查工作开展情况，使之丰富活动内容，健全工作制度，推动支部活动有效开展。活动的开展得到了支部主任所在单位领导和党组织的重视和支持，既密切了会员与市委会的关系，又密切了会员与单位党组织的关系，也密切了参政党与执政党的关系，为开展好基层组织活动提供了保障。《吉林民进》、省政协《协商新报》、民进中央网对走访活动都给予了宣传报道，扩大了松原民进的知名度。

积极参与松原"五城创建"活动。中共松原市委提出"五城创建"后，民进松原市委立即响应号召，在《松原日报》显著版面发表了《发挥民进党派职能，为"五城创建"做贡献》等文章，为"五城创建"鼓掌与欢呼。同时制定了"五城建设"方案，在会员中开展了"五个一"活动。组织会员在广场种花种草，绿化美化环境，为"五城建设"献力量、添光彩。

（五）加强机关建设，充分发挥"窗口"和纽带作用

几年来，继续按照民进中央、民进吉林省委会和中共松原市委关于机关建设的要求，依照《中华人民共和国公务员法》的规定，加大机关建设力度，努力争取资金，摆脱困境。培养高效快捷的机关作风，养成勤俭敬业的良好习惯，不断增强责任意识，服务意识，努力把机关办成会员之家。不断完善了各项规章制度。从考勤到绩效，从财务到车辆管理，从学习到出差，都有相应的制度，做到用制度管人。克服人员编制少、资金短缺困难、历史遗留问题困扰，节约每一分钱，用于民进事业发展。努力做好接待工作。接待了吉林省政协副主席、民进省委会主委薛康一行来松原开展调研活动。民进松原市委进行了工作汇报，各支部主任在座谈会上都认真做了发言。市委主要领导参加接待并陪同到企业调研。薛主委对松原民进的组织建设和参政议政工作十分满意，对松原的经济社会发展变化给予了很高的评价。《松原日报》、市电视台对上述活动进行了宣传报道。认真开好每年的迎新年联谊会。总结经验，深入交流，凝心聚力，扩大影

响，推动工作，使民进组织焕发活力，彰显风采。此外，还积极配合市政法委、市法院等部门做了大量的应诉和协调工作，圆满完成市里下达的各项工作任务。

（六）积极招商引资，大力助推松原经济社会发展

几年来，我们紧紧围绕中共松原市委提出的"工业立市""全民招商"这一中心工作，克服困难，积极筹措资金，采取外出招商、以商招商等有效形式，超额完成了市里下达的招商引资指标任务。先后引进了爱琴海休闲广场、牡丹江天圣石油机械有限公司的海虹石油钻采产品加工等项目落户松原。同时，通过"六个走进"活动，先后到福建台商协会、天津曹妃甸设施建设有限责任公司进行商贸洽谈和项目对接，就新材料加工项目与武汉科技大学进行联系。上述有力措施，为保证完成招商引资任务奠定了良好的基础。2007年以来，实现招商引资到位资金2600余万元，为助推松原经济社会发展做出了应有的贡献。

（七）注重自身学习，切实增强政治敏锐性和把握力

学习是民主党派成员的终身任务。我会一贯注重会员学习，在多次会议上强调和部署学习问题。我本人也十分重视学习。在民进松原市委召开的"关于社会主义核心价值体系""学习十七大报告"等多次学习会上，我都亲自主持，并做重点发言，用自己的学习体会和心得解读报告和文件精神。认真参加民进中央和吉林省委党校等组织的培训学习，结合学习，撰写了多篇学习体会和理论性、工作研究性文章，如《履行民主党派职能，进一步搞好合作共事》《适应新形势，不断提高民主党派干部创新能力》《建设社会主义新农村应着力解决几个问题》《做好新时期反映社情民意信息工作》《盘活一个老企业胜铺几个新摊子》《关于加快畜牧业大省建设的几点建议》《"三化统筹"之我见》等，有的在《松原日报》《吉林民进》等报刊上发表，有的在省级论坛上交流。通过坚持不懈的学习，既提高了个人的理论水平，也提高了政治把握能力和实践能力。在思想上政治立场坚定、旗帜鲜明；在大是大非面前，与中共中央、省、市委保持高度一致。在党风廉政建设上，严格按照《党风廉政建设责任制》的要求，遵章守纪，廉洁奉公，发扬民主，集中智慧，共同致力民进事业发

展。在工作中，围绕中心，服务大局，爱岗敬业，真抓实干，把主要精力都用在推动民进事业发展上，尽心尽力，尽职尽责，圆满地完成了各项工作任务。

二、存在的主要问题

尽管我在工作中取得了一些工作成绩，但是还有很多不尽如人意的地方，存在着一些亟待解决的问题。一是组织建设工作还需要进一步加强，会员的整体素质有待进一步提高，支部活动开展还不够平衡。二是会员参政议政能力还需要进一步提高，会员的会务工作积极性还需要激发和调动，责任意识尚需进一步增强。三是由于经济条件所限，有些安排好的工作和活动特别是一些调研活动还不能如期开展和进行。四是解决建综合楼历史遗留问题，还需积极做好配合工作。这些都需要在下一步工作中加以解决。今后，我要加倍努力工作，团结带领市委班子和广大会员，在新的历史起点上，向更高的目标迈进，努力拼搏，开拓进取，扎实工作，力争把民进工作推向一个新的高度，实现新的跨越，再创新的辉煌。

★本文是在民进松原市委会扩大会议上的述职报告

转变发展方式，促进现代畜牧业发展

（2011年9月）

近几年来，松原市委、市政府站在科学发展和可持发展的战略高度，充分认识到畜牧业在农业现代化进程中占有举足轻重的地位和作用，切实把抓好畜牧业当成抓住农业和农村经济发展的牛鼻子，并把这一根本性和关键性的任务摆到更加突出的位置，真抓实干，探求规律，用现代工业化生产理念谋划畜牧业发展，以标准化规模养殖为方向，以建设养殖小区为突破口，以产业化经营为主线，以生态效益为评价指标体系，充分展示了我市畜牧业的快速发展取得的阶段性成果，呈现出良好的发展态势。一是生产总量进一步增长；二是生产方式进一步优化；三是产业化经营步伐进一步加快；四是科技兴牧成效进一步显著；五是重大疫病防治能力进一步增强；六是生产经营化组织程度进一步扩张；七是草原生态建设得到进一步保护。

虽然我市畜牧业发展尤其是近几年来起步很快、成绩很大，已成为我市经济增长的一个新亮点，但还存在资金投入不足、龙头企业发展滞后、污染环境严重，技术含量偏低、规模养殖不多不大等制约因素，实现畜牧业标准化规模养殖、发展循环经济的任务十分繁重。只要我们有信心和决心，紧紧围绕牧业大市建设的思路、任务和措施，把畜牧业发展主动纳入全市经济工作大局中去考量，把发展畜牧业促进农民增收作为一个新的经济增长点，立足实际和畜牧业发展基础，准确把握现代畜牧业的产业定位和发展模式，坚定不移地走符合我市市情的现代畜牧业发展路子，就一定能够创造出新的佳绩。主要应做到"六个着力"。

一、着力建立领导责任新机制

畜牧业是农村经济发展的支柱产业，是农民增收的主要来源，具有高投入、高风险、高收益的特点，它的成败关系到全市农村经济科学发展、可持续发展的大问题。是当前的一把手工程，没有一把手的鼎力支持，这项工作可能根本无法实施，至少滞后。因此，要建立各级"一把手"亲自抓的专项推进联动机制，加强对全市畜牧业工作的宏观指导和微观知情，勇挑重担，敢于负责，善于作为，立下军令状，真正发挥"带头人"的作用。像抓工业经济那样抓畜牧业发展，像抓教育均衡那样抓畜牧业结构，像抓招商项目指标那样抓畜牧业龙头产业，切实把抓好畜牧业工作摆到十分突出的位置上，纳入党委、政府工作重要议事日程，经济社会发展总体规划和考核评价体系。形成一级做给一级看、一级带着一级干、一个产业包到底、一个班子抓到底，上下同心，协力运作，做好规划，严格奖惩，强力推进，坚持3—5年，就一定能够取得丰硕成果。

二、着力培树农民群众新观念

没有新观念，没有新农民，就不能从根本上转变畜牧传统的生产方式、生活方式、思维交往方式和价值观念，就不能更多的增加收入，发展现代畜牧业，建设社会主义的新农村。因此，我们各级党委、政府要把培育农民的强烈意识和进取精神当作一件大事来抓，纳入目标管理体系，作为考核干部政绩的重要依据。从而，更有效地促进和引导农民通过培训、算账对比、典型示范、政策激励、依法行政、营造氛围等行之有效的方法，学到知识、提高素质、掌握技术、捕捉信息、增强能力、遵纪守法，并逐步适应市场发展的规律，面对市场，抢抓机遇，把发展畜牧业作为发家致富的本领和一生钟爱的职业，从而培育和涌现出一批又一批经营理念先进的新型农民，成为现代畜牧业发展的生产主体。

三、着力构建现代畜牧业发展新格局

调整畜牧业结构是市场多样化、优质化的需要，是提高农业整体效益的一项重要举措。因此，各县区都要从实际出发，合理配置资源，优化品种结构，大力发展节粮型特色主导产业，提高规模化、标准化、集约化饲养水平。在畜群结构方面，当前应主攻生猪。生猪是我市的一个大优势，必须坚定不移地做大做强发展起来，抢占标准化规模养殖高点，增强抗风险能力；稳定蛋禽。蛋禽是一个短、平、快的产业，加工和消费潜力很大，发展前景广阔，各县（区）都有条件加快发展；突出发展奶牛业。奶牛业发展势头猛劲，风险相对较小，能平稳地促进农民增收，增加企业效益，提升奶牛产业的整体竞争力；加快发展（肉）牛羊。牛羊是有利可图的产业，近几年价格逐年有较大幅度增加，市场需求较大。无论国际，还是国内活牛和产品行情一直看好；适度发展特种养殖。貂、狐、貉、兔皮的价值很大，在东北市场销售看好；注重优化产业结构、品质结构和种养结构；要尽快改变畜产品加工尤其是乳制品加工产业滞后的局面，力争在5—10年内将加工产值增加到与畜牧业产值同等水平，实现畜牧业从单纯的饲养环节向生产、加工、储藏、保鲜、流通等环节拓展，实现畜牧业与饲料、兽药生产经营紧密衔接，一二三产业协调发展。

四、着力推进现代畜牧业发展新方式

一方面在创新养殖方式上：我市要在现有宜舍则舍的条件下，以农作物秸秆等饲草资源利用为导向，积极发展宜牧则牧，舍牧结合的养殖模式，在力所能及的条件下保护生态环境，增强畜牧业持续发展的能力；以清洁生产为导向（在充分考虑土地环境容量、产业发展基础、农户经济条件和留守劳动力现状等因素），大力推进适度规模养殖场或小区，形成多元化、多层次的规模饲养模式。我市养殖应在主推龙头企业＋专业合作社＋适度规模养殖场（户）发展模式的同时，坚持向生态养殖与绿色种植结合上发展（以牧促农，以农养牧），推行"生态养殖＋沼气＋绿色种植"的

环境友好农牧互动生产模式。以生态效益为导向，科学规划，重点支持，鼓励有实力的企业和业主优先建设一批标准化规模养殖场或小区，实行农牧结合和"七统一"（统一规划、统一建设、统一管理、统一防疫、统一治理、统一服务、统一品牌、统一销售）的运行机制，并对养殖设施、投入品、生产管理的标准化实行全程监控。彻底改善农村居民的生产、生活环境，真正形成设施完善、功能齐全、高效安全的现代畜牧业养殖主体，实现低碳畜牧养殖业的循环发展。这是较高一级的养殖方式，是养殖业今后发展的方向。一方面在产业经营方式上，要按照我市畜牧业发展规划和区域布局，集中资金、人才和各种优惠政策等，抓紧催生培育和重点扶持一批形式多样的、规模较大、技术含量高、带动能力强的龙头企业，实行"龙头企业＋基地＋农户"的生产运营机制，尽量拉长产业链，注重加工转化增值，逐步形成养殖、加工、销售为一体的大发展格局，同时要加强管理和引导龙头企业与市场对接，实施品牌战略，提高核心竞争力和市场占有率。要建立和完善加工企业与畜牧专业合作经济组织（行业协会、经纪人）、养殖户之间的利益联结机制，推行"寄养"和发展订单养殖，搭建起农民连接企业和市场的桥梁（推动农户由自然人向法人社团成员转变，合作社向法人合作方向发展），提高农户组织化程度，增强农民抵御风险和参与竞争的能力。同时，要加强对专业合作经济组织（行业协会、经纪人）的管理，规范生产经营行为，维护农民利益。

五、着力普及实用科学新技术

畜牧业的发展归根到底要依靠科技进步。因此，要构建政府推动、企业和技术服务组织拉动、专家和技术人员示范带动和农户互动的新型畜牧业科技网络，创新畜牧业科技推广机制与服务模式，狠抓畜牧业信息化工程，为农户及时提供科技、政策、法律、市场行情等方面的信息服务，为加快推进畜牧业产业化进程提供优质服务。完善和提升良种繁育体系，推进实施畜禽良种繁育、引进、改良新技术，全面实现良种化。要主要围绕畜牧专业化、生产标准化、产品优质化的发展，大力推广（现代养畜配套技术，畜禽高效饲养技术、动物疫病监测、饲料生产监控、无公害生产、畜产品深加工、秸秆利用、生态养殖等）急需的技术，提高畜禽草的综合生产能力。积极以"科技入户"等形式，加快科技示范园、示范场、示范企业、示范户建设，鼓励科技人员开展技术承包，搞好技术指导，要培养一批善经营、懂科技、会管理的新型农民，增强其生产、经营、创业能力，推动畜牧业健康发展。

六、着力完善保障政策新体系

完善出台畜牧业发展保障政策是破解制约畜牧业发展资金瓶颈等问题的主要手段。因此，各级党委、政府要以战略思维和长远眼光，进一步深化我市对畜牧业发展的认识，注重发现和发展比较优势，着手科学编制畜牧业"十二五"发展规划，将围绕国家对畜牧业发展的投资方向和重点储备项目，我市凭畜牧业调整培育支柱性产业大项目，而进行加大招商引资力度的重点内容编入"十二五"规划中，为加快畜牧业发展，提供强劲的项目支撑。积极落实并出台我市建设畜牧业大市的发展意见及有关配套文件和措施，逐步建立起以农民和企业投资为主体，金融机构和其他投资为补充的畜牧业多元化投入扶持政策，增加贷款数额，简化贷款手续，确保农民和农业产业化龙头企业的贷款需求。当前，应重点探讨四个制度，两个基金。四个制度即：一是逐步建立政府长效投入制度。把扶持畜牧业产业园区建设、规模化养殖场或小区建设、良种繁育体系建设、防疫体系建设和质量安全监管体系建设等费用，重点纳入年度财政预算，如果财政能力目前难以解决则可选择其中的某项重点建设纳入预算，如果条件还不允许则将政策承诺的300万元逐步的加以兑现，待财政状况好起来，再逐年地适当给予投入。二是逐步建立整合涉农资金制度。把农村基本建设、能源建设等各类涉农项目资金，打起捆来集中使用，重点向畜牧业倾斜，以解决制约畜牧业发展中的重大问题。三是逐步建立"补贴"与保险相结合制度。把市、县（区）两级的"以奖代补"资金用于标准化规模养殖场或小区的环保设施建设；探讨逐渐扩大能繁育奶牛、鹿、母猪等以外的政策性保险范围，优化政策性保险品种结构；探讨鼓励和支持商业性保险机构开展牛、羊等大中牲畜保险；探索禽、兔等标准化规模养殖场等保险业务。四是加强畜牧业基础设施建设责任制度。规范建设站（中心）、所、室及人员队伍网络服务体系，提高指挥、协调、防治、质量安全、信息处理和预警能力。两个基金即：一是探讨逐步建立畜牧业发展基金。集政府补贴、企业畜品储备、养殖场（户）等缴纳一定数额和比例等资金用于行业协会建设、重大疫病损失补偿，畜牧业科研推广活动，生猪最低价格收购，既增强畜牧业自我发展能力，又保护养殖户的利益。二是抓紧组建贷款担保风险基金。以龙头企业为载体，引导其养殖场（或小区）以及相关市场主体，采取多种方式共同筹资设立养殖担保风险基金，在市场价格行情不好时对合作社、养殖场或小区和农户进行补贴，以稳定生产。乾安博金牧业担保公司就是属于这种性质并给我们以示范，我们应很好地借鉴。

我们要按建设牧业大市攻坚战的实施方案，振奋精神，抢抓机遇，瞄准高效目标，采取有力措施，加快全市畜牧业科学发展、率先发展、长足发展，为全市经济社会事业发展交上一份完美答卷。

　　★本文是在政协松原市委员会关于现代畜牧业发展调研座谈会上的讲话

把大项目建设放在心上抓在手上

（2012年9月）

　　九月的松原大地，天高云淡，风清气爽。全市经济形势分析会在扶余召开。在看了扶余9户企业和听取市、县（区）工作情况汇报后，我深切感到今年工业经济运行态势良好、发展提速、成果可圈可点，说明了市委、市政府注重创新工业园区发展布局，大力营造经济发展的良好环境。可以说，市委、市政府抓工业经济立市站位高、路子对、措施实、效果好。扶余县（今扶余市）把解放思想的体会和总结经济工作的成果转化为谋划抓项目产业的思路、促进工作的措施和创造性开展工作的本领，值得学习和借鉴。其他各地也都抓出了自己的优势、特点、经验和成果。下一步，还要做好三方面工作。

一、要坚定不移地解放思想

　　解放思想是一个渐进性过程，不能一放到边、一放到底、需要我们坚持不懈、坚定不移地解放思想，才能及时地吸取先进的思想、创新的观念、科学的经验，适应国内外市场经济发展的自身规律，摒弃一切过时的东西，克服少数人思想观念转变程度不够、工作方法不适应形势、缺乏全局意识等问题，不搞形式主义，不盲目跟风，不一把尺子量到底，用本本框框实践，这样会导致"水土不服"等现象的发生，而要深刻认识到表面上与南方经济指标的差距实际上是思想观念的差距，正视自己，查找不足，用实践改本本，革故鼎新，破陈规陋习，在解放思想中解放思想、统一思想，切实转变思维方式，创新发展模式，真正把思想解放调控到由不自觉到自觉、由局部到整体、由低层次向高层次推进。

二、要策划好大项目

今年是我市大项目建设年。我们要把策划大项目当作首要工作来抓。因为大项目带来大企业，大企业带来大品牌，大品牌带来大经济，大经济带来大发展。所以，我们策划大项目就是抓住大发展，策划一批大项目就是抓住跨越式发展的关键，集中精力把策划大项目抓在手上、放在心里。同时也应注意到，在大项目建设还没有发挥作用的情况下，也要策划好中小项目，因为中小项目培育好，经市场化运作，就会形成产业集群，起到大项目的作用，义乌的实践就证明了这一点。坚持大中小项目协调策划和发展，对增强经济抗波动能力，调整优化产业结构是十分必要的。

三、要着力破解制约项目产业发展的"瓶颈"问题

当前摆在我们面前的"土地、资金、能源、人才"问题是制约项目发展的四大瓶颈问题，这个问题如果不能很好地解决，就不可能有效地合理配置资源，发挥这四种生产要素，在相对短的时间内形成良性的滚动积累，致使经济的发展推动力不足。那么，如何突破呢？本人认为，最紧迫、最关键的是进一步加强领导，加大综合协调力度，把关注、支持经济发展作为我们义不容辞的重要职责，切实解决实际问题，真正做到在认识上多理解、工作上多服务、配合上多协调、执法上多公正，调动一切积极因素，支持服务大项目，不断加快项目建设步伐，使各个项目早投产、早见效，为推动我市经济快速、健康、可持续发展做出应有的贡献。

　　★本文是在扶余县（今扶余市）召开的全市经济形势分析会上的发言

离别政协的"真情告白"

（2012年12月）

今天，我的心情很不平静，因为和大家在一起工作累计15年，建立了深厚的友情，现在就要说再见了。借此机会，说几句心里话，也是离别前的一次"真情告白"，以表达我对政协的深情眷恋，表示我对领导、同事们的真诚谢意，寄托我对政协未来的美好祝福！

大家知道，由于工作需要，组织上安排我到市人大工作，明天就要去报到了。

我1995年来政协任提案委助调，后任文史委副主任，2000年一推双考后，于2001年任卫生局副局长7年有余，2002年后任兼职副主席5年，2007年后又任专职副主席5年，累计15年。

这15年，我见证了政协事业的大发展。这届政协在原有工作的基础上，在孙绍茹主席的领导下，倾注热情高，付出心血多，投入精力大，取得成绩好，是历史阶段性最好水平，彰显了政协新气象，协商能力明显增强，参议政水平明显提高，办公环境明显改善，人员变化明显增大，职工福利明显实惠，和谐氛围明显增强。所有这些，都得到大家的广泛认可，一句话，金杯银杯不如老百姓的口碑，千好万好不如老百姓说你好。我为有这样的政协而荣兴，为有这样的领导而骄傲，为有这样的同事而自豪！

这15年，我经受了人生不断的磨砺。15年是历史长河的一瞬，是我人生法定工作时限的二分之一，我最壮美的时光在这度过，何等宝贵，无法忘怀。回想起来，走到今天这个位置很不容易！梳理盘点一下，就是能够在岁月中耐得住寂寞与孤独，守得住清贫与无奈，坚持读书学习，坚持合作共事，坚持自省吾身、干事不整事、成事不败事，老老实实做人、踏踏实实做事、清清白白做官。可以说，以良好的人生态度与工作、学习、生活为伴为乐。到目前为止，剪裁报刊30余本，发表文章20余篇，参加调研等活动几十次、省政协大会座谈发言5次，曾获全省优秀政协委员称号和优秀提案奖。与此同时，还有一些方面需要改正自己，但由于能力水平有限，加之性格急、对工作要求过严，也曾给有的同志带来遗憾。这一切一切都教育了我、培养了我、锻炼了我、考验了我，使我养成了一个坚定的信念、一个务实的作风、一个勤奋的习惯。这些成绩归功于历届领导，尤其是孙绍茹主席为首的班子成员的关怀与培养，得益于同志们的友情支持和帮助，得益于给予我理解和宽容的同事。在此，我衷心地表示感谢，并致以崇高的敬意和深深的歉意！

这15年，我与同志们结下了深厚的友情和友谊。我是个直率人，怎么想，就怎么说，敢于仗义执言，说完就没事，更不愿人前说好话、人后说坏话。这是我的优点也是缺点，时间长了，大家都知道我的脾气秉性。可以说，在这15年朝夕相处的日子里，我与各位领导和同志们就像朋友、亲人一样，互敬互爱、理解支持，从未因一己之私红过脸，这是我人生中最难忘的一段岁月，是我事业中最宝贵的一段经历，是我工作中最愉快的一段时光。连日来，伴随着调离日子的临近，我的脑海里过去的场景像过电影一样一帧帧地展开，那么清晰、那么鲜活，好像就在昨天。政协机关好，政协人更好，没有看够，没有说够，没有处够，心头总有一种酸楚、一种眷恋感、一种伤离情。有语云："人生自古伤别离""人非草木，孰能无情"，更何况我们在一起由30多岁相处到50多岁的人呢？怎能不感怀。但好在我们还有空间，还有岁月，还有缘分，继续在一个院子、一个楼办公，随时见面，交流畅谈，其乐融融常关照，大事小情常往来。今天我深情地说，政协是我一生的缘、一辈子的情、一家人的亲。政协永远是我的家，政协人永远是我的手足兄弟！

迈过15年，我看到政协的明天更美好。在我即将告别这个让我一生中永远难忘的政协，告别与我朝夕相处、肝胆相照同志们的时候，我想说不管在什么工作岗位上，我都会把政协当作自己的"娘家"，不会忘记，并时刻关注、关心政协的发展与变化，分享与挂念兄弟姐妹的成长与进步。我坚信，新一届政协在孙绍茹主席的领导下，定能凝聚全体同志的智慧和力量，不断创造新的神奇与梦想、新的成就与辉煌。

衷心地祝愿政协的明天更美好！

衷心地祝愿同志们幸福安康、前程似锦！

谢谢大家！

★本文是在政协松原市委员会送别座谈会上的发言

进一步搞活和规范农产品市场

（2013年1月）

近年来，在吉林省委、省政府的正确领导下，经过各方面努力，全省农产品市场有了长足的发展。2012年，我省社会消费品零售总额实现4773亿元，同比增长16%，增幅居全国第二；外贸进出口实现245.7亿美元，同比增长11.4%，增幅居全国前列。这是很了不起的成绩。但是，我们也应该清醒地看到，农产品市场发展还面临诸多困难和问题。一是市场基础设施建设还很薄弱。大多数市场属于初级建设水平，规模较小，档次低，市场内过于拥挤，服务设施落后，已经不适应现代市场发展的要求。二是农村经纪人队伍素质不高。目前有些农副产品的经纪人队伍素质不高，知识化、专业化水平较低，其经营主要以自己的经验判断为主，缺乏基本理论知识的有力指导，这会导致在市场经营中的盲目性和风险性。三是市场流通格局尚未完全形成。大多数批发市场都是批零兼营，只有少数市场产品销至省、市以外，其发展规模、辐射范围、利用效率不能与经济发展的要求相适应，没有融入全国大市场流通体系，深购远销、大进大出的大流通格局尚未完全形成。四是市场信息化程度低。我省农副产品批发市场的网络还不健全，其价格形成、信息反馈、产品交易等都受到一定的制约；多数没有与现代的信息网络技术、电视、广播等媒体相连接，难以接收及时准确的信息，影响了产品的流通。

针对这些问题和困难，提出如下建议：

1. 要合理利用地理优势，建设一批大市场。各地要结合小城镇建设，统筹规划，突出重点，改扩建老市场，逐步取代沿街叫卖和占路市场。合理布局，协调发展，新建一批上规模的农副产品批发市场，形成大流通网络。

2. 要引导多元化投资，建设专业化、综合化市场。各级政府要强化服务意识，改善投资环境，因势利导，平等竞争。采取"谁投资、谁管理、谁得益"的原则，调动社会各方面积极性参与农副产品批发市场建设，形成以国营、集体、合营及股份合作制等为主要经营形式，投资主体多元化的一批较有规模的专业化和综合化市场。

3. 要重视市场设施配套建设，强化市场管理规范化。要完善农副产品批发市场基础设施配套建设，增强服务功能。大型市场要建有广播室、宣传栏、公平秤、投诉电话、停车场、消防设备、市场配套电子屏幕信息显示系统。在服务上，要设有工商、银行、运输、保安等服务，逐步完备冷库、仓储、住宿等服务设施。

4. 要加大对市场建设的扶持力度，提升市场规模化水平。各地要在工商、税收、物价、资金、用地等方面制定一系列扶持政策，支持地方发展市场，并将季节性市场转变成常态化、专业化、综合化市场，建立独具特色的规模化的农产品市场，走优势产业、品牌产品贸工农一体化的路子。

5. 要大力推进农产品批发市场管理标准化、制度化、信息化建设。要建立和完善市场清洁、安全和监管等制度，净化市场环境。要加强市场信息化建设，尤其是大市场的信息化沟通，引导和探索农产品生产流通企业构建现代营销机制，通过发展农产品连锁经营、电子交易、网上交易、期货等交易方式，降低成本，引导农产品生产和经营。要加强对市场管理者、经营者的能力培养，提高科学管理和经营水平。

*本文是在吉林省人代会上与张文代表共同提出的建议，吉林省农业厅给予面复和书面答复

关于扶余撤县建市、加快推进新型城镇化
建设的建议

（2013年1月）

　　扶余撤县建市、规划建设区域性中心城市，是一件好事、实事、大事。在明清时期，扶余已是重要的商埠、军事要冲，是女真—满族文化重要起点和鱼米之乡。尤其是成立扶余县以来，更是处在全国经济发展的轴线上、长吉一体化和哈大齐经济走廊的结合部，形成了"三铁三道三江"纵横交错的重要区域交通枢纽，区位优势得天独厚。今天，松原市委、市政府站在发展战略和全局高度抓这项工作，对于我们更好地落实吉林省委、省政府实施区域经济发展战略的新要求，探索区域性中心城市建设新模式，建设吉林省北部门户中心，打造新的城市集群，推动全省区域经济发展和城市化进程，具有极为重要的意义。下面我提出三点建议。

　　一是尽快成立市级协调领导小组。撤县变市是一件大事，也是一件难事。既需要县里深入细致去抓，又需要市里超常规去做，上下联动，才会取得事半功倍的作用。建议市里成立由市委、市政府主要领导挂帅，县委、县政府主要领导为成员的领导小组，实行深度谋划、高位运行、快节奏推进，及时有效地破解变市过程中遇到的瓶颈问题，充分享受到上级的优惠政策，争取到各方更大资金和物质的支持，吸引到更大更优的项目落地，为加快扶余变市提供组织保证。

　　二是着手科学编制区域性中心城市发展规划。规划是一件系统工程，不是短时间内就能编制出来的，需要各方力量、科学论证、听取民意、提早动手，做到未雨绸缪。基于这种想法，我们要充分认识到规划的先导性、关键性和最大限度降低运行成本大力提高城市承载功能的目的性，避免城市建设发展的盲目性、资源浪费和重复建设。工作中应做到几要：要

结合扶余的历史，在广泛听取市民意见和总结城市建设的成功经验后，聘请国内外一流专家进行高起点规划、高标准设计、高水平建设，既有城市特色，又有时代元素，更有民族风情，真正实现城乡统筹、人口资源环境协调发展，争取做到50年不落后、100年有品位，让人们感受到未来的扶余市一片光明、灿烂多彩；要把扶余市的定位放在长吉图一体化和哈大齐经济走廊两大经济圈去谋划，使他们成为犄角优势，互为发展、互为特色，以点连线、以线连片，形成与两大经济圈相适应的工业化、农业化、城市现代化的现代区域性中心城市发展格局；要紧紧把握扶余文化的脉络。一座没有文化的城市，便没有灵魂、气质和形象。因此，在着手研究制定文化发展规划时，要体现自然景观与人文特点巧妙融合，使城市有特色、有品位、有魅力，防止出现千城一面的现象，对于暂时无力规划建设的要预留出来，待条件成熟后再实施。要对规划进行立法，增强严肃性，防止随意性。

三是着力打造区域性中心城市的产业支撑。培育产业支撑，做强特色经济，是现在和未来发展的突破口和核心内驱力。应着重培育出具有鲜明特色和优势的产业，不在大而全、小而全，关键在于有特色、有优势。主要有四大类：一是发展文化旅游业。扶余历史悠久、文化厚重、古迹众多，是女真—满族文化的重要发祥地，有保存完好的大金得胜陀颂碑、湿地保护区、珠尔山旅游区、慈云寺等人文和自然景观，是旅游休闲度假的好地方。最近扶余把大金得胜陀颂碑这个地方变成了开发区这很好，要进一步加强旅游基础设施建设，不断完善"吃住行游购娱"文化旅游产业链，做大做强，做出特色，成为扶余经济发展的一个支柱产业。二是粮食产品加工业。扶余粮食产量230万吨左右，盛产玉米、花生、豆类，尤其是"四粒红"花生闻名国内外，可以说是良好的粮食产品加工基地。要进一步引进特色项目，培育特色企业，生产出具有高附加值、高技术含量、低成本、适销对路名优品牌的产品。如在原有基础上，发展饮料系列、食品系列、植物油系列、氨基酸系列，逐步形成较为合理的粮食产品加工业经济结构，为提高农业效益，促进农民增收，加速推进农业现代化进程创造良好的条件。三是矿产资源产业。目前，扶余长春岭油页岩探明储量为460

亿吨，折合页岩油10亿吨，是吉林油田的4倍。石油已探明可开采量5000万吨以上。我们要抓紧把这些资源优势转变为经济优势，尤其是在风能、装备制造、生物质能等新兴战略性产业上找路径、上项目、育企业，用循环经济模式提升矿产资源型产业发展水平，不断延伸产业链，促进加工制造业发展，有机食品企业发展等，优化经济结构，改善生态环境，提高资源的利用效益，使之成为扶余经济新的重要增长极。四是物流业。扶余具有铁路、公路、水路优势和商品扩散流优势，具备有发展潜力的信息、资金、人才和技术等中转平台的功能，能够打造出现代商品的集散地或产业关联度高的产业集群，使这一"第三利润源"的效应发挥出来，既能优化产业结构，又能带动区域经济协调发展。

★本文是在政协松原市委员会召开的关于扶余撤县变市座谈会上的发言

凝心聚力做好城市少数民族工作

（2013年4月）

城市是政治、经济、文化等诸多资源和生产要素聚集地，引领社会发展和前进，承载着各民族人民对美好生活的向往。随着工业化、城镇化、信息化和农业现代化的迈进，各地区间人口流动频繁，民族跨区域大流动的趋势明显，大量的少数民族人口进入城市，深刻影响着我市各民族交往格局、民族发展进程和民族地区的社会结构。近几年来，我市的城市少数民族工作取得了显著成效，但与党和人民群众的要求还有差距，这就要求我们面对困难和问题，开拓进取，扎实工作，推动城市少数民族工作加快发展。

一、高度重视城市少数民族工作

目前，我市有蒙古族、满族、回族、朝鲜族、锡伯族等31个少数民族，总人口13.9万人，占全市总人口的4.9%。市区内少数民族人口近4万人，约占市区总人口的7.8%。做好城市少数民族工作，事关全市的政治稳定、经济发展、社会和谐与安宁，也直接关系我们能不能聚精会神抓好发展，顺利推进改革开放和现代化建设事业。因此，我们要充分认识做好城市少数民族工作的重要性、复杂性和长期性，加强国家意识的培育，健全民族工作机制，将城市少数民族工作融入全市发展大局中，切实形成党委领导、政府负责、有关部门密切配合、全社会通力合作的民族工作格局，进一步增强促进各城市少数民族共同繁荣发展的责任感和使命感。

二、充分发挥政府管理与服务职能作用

城市少数民族工作，要坚持以人为本，必须强化各级政府和有关部门

管理与服务职能作用的意识，创新服务载体，提升服务水平。一是宣传贯彻法律法规和民族政策。结合普法、宣传月、"六走进"活动，坚持不懈在广大干部群众中开展学习宣传贯彻《宪法》《城市民族工作条例》《吉林省实施（城市民族工作条例）办法》和党的民族理论、民族政策，引导各民族干部群众切实提高遵守党的民族政策和法律法规的自觉性，不断夯实各民族一家亲的社会根基。二是尊重少数民族风俗习惯。尊重少数民族风俗习惯就是尊重各民族的平等权利、文化的多样性和民族感情。对此，民族工作部门和工商、卫生、公安、质监等有关部门，应着力增强法律意识和服务管理水平，广泛开展民族政策执行情况和少数民族群众反映的社会热点、难点问题的监督检查，严厉打击违法违规行为，切实解决损害少数群众切身利益的突出问题，全面整顿和规范生产经营和市场秩序，切实维护少数民族群众的合法权益，营造诚信、公平、安全、放心的市场环境。三是下大力气保障和改善民生。把实现好、维护好、发展好少数民族的根本利益作为城市民族工作的出发点和落脚点，加快推进道路、供水、供电、污水、垃圾等基础设施网络建设向城市少数民族地区延伸。密切关注民族困难群体上学、就业、医疗、生产生活等实际困难，加大政策扶持和投入力度，减轻家庭和个人经济负担，不断提升城市少数民族群众获得感和安全感，厚植爱党爱国情怀，促进社会和谐进步。四是加强流动人口管理和服务。切实做好少数民族流动人员在生产经营、子女教育、办理证件、劳动就业、法律援助、权益保障上等方面的工作，做到政策上给予扶持、经营上给予照顾、权益上给予保护、生活上给予关心，为城市少数民族流动人员的生产生活创造一个良好的社会环境。

三、大力促进少数民族经济健康发展

加快少数民族经济社会发展，是解决城市民族问题的根本途径。一是深化对发展少数民族企业重要性的认识。要站在大局的高度和用长远的眼光来认识发展少数民族企业的重要性，妥善处理好城市民族工作与经济发展的关系，深入研究我市发展少数民族企业的特点和规律，把加快发展少数民族企业放在促进经济社会发展、构建和谐社会、建设幸福松原的大局上来谋划，作为民族团结进步创建活动的重要内容来落实。要健全组织机构，把德才兼备的人才充实到领导岗位，实行包保责任制，切实帮助解决实际问题，形成引领城市少数民族企业快速健康发展的工作格局。二是加大对发展少数民族企业的扶持力度。大力培育加快发展的内生动力和活力，精准实施一批具有少数民族特色的食品、蒙药、马头琴、鱼皮画等产业，做大做强少数民族企业品牌，走加快城市少数民族经济聚集发展、循环发展之路。三是拓宽发展少数民族企业的融资渠道。当前阻碍少数民族企业发展的重要因素是贷款难而引发的资金短缺。政府及有关部门要为企业与金融部门合作牵线搭桥，降低融资特别是担保服务的门槛，加强诚信体系建设，帮助少数民族企业拓宽融资渠道，寻找解决资金短缺的途径，为少数民族用品定点或特色企业争取优惠利率贷款。四是增强发展少数民族企业的自主创新意识。积极引导少数民族企业经营者适应市场经济发展的需求，不断解放思想、增强机遇意识、发展意识、竞争意识，促进企业采用现代公司化模式运作，降低市场风险，逐步实现理论创新、制度创新、经营创新、技术创新、教育创新、分配创新，增强企业自身发展活力和后劲；进一步加大产学研投入力度，着力打造优化人才生活、人才引进、人才培养的政策环境，拥有一批属于自己的知识产权、创新能力、省内外知名品牌的重点企业，在加快产品产业结构调整和经济增长方式的转变中，促进资源优势向经济优势转化，努力形成少数民族的特色产业、新兴产业和现代服务业协调发展的新格局，切实让少数民族群众在转型振兴和城市化进程中享受更加美好的生活。

　　*本文是在松原市人大常委会召开的城市少数民族工作调研座谈会上的讲话

深化认识，密切配合，依法做好人大民族、宗教、侨务、外事工作

（2014年3月）

2014年3月，松原市人大民族宗教侨务外事委员会与对口联系部门组织召开了一次工作座谈会，既交流了思想和经验，又增进了联系和感情，所提出的思路、措施和建议，对于做好今后的工作有很好的借鉴作用，我们应把这项工作抓实抓好抓出效果。

一、要深刻认识民族、宗教、侨务、外事工作的重要性

民族宗教侨务外事工作是党和国家工作的重要组成部分，是党和国家一项长期重要的战略性工作。面对着维护国家统一、民族团结、边防巩固的严峻挑战，面对着繁重的改革发展和维护社会和谐稳定的艰巨任务，面对着实现两个百年目标和民族复兴中国梦的美好未来，面对着我市体制改革、结构调整、转型升级、绿色发展、加快建设两个城市的目标，都要求我们必须站在政治和全局的高度充分认识民族、宗教、侨务、外事工作的重要性、特殊性和复杂性，必须坚定不移地贯彻执行党的民族、宗教、侨务、外事政策，必须在传承优良传统的基础上不断创新，开拓进取，有所作为。坚持运用马克思主义的思想、观点、办法，深刻认识这项工作内涵的社会政治因素，增强政治敏锐性，把讲政治的思想与实践贯彻到工作的始终，将这项工作置于市人大的监管之下。正是当下我市拥有几十万群众信仰各种不同的宗教，加上侨胞侨眷的外事工作，在这座城市里看似不够均衡，综合占有量与其他地区比不多，但是在相当部分人的工作、生活和精神信仰中一直与政治、经济、社会、文化等交织在一起，对社会发展

和稳定有着重大影响，应该切实增强责任感和使命感，积极利用各民族喜闻乐见的形势，宣传十八大精神，树立好民族、宗教、侨务、外事观，聚民心、汇民智、集民力，上下同心，用法治思维、法治方式和法制手段解决问题，推动工作，切实维护广大群众合法权益，确保各项工作目标顺利实现。

二、要增强民族、宗教、侨务、外事领域内监督的实效

人大的监督是宪法和法律赋予的职权，"一府两院"接受监督是法定的义务。具体地讲，在行使好决定权和任免权的同时，尤其要行使好监督权，正确的认识和理解人大与政府这种关系是监督与被监督的关系，寓监督于支持，寓支持于监督。在工作中我们要促进政府依法行政，确保民族、宗教、侨务、外事法律法规的严格实施。民族、宗教、侨务、外事委将于今年3月和5月协助常委会对全市贯彻执行《吉林省企业事业单位民主管理条例》及《吉林省旅游条例》情况进行执法检查，9月对市政府贯彻落实《中华人民共和国妇女权益保障法》情况进行专题调研，10月对市政府贯彻落实去年的市人大常委会执法检查组《吉林省实施<城市民族工作条例>情况的报告》进行跟踪调研。深入开展调查研究，不断推进决策的民主化、科学化。努力做到尽职不失职、用权不越权，从而更好地促进有关法律法规的贯彻落实，为构建和谐松原提供强大法制保障。同时，各联系部门要切实增强接受人大监督的自觉性，总结成绩客观真实，查找问题切中要害，落实整改意见不走过场，努力实现监督内容与监督意见相统一，切实提高监督实效，使监督工作真正体现人民群众的意愿。

三、要健全完善人大民族、宗教、侨务、外事委与各联系部门的联系机制

加强联系交流与协作配合，是提高市人大民族、宗教、侨务、外事工作的整体水平的有效途径之一。做好人大民族、宗教、侨务、外事工

作，要加强各部门之间的协作与配合，进一步形成工作合力。我们的民族、宗教、侨务、外事委在工作中要注重制度化、规范化、程序化，搭建好联系的平台，在机制上下功夫。一要健全工作联系机制。各联系部门要主动向民族、宗教、侨务、外事汇报工作，积极参与其组织的执法检查和调查活动，认真办理民族、宗教、侨务、外事转去的意见、建议和群众来信，以本着对百姓负责的态度做到件件有回音，事事有着落。二要健全会议联系机制。民族、宗教、侨务、外事委举办的有关会议，根据要求联系部门要参加或列席，应当积极参与。各联系部门召开涉及全局性的重要会议或组织重大活动时，应主动邀请民族、宗教、侨务、外事委负责人参加，形成制度并按规矩办事。三要健全交流机制。各联系部门要明确将印发的文件、简报、总结等资料应及时报送民族、侨务、外事委办公室，便于他们了解和掌握工作情况和动态，为参政议政奠定坚实基础。市人大举办的《松原人大》等信息内部专刊等欢迎大家踊跃投稿，积极探讨民族、宗教、侨务、外事方面的工作。四是健全培训干部机制。市人大要使这支队伍有理论、懂法规、明情况，既有较高的规划水平，又能深入实际、联系群众，受到各界人士的认可与尊重。民族、宗教、侨务、外事工作是一项神圣的事业，也是一门很深的学问，大家要以从事这项工作为荣，善于利用时间，勤于学习理论和业务知识，勇于开拓创新，更好地适应本职工作的需要。大家一定要重视起来，认真负责地做好民族、宗教、侨务、外事工作，充分发挥领导的参谋、助手和桥梁作用，努力开创人大民族、宗教、侨务、外事工作新局面。

　　★本文是在松原市人大常委会民族、宗教、侨务、外事委员会与对口联系部门工作座谈会上的讲话

在破解难题中推动民进组织建设实现新跨越

（2014年5月）

　　五月的松原春暖花开。在这个美好的季节里，我们荣幸地迎来了全省民进组织建设现场会在松原召开，迎来了省民委和市州同仁们到松原传经送宝。这充分体现了民进吉林省委对我们的关爱与支持，也体现了同仁们对我们的友好情意，必将推动民进松原市委基层组织建设取得新进展。

　　民进松原市委成立于1994年5月20日，现有会员139人，其中在职会员86人，占61.9%，会员平均年龄49.5岁。教育界55人，占39.8%；医卫界21人，占15.3%；文化界9人，占6.7%；新闻出版界1人，占0.2%；其他界别53人，占38.9%。现有省人大代表1人、市人大代表4人，市政协委员19人，中高级职称109人，担任科级干部8人，县处级干部4人、副厅1人。现有11个支部，分别为机关支部、综合支部、前郭县支部、前郭综合支部、教育学院支部、职业技术学院支部、实验高中支部、宁江初中支部、吉林油田职工医院（今松原吉林油田医院）支部、市中心医院支部和经济支部，另设6个专门委员会，分别为教育委员会、文艺委员会、卫生委员会、文化出版委员会、妇女委员会和经济委员会，还分别设有组织部、宣传部、调研部、信息部和联络部，各部、委和支部都配设了主要负责人和副手。先后有17人被评为省级优秀会员，1人获全省优秀政协委员称号和优秀提案奖，有3个基层支部被评为省级先进支部，2个基层支部曾被民进中央评为先进支部，并荣获市政协提案先进单位和省委统战部"同心献智"优秀服务团队称号。参政党基层组织是参政党组织肌体中的细胞，只有健康、充满生机和活力，参政党才会朝气蓬勃，参政党的事业才能兴旺发达。

　　多年来，民进松原市委在民进吉林省委、中共松原市委的领导下，始终把基层组织建设作为一项长期的重点工作来抓，尤其是民进中央做出

2014年为"基层组织建设年"部署后，民进松原市委及时提出了"突出重点、分类指导、分块建设、整体推进"的工作思路，以担当、务实、创新精神全面加强基层组织建设，切实增强基层组织的凝聚力和战斗力，进一步巩固参政党的参政基础，推进了多党合作事业的健康发展。主要是在"四个着眼"上下功夫。

一、着眼于问题导向，彻底破解制约民进发展的历史遗留问题

2002年7月，民进松原市委换届后，存在着经济纠纷、组织工作有待于进一步加强会员向心力不足等突出问题。其中经济纠纷问题最严重，究其原因是1995年经市委统战部和民进吉林省委批准，民进松原市委与前郭县老干部局合建总面积为2282.64平方米楼房，其中民进综合楼建筑面积为958.84平方米，余下的为老干部局家属楼。由于多种原因，市民进和省民进大专辅导站与工程队、前郭县老干部局在资金上纠纷不断，后工程队把民进松原市委告上了法庭，前郭县法院对该楼纠纷进行了缺席判决，民进综合楼的1至4层判给工程队，5至6层判给前郭水灌处。但在案件执行期间纠纷不断、矛盾重重，影响十分不好。为了从根本上解决问题，新一届市委班子着力研判、积极作为，最终于2004年1月16日，在市委统战部的指导下，民进松原市委召开了由市五大班子领导参加的民进松原市委会员、非会员集资款本金返还大会，一次性还清了涉及盖民进松原市委公章的会员、非会员的集资本金。化解了矛盾、稳定了情绪、工作步入了正常轨道，为今后发挥参政党职能作用打下了良好基础，当时的市委领导给予了高度评价和充分肯定。

自此，历史遗留经济问题告一段落，但事情远没有就此完结。由于种种原因，纠纷、起诉、调解一直困扰着民进省、市委，工作开展备受羁绊。直到近10年后，通过民进松原市委尝试了多种途径和办法，做了大量富有成效的工作后，这一历史遗留问题才得以终结。这对民进松原市委来说是一大考验、一大解脱，是对民进吉林省委的一大贡献，也消除了民进中央的一大牵挂，民进松原市委工作开始逐渐趋向正常，步入快车道。

二、着眼于建设学习型参政党组织，不断提高会员思想政治素质

2011年换届后，民进松原市委始终按照会中央提出的"建设学习型参政党"的新要求。高度重视学习，明确学习内容，创新学习方式，务求学习实效，解决好"学习什么""怎么学""学好学不好"的问题。努力做到"三个"注重：注重大局抓学习。市委会把政治学习作为头等大事来抓，坚持中心学习组、主委会、市委会及全会的学习，大力倡导"五学"，即班子成员带头学、座谈交流促进学、集中培训解读学、支部活动分组学、理论实践结合学。先后召开学习会20余次，发表文章和撰写提案、议案25篇（件）。重点学习邓小平理论、"三个代表"、科学发展观、习近平总书记系列讲话；学习中共十七大、十八大精神、坚持和发展中国特色社会主义实践活动和廉洁自律的各项规定；学习中共两个五号文件、新时期统一战线理论，以及市委、政府工作报告。通过学习不断提高广大会员的政治理论素养和政治把握能力，坚定理想信念，践行"三个"认同。注重传统教育抓学习。结合庆祝建国62周年，在四平、辽源举办同心思想信念教育——纪念"五一口号"发表65周年活动的学习；结合政治交接，举办了树立和践行社会主义核心价值体系等主题教育活动的学习班，结合会章、会史和爱家乡教育的学习，重温我会"以党为师、立会为公""爱国、民主、团结、求实"的优良传统，激发广大会员的政治责任感和历史使命感。注重实效抓学习。通过定期或不定期组织广大会员学习省、市有关文件精神和市场经济、法律等知识，并运用开展警示教育，召开"三八"节、教师节座谈会等活动的交流学习，充实自己、完善自己、积累经验，切实提高会员履职尽责的实效性。

三、着眼于强化基层组织堡垒作用，切实加强领导班子和会员队伍建设

强化基层组织堡垒作用是民进组织创新发展的突破口。一是加强民

进松原市委会班子建设。市委会班子建设是关系到基层组织稳定发展的大问题。多年来，我们重点在提高工作执行力，创建民主型领导班子上下功夫，坚持对班子成员进行民主集中制教育，定期组织班子成员学习《会章》和民主集中制建设的各项规定，强化班子成员的大局意识和规则意识；坚持用制度管人管事，逐步建立和完善《学习制度》《议事规则》等15项制度，如连续8年市委会班子成员年终述职制度和建立与老会员联系沟通制度，每年谈话10人，连续5年每年走访2个支部和支部主任所在单位领导的活动，都收到良好效果；坚持梳理好主委举旗手与副主委操盘手和成员支撑手的班子成员关系，对工作中一些大的问题，如历史遗留、后备干部培养选拔、发展会员、参政议政等问题都研究讨论，坚持集体领导和分工负责相结合，倡导大事讲原则，小事讲风格，共事讲友谊，工作讲奉献，相互信任，相互配合，班子民主科学决策水平不断提高。二是加强后备干部队伍建设。后备干部队伍建设是民主党派领导班子建设的一项基础性工作，是培养优秀会员干部脱颖而出、后继有人的重要措施。工作中做到"四个"创新：创新后备干部培养选拔使用机制，形成比较合理的梯次结构。多年来，先后培养后备干部15人，推荐使用科级干部8人、处级干部4人。创新培训模式。民进松原市委会定期或不定期选派后备干部会员到国家社科院、省社科院、市委党校、市统战部等组织的培训班学习。目前，已有50人参加学习培训。创新能力平台，一方面交任务、压担子，着力提高他们的工作能力。我会将6名优秀会员任命为各专委会委员，5名优秀会员任命为各部部长；一方面通过举荐担任实职等形式，经受锻炼，增长才干。近年来，有1名干部提升处级领导职务、1名调转其他部门担任领导职务。创新管理方法。通过了解本职工作，参政议政和走访听取意见等情况，依据德、能、勤、绩对中层以上干部进行了跟踪考核、做出鉴定，实行分类储备、动态管理；通过建立联系制度，定期或不定期与后备干部谈话谈心，增强自重、自省、自警、自励意识，营造团结干事的良好氛围。坚持每年谈话谈心达16人。三是加强基层支部建设。民主党派发展建设的根本着眼点就是基层支部建设，它是我会一切工作的基石。第一，选准选好支部主任，解决领头雁不强的问题。实践证明，让政治素质好、业务能力强、本职工作出色、在本单位有威望，善于团结人、有良好的民主作风，热心党派工作、有奉献精神和创新意识的骨干会员担任支部主任，就是树立一面旗帜，起到"点亮一盏灯，照亮一大片"的效果。近几年，我会调整4个支部，有4名优秀会员担任支部主任。第二，建立述职常态机制。5年来，每个支部主任在年终岁尾时都进行了述职，汇报情况、存在问题和下步打算，便于大家督促工作的开展。第三，开展交流活动。近几年来，各支部间坚持经常性地开展走访、联谊、学习交流活动，解决自身发展不足问题。第四，开展创先争优活动。今年按照民进松原市委创先争优方案的要求，在各个支部开展了"三亮三比三创"活动（亮职责、亮承诺、亮评议；比素质、比奉献、比作风；创一流支部、创一流业绩、创一流形象），有4个支部成为典型，切实发挥以点带面作用，提高支部建设成效，促进支部作用、整体提升。第五，做好组织发展工作。把好组织发展的进口关是市委会最艰巨的任务。在发展会员时严格按照会章及相关组织发展的有关规定，认真考察、了解入会动机，然后通过建立年度发展计划，明确组织发展的重点对象，坚持民进界别特色，注重代表性和质量。近年来，有23名优秀同志（其中有2名是外县区的同志）加入我会，不断壮大民进组织队伍，保持蓬勃的朝气和旺盛的生命力。四是加强机关作风建设。参政党的机关作风建设直接关系到工作的绩效、组织的形象、事业的发展。因此，我会按照中共中央八项规定和"反四风"的要求，通过建立和完善从考勤到绩效，从财务到后勤，从办事到办会等各项规章制度和开展"读一本书（写读书笔记3万字），讲一堂课（时间为40分钟），提一条创新建议（争取得到市委、市政府采纳或其他部门选用）"活动，进一步增强了责任意识、廉洁意识、创新意识、服务意识，整治了过去"庸、懒、散"的现象，改进了工作作风，提高了办事效率和工作质量，形成了团结鼓劲、爱岗敬业的良好风气。

四、着眼于搭建基层组织活动平台，彰显民进组织良好形象

搭建起基层组织活动的有效平台是民进松原市委坚持多年的重点工

作。一是搭建参政议政平台，使会员作用发挥出来。围绕党政中心工作，创新虚拟机构，成立教育、文化、卫生、经济等四个参政议政领导小组，深入基层搞好调查研究，先后就农村基层组织建设、小城镇建设、牧业大省、中小学生体育教育问题等，在省、市政协大会和各种论坛会议上发言十几次，撰写了《社会主义新农村建设》《物业发展》《农田水利基本建设》《实施"三化"统筹》《农村基层党风廉政建设》等多篇调研报告、建议和工作研究性文章，得到中共党委政府领导的肯定，并在《吉林日报》《松原日报》发表。围绕人民群众普遍关注的热点、难点问题参政议政，提出了高危行业农民工工伤保险问题的建议、药品安全问题的建议、再就业情况的建议、公交车管理的建议，为党政科学决策提供参考依据。围绕民进主体职能参政议政。对全市教育均衡发展、建成小康社会教育的思考、打造松原文化品牌、学前教育等问题都能提出有见地的意见和建议，参政议政工作取得实效。

二是搭建社会服务活动平台，使城乡联动起来。民进松原市委按照"发挥优势、突出重点、量力而行、尽力而为"的原则，连续10年开展了"教育、文化、医疗、科技"三下乡或四下乡活动，为当地千余名敬老院老人及群众提供声情并茂的服务，免费义诊并提供5000元药品；奉献一场文艺节目，以丰富群众的文化生活；对中小学校师生进行示范性教学，现场讲解农作物防病知识并发放科普手册5000余份，松原媒体给予充分报道。积极开展献爱心活动，累计为灾区、福利院、贫困学校及贫困学生捐款捐物达十几万元。省市民进还与市法院、市妇联、省华侨外国语学院联合为长岭县长岭镇治安村贫困小学开展捐资、捐物约10万余元，进行全方位帮扶，办学、办公条件得到明显改善。主动参与松原"五城创建"活动。要求民进会员中做到"五个一"。参与市委统战部组织"美化绿化松原"活动，出资、出人、出建议，为共同建设幸福美丽家园做贡献。

三是搭建招商引资平台，把会员的热情激发出来。招商引资对民主党派来讲是一个很大的压力，但我会把这压力变动力、变活力，成为服务经济发展的重要推手。几年来，我会按照市委的要求，克服困难，采取外出招商、利用亲朋好友招商等形式，先后引进了几家企业项目落户松原，每年完成或超额完成500万元的引资任务。招商引资工作进一步提高了民进组织服务经济发展的能力，塑造了参政党的良好形象。

今后，民进松原市委将按照中共松原市委和民进吉林省委的要求，进一步提高政治站位，进一步加强会员学习，进一步夯实组织基础，进一步提高参政党议政能力，进一步搞好社会服务活动，进一步提升机关工作效能，不断开创民进工作新局面，为松原振兴发展做出新的贡献。

★本文是在民进吉林省委会"基层组织建设"松原现场会上的发言

强化管理，扎实推进市区医院高质量发展

（2014年9月）

不久前，市人大教科文卫委主任委员陈杰在市区医院座谈会上，通报了这次调研检查的情况，体现了"实事求是、公正评价、从严要求、着眼长远"的要求，既肯定了成绩，又如实指出存在的不足，符合市区卫生工作的实际。王荣禄局长代表市卫生局对市区卫生工作做了汇报，对下一步抓好市区卫生工作讲了很好的意见，表明了市卫生局的决心和信心。六家医院院长畅所欲言发表了自己的看法。这些无论是对市区的医院工作还是我市的卫生事业发展都有积极促进作用。下面，就如何加快发展市区医院工作我谈几点意见。

一、要高度重视市区医院工作

市区医院工作是卫生工作的重要组成部分，涉及千家万户，关系全市人民群众身体健康、经济转型发展和社会和谐稳定，也关系到全市前途和民族未来，是一个十分重大的民生问题。进入21世纪，随着城市化时代到来，市区医院工作已成为社会事业中的重点和难点问题，其复杂性和重要性日益凸显。我市和全国一样，随着卫生改革的深化和各种利益关系的调整，医药卫生事业发展水平与人民群众健康需求及经济社会协调发展要求不适应的矛盾还比较突出，主要表现在资源配置不合理、医保制度不健全、医院管理体制和运行机制不完善、政府投入不足等问题依然存在。这些问题处理不好，就会被别有用心的人所利用，酿成事端，影响我市社会和谐稳定。因此，面对我市市区内六家医院，承载着城市大部分人民群众医疗健康服务的需求，面对与其他市州相比，基础薄、力量弱、条件不优

的实际情况，我们必须站在新的视角和全局的高度，重新审视市区医院工作，积极探索卫生体制改革的新途径，充分发挥市区医院窗口辐射、桥梁、联谊和示范作用，切实增强责任感和使命感，按照卫生工作方针和发展策略，用创新的理念、创新的制度、创新的模式、创新的机制解决实际问题，提高服务质量，增强预防处理突发事件的能力，不断开创卫生工作的新局面，为美丽家园建设提供健康保障。

二、要加强医院管理

医院是一个严肃性、高风险性和不确定性的行业。那么，如何建立与之相匹配的医疗管理机制，完善医疗管理体系和手段，有效地规避责任与风险，为医院和医患人员提供必要的保障，实现经济、社会效益的双赢呢？我认为，应重点在贯彻实施《医疗机构管理条例》（以下简称《条例》）上下功夫。

贯彻实施《条例》必须树立依法行政的理念。实现《条例》约束下的卫生行政行为，是提高医护人员素质和技术水平，保障医疗质量和安全，推动医院健康发展的重要抓手。卫生行政部门和六家医院应把学习宣传贯彻《条例》作为当前一项重要任务，落实责任，有所作为（医院是技术密集型行业，医疗市场又非常复杂，监管人员对临床知识和医院管理不熟悉，就很难发现问题、留下隐患，发生事件），加大执法检查力度，坚决打击侵害人民群众健康权益的违法行为，维护医患利益，构建和谐医患关系。同时，要利用各种媒体，采取多种形式，认真组织医患人员开展《条例》学习宣传落实，尤其是重点内容要逐条逐句地学，做到深刻领悟，融会贯通，成为知法、懂法、守法的表率，共同营造贯彻实施《条例》的良好社会氛围。

贯彻实施《条例》必须夯实"三基三严"（三基，即基本理论、基本知识、基本技能。三严，即严格要求、严密组织、严谨态度。）基础。一个医院没有一支过硬的专业技术人才队伍，是不能治病救人的，更不能安身立命。因此，我们必须打牢基本功，尤其是中青年医护人员的基本功，让他们能够独立思考，掌握真本领（有的医生诊断水平一般，有的护理人员酒精降温的浓度都不掌握等）。从市场要理念，从教育要素质，从管理要质量，从技能要效益，从安全要形象，使"三基三严"工作逐步走向系统化和规范化。医院要为他们的成长创造条件，政治上关心，政策上倾斜，工作上支持，生活上照顾，舍得投入。吉林油田职工医院（今松原吉林油田医院）、市中心医院尤其是前郭中医院在这方面做得较好，每一名医生轮流到外地进修学习一遍，科里每月补助1000元，院里给租一个房子进修学习用。只有这样才能让"沉睡的富矿"产生活力，为医院的可持续发展打下扎实基础。

贯彻实施《条例》必须提升医院品质。医院的品质就是加强重点学科建设和人才梯队建设，因为它是医院的基石，更是医院发展的命脉。其水平直接反映出医院的整体办院实力和学术地位，决定医院的形象、声誉和竞争力。近些年来，松原市区六家医院在重点学科建设上下了不少功夫，取得了较好的成效。如：吉林油田职工医院（今松原吉林油田医院）骨科；中心医院妇产科、泌尿科；松原市中医院康复科；前郭县中医院医疗科，可喜可贺。但是，要在日趋激烈的医疗市场竞争中立于不败之地还有距离。因此，我们在重点学科建设上要坚持"创名院、建名科、出名医"的战略，遵循"集中优势、培植重点、有所突破"的原则，围绕强势更强，特色更特的目标，明确定位和主攻方向，制定适宜的中长期发展规划，优化学科布局，完善学科建制，在给予优惠政策的前提下，集中力量建设一批高质量、有特色的优势学科，形成拳头产品，产生品牌效应，带动医教研工作上水平，促进医院全面协调发展。松原市中医院就是一个很好的例子，李景华就是这个学科的代表，不仅为徒承师业找到示范，也为医院和个人创造价值，更为患者提供优质服务。在人才队伍建设上，要把人才的引进、培养、使用和激励摆上十分重要的位置，采取"请进来、送出去和本土化培养"模式，每年选送优秀青年医护人员到国内知名大医院进修深造和短期培训，大力加速实用型专业人才的培养。注重结构优化，搞好传、帮、带，建成一支优秀的专业技术后备人才梯队。我们现在这六家医院，还没能建立起合理的知识结构和年龄结构的人才梯队；没有完善的医护人员职业发展规划，专项培训计划和考核体系；未形成用好现有人才、留住关键人才、引进特需人才的新局面。我市现在的学术氛围还不浓、学科不齐全、成员不积极，这样下去是不会适应新形势下卫生工作创新发展新要求的。从现在起应抓紧制订计划，各院响应，轮流坐庄，突出特点，发挥优势，有序推进，迅速掀起学术活动新高潮，从而由点到面全面推开，形成制度、习惯、氛围，多出高质成果，努力抢占医学科技发展的制高点；注重唯才是用，建设良性竞争激励机制，增强各级领导和医护人员的紧迫感和责任感，切实铸就高水平的学科带头人队伍和构建结构合理的人才队伍，既为拔尖人才提供施展才能的舞台，又避免大树下面不长草的现象，保证学科人才不断层、知识不老化，营造尊重知识、尊重人才的良好环境，形成宽松、团结协作的浓厚学术氛围。

贯彻实施《条例》必须注重医院感染管理。医院感染管理是当今医院管理中的一项重大课题，已成为现代医学技术发展的桎梏。据全国医院感染监控网监测资料证明，住院患者医院感染以新生儿、手术病人、透析、老年患者构成医院感染的高发人群，特别是新生儿感染易发流行，引起强烈的社会反响。因此，我们的卫生医疗单位和部门要改变投入多无效益，不是"下蛋的母鸡"的错误思想，把医院感染管理工作作为医院的中心工作来谋划、作为保障医疗质量和医疗安全的大事来抓，健全制度，强化管理，切实增强责任意识、法律意识和无菌观念，按照《消毒管理办法》和《医院感染管理规范》及新形势下卫计委提出关于加强医院感染管理的新要求，定期或不定期开展医院重点部门的监测，消毒无菌效果的监测（如空气、物体表面、医疗废物、操作流程等），实行奖惩激励机制，同时加强对医护人员感染管理知识的培训和考核，提高医护人员在消毒、隔离、无菌操作，合理使用抗生素的预防控制能力，避免医院二次感染给患者带来的更大的无法弥补的损失，为患者和医院创造更大的效益。教科文卫要把医院感染管理作为跟踪监督的重点，督促行政部门和单位切实履行职责。

贯彻实施《条例》必须推进医院文化建设。文化建设是一种经营模式，是医务人员形成凝聚力和缓解工作压力的平台，具有导向、育人、凝聚、约束、辐射的功能，利于激发职工锐意进取。我们要发挥网站、宣传栏等媒体作用，扩大知名度；要策划有一定规模社会影响力的公益活动；举办演讲、报告会、经验交流会；开展健康的文化娱乐体育活动，丰富文化生活，催发团结协作的集体主义精神。同时要注重缓解工作压力，创造愉快的生活环境。

三、要坚持职代会制度

职代会制度是医院实行院务公开的主要形式，院务公开是开展民主管理建设的基石。

一是转变观念，提高认识。这是法律的要求、医院管理的要求、职工维权的要求。当前，我们医院正处于转型发展期，各类不同的新问题、新矛盾不断出现，这就要求我们进一步提高对医院开展民主管理和坚持职代会制度的认知度，切实转变民主管理只是工会或部门的事，与行政领导无关紧要，只重视主要任务，轻视次要工作等模糊认识，要站在医院可持续发展的全局高度，增强各级党政工领导的民主知识，以创新的精神，积极探索民主管理工作的新途径，结合职工的诉求谋思路，融合职工的建议定措施，勇于担当起事业重任和社会责任，要加大对医院开展民主监督管理工作的宣传教育力度，使《条例》的宣传教育与"六五"普法相结合、与创建活动相结合、与知情问政相结合，做到知法、懂法、用法，形成医疗机构和职工群众共同推动民主管理工作的良好氛围。

二是健全制度，规范运作。制度建设是带有根本性、全面性、稳定性和长期性的一项工作。我们要立足制度建设的实际，完善民主管理目标责任制，明确分工，严格检查考核和目标责任追究制度，按照规定标准质量要求召开职代会，决不能因单位领导注意力的改变而改变，避免偷工减料、流于形式、乱为不为现象的发生，逐步实现医院民主管理工作规范化、法制化。

三是扎实工作，推进院务公开。院务公开已成为职工民主管理、民主监督的重要手段，成为落实职代会制度的有效形式。我们要针对有的医院制度不完善、操作不规范、监督不到位、随意性较强、群众参与意识淡薄等问题，把院务公开作为促进医院民主管理的一项有效措施来抓，最大限度地拓展公开的广度和深度，使院务公开向促进医院改革、发展与稳定的重大问题上延伸（重大方案、决策、人事事项）、向促进医院经济效益提高上延伸（工程招投标、物资采购、经济运行、财务管理）、向促进医院党风廉政建设新途径上延伸（述职、评议、人力资源调配、评先选优）、向促进职工关注热点难点问题的解决上延伸（工资福利、人才培养、晋升晋职、人事合同、闭会期间职工关注的问题落实）、向促进职工代表参政议政能力的提升上延伸，通过公开延伸，给职工一个明白，还干部一个清白，更好地激发职工民主参与民主管理、民主决策的热情，提升拒腐防变的能力，构建和谐医患关系，打造阳光卫生，推动医院工作健康发展，不断开创松原市卫生事业新局面。

★本文是在松原市区医院调研座谈会上的讲话

积极探索松原市职业教育发展新路子

（2015年5月）

职业教育是现代国民教育体系的重要组成部分，在实施科教兴国和人才强国战略中具有特殊的重要地位。大力发展职业教育，是促进就业再就业、解决"三农"问题、走新型工业化道路的重大举措，是全面提升全市人民素质和创业能力、开发人力资源、促进和谐社会的重要途径，也是实现教育事业协调发展的必然要求。近年来，市委、市政府高度重视职业法的贯彻实施，全面落实全国全省职教工作会议精神，切实把职业教育作为可持续发展和振兴经济的重要措施来抓，基础设施明显改善，办学规模不断扩大，服务能力逐步增强，为全市经济社会发展做出了贡献。职业教育取得了长足发展，市职业技术学院进入全国高职院校50强，扶余市三井子职业技工高中办得风生水起，前郭二职还有一名同学成为全省医学专业状元。市民营外国语学院、公共关系学院、守望乡村大学都办出了一定的特色，取得了很好的效益。应从以下四方面继续加强今后工作：

一、把发展现代职业教育摆在重要位置

现代职业教育关系我市经济转型发展和持久竞争力提升，关系广大劳动者就业，既是教育问题，也是经济问题，更是社会问题。目前人们对职业教育的重要性和社会作用存在偏见，认为受职业教育的学生都是升学无望的二流学生，这不仅影响了在校生的自信心，妨碍了他们学习的积极性，也使那些正想进职业教育学院的学生受到了影响。同时，职业教育还存在投入不足、办学条件比较差、办学机制以及人才培养的规模、结构、质量还不能适应经济社会发展的需要等问题，亟待解决。我们应站在全市

发展大局高度，充分认识到加快发展现代职业教育就是大规模培养高素质劳动者和技能型人才，支撑经济转型发展的这一重要性和紧迫性。切实担负起推动现代职业教育改革发展的重要职责，认真落实职业教育法和职教会精神，紧密契合我市"十二五""十三五"经济社会发展规划，尽快制定或完善现代职业教育发展专项规划，出台可操作性的政策文件，明确我市及有关部门现代职业教育发展的功能定位，路线图、时间表和工作重点。进一步创新学校管理机制，将现代职业教育发展情况纳入政府及有关部门年度绩效考核，合力营造推进职业教育健康发展的良好氛围。

二、积极探索我市职业教育集团化办学新路子

我们在鼓励混合所有制举办职业教育的同时，应结合实际，积极探索集团化办学模式。集团化办学是现代职业教育模式重要创新，也是加快建设现代职业教育的重要方向，更是提升现代职业教育服务经济社会发展能力的有效途径。我们应在这方面下功夫、求实效，找到新路径。逐步建立起政府、行业、企业和院校联动与合作新体制，创新运行和管理新机制，形成法人治理结构；建立起各成员单位和民营资本多元筹资为辅的投入体系，市财政应设专项经费，支持职业教育集团建设，建立"合作办学、合作育人、合作就业、合作发展"的人才培养新格局，促进各要素深度融合，资源优化配置，满足我市经济社会发展需要的"双师型"教师队伍和高素质的技能型人才，实现我市职业教育集约化和高效率发展，切实补齐我市职业教育的"短板"。

三、化解职业技术学院资金债务链的问题

市财政局要以落实公共财政为主的职业教育经费保障制度为抓手，切实改进工作办法，经过科学预算，努力增加用于职业教育发展的财政拨款和统筹力度，落实城市和地方教育附加用于职业教育的比例不低于30%和职业院校生均经费标准。解决当前职业技术学院日常工作运行难、6个月未发

工资、修维房屋经费问题、欠地税税款等问题。同时应积极探讨职业技术学院扩大经费使用权的问题，保障学院稳定发展，步入良性轨道，使我市的财政投入制度与现代职业发展规模和培养技能型人才的要求相适应。

四、创新公办职业教育的投入模式

我们在逐步落实公共财政为主的职业教育经费保障制度的基础上，城市和地方教育附加用于职业教育的比例不低于30%和职业院校生均经费标准，将一定比例的企业税费（例如教育费附加）返还给企业，专门用于设立"校企合作基金"，明确资金投向企业与学校开展职业教育合作，政府监督使用情况，形成政府和企业相结合的新的职业投入模式。同时，把化解职业教育学院资金债务链问题摆上日程，逐步实现"四个解决"。另外，职教学院要把管理作为教育的核心生命力来抓，推动改革创新、强化内涵建设、着力提高质量，实现质量、规模、结构和效益的有机统一，促进职业教育学院可持续性发展。

★本文是在松原市人大常委会召开的关于职业教育发展调研座谈会上的讲话

关于学前教育健康发展的建议

（2016年1月）

　　学前教育是基础性公益事业，是基础教育的重要组成部分，是学校教育和终身教育的奠基阶段。发展学前教育对促进儿童身心全面健康发展，高质量普及义务教育，提高国民素质，全面实现建设小康社会的奋斗目标具有重大的历史和现实意义。我省学前教育工作在省委、省政府的领导下，全面实施学前教育三年行动计划，经过各方面努力，取得长足发展，基本形成了以公办幼儿园为主导，民办幼儿园为主体，公、民办并举的学前教育发展格局。但是，我们也应该清醒地看到，随着人民群众对学前教育的关注不断升温，"入园难入园贵"等问题已成为人民群众反映强烈、社会高度关注的民生问题。

　　一是公办学前教育资源严重不足，政府的主导地位远没确立。城镇大型公办园收费低，保教水平高，但数量少；城镇居民小区配套幼儿园数量严重不足，其政策难以全面有效落实。"入园难入园贵"已成为社会问题。

　　二是民办幼儿园管理不规范，有相当数量的幼儿园根本不申请报批。无证办园，并存在诸多管理漏洞和问题，教师水平低，办园条件差，教材五花八门，课程设置随心所欲，"小学化""成人化"现象比较严重，违背幼儿身心发展规律，保教质量也得不到保证。安全防火、食品安全、传染病防控等方面存在隐患。

　　三是学前教育基础设施较差，政府投入新建的公办园及附属配套设备投入不足，资金缺口较大。其他的幼儿园很少或没有享受到国家的支持。部分县本级财政对设立学前教育逐年增加的专项经费落实不到位，专项资金严重不足。幼教经费主要靠收费解决，致使办园条件难以得到改善，一些老园房屋简陋，设备不足，难以满足保教需要。

四是幼儿园布局不合理，缺乏全面规划，导致城乡不均衡、老城区与新城区不均衡。近几年城市新建的住宅小区越来越多，但配套建设的幼儿园很少，按照新增人口比例计算，不能满足社会要求。农村幼儿园数量少，而相当数量适龄儿童在农村，农村学前教育发展滞后。

五是师资水平不高，城镇大型公办幼儿园编制紧张，校办园教师占用的都是小学教师的编制，专业化水平低，师资补充不及时，队伍老化，运行压力大；部分民办幼师的社会养老、医疗保险等未能得到妥善解决；企业公办园幼儿教师技术职称不能参评中学高级教师职称，教师积极性不高，队伍流动性较大；"进不来"和"留不住"人的现象在全省各级各类幼儿园普遍存在，幼师队伍整体素质偏低，民办园多数学历达标率低，甚至无证上岗。由于业务培训资金不足，教师素质提高缓慢。为此提出以下几点建议：

一是提高认识，加强领导。各级政府要从学前教育对国家民族长远发展的战略高度，进一步深化对发展学前教育的认识，摆上日程，统筹协调，强化责任和义务，把学前教育纳入经济社会发展的总体规划和教育优先发展战略，全面落实学前教育三年行动计划和吉林省《关于加快学前教育改革与发展的意见》；加快学前教育立法，成立学前教育管理机构，协调解决幼儿教育事业发展中出现的问题，保障幼儿管理层层落实；建立起政府引导，社会共同参与，财政投入为主，多渠道投入相结合的学前教育发展机制，促进全省学前教育事业稳定健康协调发展。

二是科学规划，合理布局。要结合我省城镇、新农村和基础教育发展的实际，按照"扩大规模，提高质量，增加公立，扩充优质"的原则，制订和完善未来五年幼教事业发展规划，尤其要合理安排学前教育用地，科学布局。大力发展公办幼儿园，不断扩大数量和规模，积极鼓励社会力量以多种形式举办幼儿园，尤其要加快建设好配套幼儿园，切实将小区配套幼儿园纳入公共教育资源统筹管理；帮助有条件的机关、事业单位、街道和农村集体组织等利用国有和集体资产创办幼儿园，引导"低、小、散"幼儿园走联合办园的路子，向社会提供普惠性学前教育服务，使各幼儿园优势互补、有序竞争、健康发展。城乡中小学布局调整后，空余校舍优先用于举办幼儿园。

三是制定政策，加大投入。结合我省实际，尽快出台学前教育经费保障实施办法，建立学前教育投入长效机制，在学前教育经费列入各级财政预算的基础上，规定新增教育经费向学前教育倾斜的比例，确保财政性学前教育经费在同级财政性教育经费中所占的合理比例，并逐年提高；制定公办园生均经费标准和生均财政拨款标准，逐步使政府、社会企事业单位和家长分担幼儿培养的成本达到合理比例；建立低收入家庭、孤儿和残疾儿童能享有普惠性学前教育。积极争取上级学前教育专项补助资金；落实重大工程项目，保证上级配套资金落实到位。确保学前教育基础设施建设、师资培训、业务活动的正常进行。可借鉴发达地区经验，通过购买教育服务的方式，减轻民办园的经济运行负担，支持民办学前教育的发展。

四是强化监管，依法规范。要尽快拟定《关于进一步规范学前教育布局和办学行为的意见》，提高幼儿园准办要求，严把审批关。尤其对小、乱、差幼儿园进行专项整治，实施园长、教师资格准入制度，规范办园行为，保证办园的正确方向。严厉制止学前教育日趋严重的功利化、小学化倾向。坚决纠正无证办园行为。对不符合办园条件的，不予审批；对已开办的，要责令其限期整改；经整改仍达不到要求和拒不整改的无证幼儿园，要坚决予以取缔，切实保障儿童和家长的合法权益。

五是优化师资，提升内涵。要按照《全日制、寄宿制幼儿园编制标准》中规定的比例配备幼儿教师。尽快出台学前教育机构编制文件，尽快核定农村公办园教职工编制，解决没编问题。针对师资匮乏问题要有计划地从正规大专院校、相关专业招聘教师从事幼教工作。可在当前的情况下，设立高校免费学前教育专业班，鼓励更多优秀学生报考幼师，为幼教事业提供发展动力，提升师资水平。要加快制定并落实幼儿教师培养、培训规划，建立幼儿教师激励机制和示范幼儿园实习基地，定期组织教育教学的研究和观摩活动，提升幼儿教师队伍专业化水平和科学保教质量。依法保障幼儿教师享受与中小学教师同等的地位和待遇，确保各类社会保障等方面的合法权益，稳定和发展幼儿教师队伍，提升幸福指数。

＊本文是在吉林省人代会上与张文共同提出的建议，吉林省教育厅给予面复和书面答复

勇于担当，务实创新，不断开创民进基层组织建设新局面

（2016年5月）

民进松原市委成立于1994年5月20日，现有会员163人，在职会员99人。其中：教育文化界占46%，医卫界占15%，经济科技界占6%，政府机关占13%。25人（次）担任人大代表和政协委员，其中省人大代表2人、市人大代表4人（次）、市政协委员21人。现有13个支部，配强配齐负责人，切实保证各项工作的顺利开展。先后有6个基层支部被评为省级先进支部，4个基层支部被民进中央评为先进支部，有21人被评为省级优秀会员，1人获得全省优秀政协委员称号和优秀提案奖，5人被民进中央评为先进个人，民进松原市委会多次荣获市政协提案先进单位和省委统战部"同心献智"优秀服务团队等称号。

几年来，民进松原市委会在民进吉林省委和中共松原市委的领导下，以十八大精神和习近平总书记系列重要讲话精神为指导，认真落实民进中央"基层组织建设年"的总体部署，按照"全面推进、典型示范、后进整顿、发挥作用"的工作思路，以创新有为的精神狠抓基层组织建设不放松，进一步增强基层支部的凝聚力和战斗力，夯实了思想政治基础。建设高素质参政党政治理论水平和服务经济社会发展的能力，取得了初步成果。主要做法是：

一、抓班子，带队伍

俗话说："火车跑得快，全靠车头带。"一把手要当好家，切实履行好重要职责，就要坚持做到"三个善于"：一是善于沟通。我会把沟通作

为自觉维护民主集中制的重要手段，定期或不定期地了解个人脾气秉性、经历、特长和工作情况，做好思想工作，激励班子成员树立看齐意识，做示范、勇担当；积极稳妥处理好上下级、正副职之间的关系，大事讲原则，小事讲风格，不搞一言堂，不搞多中心。凡经主委会、市委会研究的问题，如选人用人、发展会员、参政议政等重要问题，都摆上桌面，公开透明，切实提高班子成员的决策能力和工作水平。二是善于放权。面对"一把手"兼职的特性，除驾驭班子、统筹协调管大事、管有风险或推进不了的事外，特别是在人、财、物和处置权上，能放的都放，坚持分工负责制，明确各位副主委联系专委会，参加课题调研等具体职责，使他们在分管领域唱"头牌"，演"主角"，并感受到自己的人生价值。三是善于用人。把热爱组织、公道正派、出以公心、担当干事、无私奉献的会员不拘一格地用在合适的位置，施展才能。全国劳动模范、市人大代表、吉林油田职工医院（今松原吉林油田医院）肝病科主任马长林，市教育学院院长助理、财务科长杨光，市职业技术学院招生处处长刘晶，宁江区教师进修学校综合部副主任于龙双就是基层支部主任的优秀代表，他们倾心倾力地把支部建设搞得有声有色，亮点纷呈，为基层组织发展壮大贡献智慧和力量。近年来，又把以王波为首的5名年轻上进的会员选派到支部主任、副主任岗位上去，给他们压担子、交任务，一年内见成效。为了使干事的人不吃亏，在政治上给予关心，有40余人当选政协委员，人大代表、三八红旗手、优秀教师以及推荐处级、科级领导干部，让他们尽快成长起来。在学习上给予鼓励，有百余人（次）参与会中央及省、市组织的集中学习培训，提高综合素质，增强责任感和使命感。在生活上给予帮助，努力为会员就医、子女升学等排忧解难，融洽感情。

二、抓支部，增活力

会员是本，支部是根，抓基层支部建设就是抓根本，只有支部强起来，我会开展各项工作才有生机活力，一是配强支部班子，解决领头雁不强的问题。几年来，始终坚持"能者上，庸者下"的原则，先后对吉林油田职工医院（今松原吉林油田医院）、教育学院、职业技术学院、宁江初中等8个支部进行两次大的调整，把好班子"入门关"，切实建立起一支担当有为的基层支部带头人队伍，强化了网底功能，有力地保证支部高效运转和正常发挥作用，收到了"点亮一盏灯，照亮一大片"的效果。二是加强阵地建设，解决支部主任工作环境不优的问题。借鉴中国共产党"把支部建在连上"的成功经验，建设以支部主任为中心的活动阵地，有利于创造工作条件，提高活动质量，不同程度地满足会员参加活动的需求，确保了会员组织生活正常化、规范化。三是加大检查力度，解决支部活动不落实的问题。市委会领导每年定期巡回检查两个支部，了解掌握工作进展情况，压实责任，推动工作落到实处。并与支部主任所在单位的中国共产党组织领导交流合作，得到了他们在开展活动中的有力支持。四是发展壮大队伍，解决支部活力不足的问题。按照创新基层组织建设的要求，经民进吉林省委会和市委统战部的同意，率先在县级市发展会员并成立支部，搭建起上情下达，下情上传的平台，成为与党委政府及群众密切联系的桥梁和纽带，扩大了民进组织的覆盖面和影响力，近几年，有25名同志被吸纳到组织中，其中科级干部10人，硕士2人，会员队伍呈现出蓬勃生机和旺盛的活力。五是开展创先争优，解决支部活动亮点不突出的问题。几年来，在各支部开展了"三亮三比三创"活动（亮职责、亮承诺、亮评议；比素质、比奉献、比作风；创一流支部、创一流业绩、创一流形象），先后有4个支部被评为会中央先进支部，有4个软弱型支部成功转化为标准型支部，宁江初中支部不断创新活动方式方法，既做好常规动作，又将自选动作搞的丰富多彩。他们利用学校网站开辟了支部网页，强化了信息交流，宣传引导等功能，以点带面，影响和带动各支部及广大会员参与到活动中来充分发挥应有的作用，形成了竞相争创、互相赶超的良好氛围。

三、抓调研，献良策

调查研究是民进组织的基本功，几年来，我会高度重视利用智力密集、人才荟萃、联系广泛的独特优势，搭建起参政议政平台，创建虚拟机构，成立了教育、文化、卫生、经济4个参政议政领导小组，每位副主委担任组长，围绕体现宏观性的松原经济社会发展全局的重大问题，体现前瞻性的当前尚未解决的政策性问题，体现针对性的群众关注的热点难点问题，深入调研，撰写出了有分量的关于村级组织一事一议制度、小城镇建设、公共文化服务体系建设、教育均衡发展、食品安全等方面的调研报告、大会发言材料、议案、提案和社情民意共65份（件），先后有新农村建设，牧业大省，加强中小学生体育教学、提高身体素质等多篇文章，在全省政协大会上交流发言，为党政决策提供参考依据。

四、抓服务，塑形象

社会服务是民进组织直接参与社会建设和进行自我教育的有效方式，是树立民进参政党形象的重要体现。一是坚持不懈开展"三下乡"活动。连续十余年深入县（市）区贫困乡村开展了"教育、文化、卫生"下乡活动，组织教育界优秀教师为1300余名中小学师生进行教学讲座和示范性教学；组织文化界演艺人员为4200余名百姓奉献多场文艺节目；组织医卫界专家为2500余名敬老院老人和当地百姓进行义诊，提供药品价值5万余元，松原电视台和报社配发专题给予报道。近年来，宁江初中于龙双支部，利用课余和个人休息时间，义务到村级小学开展音体美方面的支教活动，既补齐了农村教育短板，又对基层教师进行了传帮带，还提升了孩子们的艺术素养，切实起到了温暖民心的作用。二是积极开展献爱心活动，与市法院、市妇联、省华侨外语学院、省民进联合为长岭县长岭镇治安村贫困小学捐资捐物10万余元，开展全方位帮扶，改善了师生的学习工作环境；与建行、农行、惠民银行联合开展了捐资助学活动，为东北电力学院贫困大学生王超捐资助学5万元，用以解决目前的学费和生活费，后续还将捐助5万余元，共同帮助他完成学业。由于我们的行动感动了校方领导，当即免除了教学学费。老会员朱文库，长期患病，但非常热爱组织，始终参加各项活动，特别是在社会服务中，还让儿子参与进来，得到会员们的一致尊重和认可。三是深入农村、社区开展"法理人生"讲座活动，聘请道德宣讲员和律师到宁江区"农村文化大院"为百余名群众进行道德与法律知识讲座，用身边的人讲身边的事；会员魏健、王波以"好家风好儿女"和"生活中的法律"为题，为社区居民上了一堂《家与法》的知识讲座，并解答了居民提出的问题，传送了正能量。坚持量力而行，尽力而为，一以贯之，不搞"一阵风"的形式主义活动，不断提升社会影响力和吸引力，塑造了民进参政党的良好形象。

五、抓自身，提素质

自身建设是决定参政党素质和发挥作用的重要基础。几年来，民进松原市委会注重加强三个方面建设。一是加强思想建设。思想建设是民进参政党自身建设的核心，我会积极探索把解决思想问题与解决实际问题结合起来的新途径，提出了"四加强、一解决"办法，即加强政党理论学习教育和习总书记系列重要讲话精神的学习教育；加强基本国情、省情和市情教育；加强多党合作制度教育；加强会章、会史教育。力所能及帮助会员解决工作、生活中遇到的实际问题，使思想工作更具有实效性。共组织大规模的学习教育活动23次，连续两年在"世界读书日"期间，召开了"爱读书读好书"报告会；召开了建设高素质参政党理论研讨会即学习两会精神座谈会，交流读书心得22篇，理论和发言文章14篇。特别是围绕习近平总书记吉林省视察讲话精神的学习心得体会，在省人大常委会上做了交流发言。二是加强廉政建设。把经常性廉政教育与"一岗双责"的责任结合起来，强化自律意识，遵守8项规定，树立正确的世界观、人生观、价值观。做到逢会必谈廉政建设，学习必学党纪法规，检查必查涉廉环节，述职必述廉政情况。目前，市委会班子成员和支部主任已连续8年坚持述职述廉制度。同时，要求班子成员做表率，以身作则，管好子女、配偶和身边的工作人员，做清白人，干明白事。2015年，我以《民主党派领导干部要做严守政治纪律政治规矩的局中人》为题，从4个大方面18个侧重点在市委会扩大会议上做了详细汇报，达到了沟通思想，增进了解，推进工作的目的。三是加强机关建设。党派机关是党派社会形象窗口，党派要搞好自身建设，首先应抓住机关建设这个龙头。一方面，进一步健全和完善了机关学习、考评、岗位职责等15项规章制度。创建民进松原市委会QQ群、微信群，搭建起学习、沟通和工作的平台，提高了工作效率和水平。另一方面，进一步营造了和谐奋进的机关风气，在规模小、编制少、内设机构不健全的情况下，干部群众克服困难，勤勤恳恳，爱岗敬业，用心做事，出色地完成好日常工作任务的同时，又担负起收集新老照片、光碟和文章等史料的大量任务，为民进25周年会庆增光添彩。

我会基层组织建设虽然取得了一定成绩，但与兄弟市相比还有很大差距，需要加倍努力，在民进吉林省委和中共松原市委的领导下，坚持"有思有行、集智聚力、顺势而为、开拓创新"的工作方针，切实把基层组织建设做到既生动活泼，又扎实有效，更深入持久，不断开拓民进工作新局面，为建设幸福松原、全面建成小康社会做出新的贡献。

★本文是在纪念民进松原市委会成立25周年大会上的讲话

坚定方向，和衷共济，为多党合作事业发展献计出力

（2016年9月）

近几年来，民主党派在中共松原市委的领导下，认真学习贯彻习近平总书记系列重要讲话精神和《关于加强政党协商的实施意见》，并作为新时期政党建设的一项政治任务来抓，牢牢把握团结、民主两大主题，站在战略和全局的高度，牢固树立"四个意识"，努力增强"四个自信"，保持政治定力，强化责任担当，落实完善政党制度，凡是涉及重大的经济社会问题，都及时听取各民主党派的意见和建议，有效发挥了民主党派的政治协商、民主监督、参政议政作用。主要体现在"四个注重"：

一、注重党派夯实思想政治基础

中共松原市委高度重视和不断加强我们党派的思想政治工作，并作为深化政治交接的首要环节。通过多次召开各种形式的中心组学习会、政情通报会、理论研讨会等，引领民主党派深刻领会习近平总书记系列讲话和中央、省市有关会议的精神实质，坚持"三个"自信和"三个"认同，自觉接受中国共产党的领导，坚持中国特色社会主义政治发展道路，坚持中国共产党领导的多党合作和政治协商制度，坚定与以习近平同志为核心的党中央保持高度一致，凝心聚力，增进共识，为加快推进我市民主政治建设步伐，实现全面建成小康社会贡献智慧和力量。

二、注重党派协商事项落地

政党协商是推动多党合作事业发展的重要遵循。中共松原市委和统

战部坚持"协商议事、协商办事、协商评事"的原则，积极引导民主党派有序参政议事。一是重大方针、政策和部署的落实征求意见。党代会、两会报告和政府半年工作报告等，事先都发送到我们党派领导干部手中，征求意见，让我们提出建议，使报告更具理论性，针对性和操作性。二是重大决策实施中的重要问题召开座谈会征求意见。凡是市委市政府出台的重要文件都由统战部组织民主党派人士进行研究讨论协商，征求意见，凡是召开的大项目建设、民生实事、民主评议等问题都在座谈讨论协商中征求意见，真正让党派知情明政，聚智发力。特别是书记、市长、副书记等领导，还利用出席会议、参加活动的机会，与我们交谈，从不同的侧面和角度了解中心医院异地建设、人大和党派工作等社情民意情况。三是重要人事安排征求意见。市委领导以约谈和随机谈的方式，了解掌握人大领导班子、中层干部、民主党派干部以及人大、政府、政协领导班子换届人选等实际问题，切实把能够胜任担当的人选选拔到适合的工作岗位上，防止用人失误。这样的做法，在历史上是少有的，体现了当下市委领导政治清明、虚怀纳谏的胸襟和担当的责任魄力。目前，我市在干部的选用上越来越得到群众的认可和好评。

三、注重党派在舞台上发挥作用

人大、政府、政协为我们民主党派参政议政和服务经济社会建设提供了广阔的舞台。支持民主党派开展调研和社会服务。每当我们深入县（市、区）、乡（镇）、村开展"三查"；深入乡（镇）、村小学校开展智力支教；深入敬老院和贫困村开展"三下乡"等活动时，遇到用人、用车等实际困难，只要没有特殊情况，都会全力支持帮助我们化解难题，保障活动的顺利开展，使民主党派服务经济社会的优良传统得到发扬。支持民主党派建诤言、献良策。无论是座谈会、测评会，还是纪念会、两会等，都给我们民主党派提供表达民主意愿的机会，特别是在两会上，让党派代表在不同的场合上发言，既体现参政议政的价值，又展现党派和成员的形象与风采。我们民进松原市委每年撰写报告、议案、提案和社情民意达50余条（件）。支持民主党派提升综合素质。通过新闻媒体宣传介绍民主党派发展的历史和作用，跟踪报道我们民主党派每年开展政治协商参政议政、民主监督、社会服务的实际情况，做到报纸上有字、电视上有影；通过举办定期或不定期的各种长短期培训班，邀请专家、学者给我们党派成员解析习近平总书记系列重要讲话精神，统战理论，民主党派的党史、会章、参政议政知识等，切实提高我们民主党派政治把握能力、参政议政能力、组织领导能力和合作共事能力，开创民主党派工作新局面，为加快我市"两个城市"建设贡献力量。

四、注重党派加强自身建设

中共松原市委把加强党派的建设作为多党合作存在和发展的前提。做到了"三重视"：一是重视党派深化政治交接。摆正了松原市委与民进松原市委是政治领导的关系，坚持党管干部原则，帮助我们组成了一个有凝聚力和战斗力的领导班子。同时，尊重信任、放手支持我们一把手配齐配强民进松原市委会组成人员。目前，我会建立了后备干部培养与人才梯队建设的长效机制。二是重视党派落实民主集中制原则。市委和统战部不仅推动我会健全完善主委会、市委会和组织生活会等相关制度，而且还重点把握好我会贯彻执行民主集中制。多年来，民进松原市委会凡是方针、政策性的重大事项、重大工作任务的部署、干部选拔任用和发展会员等，一律由主委会、市委会或扩大的市委会讨论决定，同时坚持市委会领导分工负责制，谁主管，谁负责。既充分发扬民主，又防止个人专断；既维护集中统一，又防止软弱涣散；既做到分工不分家，又防止推诿扯皮。凡是年终总结，主委、副主委和支部主任一律述职述廉，提高会员知晓率和满意度，民进松原市委会上下形成了步调一致、团结奋进的良好工作局面。值得一提的是，本人担任人大常委会副主任，列席中共党组会以及领导职责分工时都能倾听我的意见，尤其对分管的工作基本上不干预，充分给予尊重信任，放手政权，站前台，唱主角。三是重视党派开展互相监督。中共松原市委积极创造条件，发挥我们党派帮手作用，支持监督，接受监督。

围绕着食品安全法的贯彻实施情况，提出意见和建议；围绕着市委市政府招商引资情况，发表真知灼见；围绕着少数公检法司干警违法乱纪现象，提出尖锐批评，共同营造良好的法制环境。同时，针对自身的问题开展自我批评和监督。严格按照"八项规定""三严三实""两学一做"要求规范党派干部和成员，真心与中共党政部门一道，掀起学习贯彻执行的高潮，在此过程中，本人以《民主党派领导干部要做严守政治纪律政治规矩的局中人》为题，从4个方面16个侧重点在市委扩大会议做了详细报告，达到了统一思想、廉洁参政、推动工作的目的。目前，民进松原市委业已形成了人人守规矩，人人学先进，人人讲风尚的"比学赶帮超"的良好氛围。

★本文是在松原市委统战部召开的民主党派、无党派、工商联主要领导座谈会上的发言

探索医疗养老新途径

（2017年1月）

在当前我省人口快速老龄化和家庭养老负担加重的背景下，老年人养老服务缺位现象普遍，社会养老服务资源供给结构性失衡问题日益凸显，亟须优化社会养老服务体系，探索科学的社会养老服务筹资模式，体现老有所养、老有所医、老有所乐，特别是在老年日常生活、医疗需求、慢性病管理、康复锻炼、健康体检及临终关怀服务中实现一站式服务，切实提高医养服务水平。

一、存在的主要问题

一是医疗服务层次较低。医疗服务是医疗养老模式的重要的组成部分，医疗服务层次的高低决定着老年人服务需求的质量。然而，我省绝大多数养老院是由养老机构构成的，现有的养老机构医疗水平普遍偏低，分布不合理、硬件水平偏低、存在着地域差距，由于机构与机构之间协调机制不同步，未能将已有的资源高效利用起来。摆在我们面前的第一个难题就是护理人员人数的严重不足，特别是条件相对较差，设施相对老化的养老机构中，护理人员绝大部分都是拿着微薄报酬的临时工，且从未受过专业培训，更无专业的上岗资格可言，其中有一点工作经验的也仅仅只是在医院做过护理工，满足不了老年人的服务需求。

二是医疗养老资金来源不足。首先，自改革开放以来我省整体人均收入显著提高，但因病致贫返贫的问题仍比较突出，占绝大多数，加之存在贫富差距，收入较低，则无力支付，得不到足够的医疗和照顾服务，直接导致医疗养老有效需求的减少，出现医养机构床位闲置、资源配置效率下降，医养功能混乱，特征弱化。在传统的商业化养老机构中，效率始终放在第一位，这样就出现健康老人挤占资源，造成资源浪费。其次，政府对老年人养老服务的资金支持力度不够，又缺乏强有力的监管制度，真正能花在老年人医疗养老服务上的资金明显不足。再次，由于缺少公平的竞争环境，社会资金投入机制尚未健全，社会中绝大部分社区及老年机构处于起步阶段，费用不高，缺乏客源，缺少相应的政策扶持，自负盈亏，常常处于负债状态，无法继续运营。

三是专业化医疗人才短缺。专业的医护及教育培训人员不足制约了医疗养老服务的发展，而大多数医学和护理专业学生的就业很少有人选择养老服务机构。当前养老机构的医护人员和护理员的工资待遇普遍较低，社会认可度低，导致养老机构的医护人员、护理人员流失率居高不下。尤其是护理员的工作强度高，承受心理压力大，其工作价值没有通过薪酬得以实现，养老服务机构护理员数量严重不足且流失率高是一个较为普遍的问题。

二、推进医疗养老政策的建议

基于我省目前医疗养老的现状，围绕构建医疗养老的社会养老服务体系以及推进医养结合的社会服务筹资模式两方面，提出建议。

一是发展社区健康养老服务，为居家/社区养老提供服务支持。从不同社会养老服务的需求规模看，不管是城镇还是乡村，居民/社区+家庭病床的需求规模始终最大。因此，依托当前我省已经形成的较为健全的三级医疗卫生服务网络和城市社区卫生服务体系，大力发展社区健康养老服务，尤其是注重家庭病床的发展为居家/社区养老提供服务支持。

二是加强养老机构与医疗机构的合作，为养老机构提供医疗服务支持。要加强养老机构与医疗机构的合作，为医养机构的老年人提供医疗服务和养老服务。一方面，要加强医疗卫生服务对养老机构的支撑作用，协调养老机构做好慢性病患病老人的管理和康复护理工作；另一方面，统筹利用医疗服务与养老服务资源，推动医院与养老机构之间的转诊与合作，将养老机构内设医院纳入医保结算范畴。

三是鼓励有条件的医院划出专门区域，开设老年病科，增设老年病床，医院病床使用率是衡量医院效益的重要指标。近几年，我省医院病床使用率在逐年增加，但是增加速度在逐渐放缓。当前我省可以重点鼓励民营医院等床位使用率较低的医院充分利用闲置资源，划出专门区域，开设老年病科，增设老年病床，做好慢性病老年人的治疗与康复服务。

四是建立城镇基本医疗保险统筹基金划拨支付机制，是推进医养结合的社会养老服务筹资模式的有效途径。应尽快建立城镇基本医疗保险统筹基金正常划拨支付机制，为不能自理慢性病患者的医养照护服务提供资金保障，推动医疗服务资源与养老服务资源的整合工作。建议城镇职工基本医疗保险统筹基金以45岁以上参保人口数为对象、以城镇在岗职工社会平均工资为基数，城镇居民医疗保险统筹基金以45岁以上参保人口数为对象、以城镇居民人均可支配收入为基数，分别按一定费率划拨统筹基金到医养结合的社会养老服务基金中。考虑到当前城镇居民基本医疗保险统筹基金划拨支付压力，可参考借鉴青岛市长期医疗照护保险制度试点实施经验做法，每年从福彩公益额度中划拨经费作为医养结合社会养老服务体系运行的启动资金；考虑到未来城镇职工基本医疗保险统筹基金划拨支付和城镇居民的压力，可考虑整合大病统筹基金，按一定费率从大病统筹基金中划拨一部分的费用，以减轻城镇基本医疗保险统筹基金划拨支付压力。

五是鼓励45岁以上群体缴费。尽快建立个体缴费的正常运行机制，加快推进医养结合社会养老服务筹资模式的试点工作，为老年人医养结合的社会养老服务进行费用补偿，从而增强个体社会养老服务的购买力。建议45—59岁的城镇职工基本医疗保险参保者以城镇在岗职工社会平均工资的一定费率，45—59岁的城镇居民基本医疗保险参保者以及60岁以上老年人以城镇居民人均可支配收入的一定费率尽快缴纳医养结合的社会养老服务资金。允许个人可以将上年度累计结余的个人账户基金用于缴纳医养结合的社会养老服务费用，但是为保证城镇基本医疗保险基金的可持续性发展，不允许使用当年个人账户基金缴纳费用。

六是将政府"补救型"社会养老服务财政投入转化为对个人筹资费

用补偿。政府可以转变政策理念，通过归集当前"补救型"的政府财政投入，转化为对个人的筹资费用补偿，即将当前投入"直接购买服务""直接发放现金补贴""货币化方式"以及"比例补贴等方式"等政府财政支出改为直接相关个体缴纳医养结合的社会养老服务费用，以推进医养结合的社会养老服务筹资政策工作。

★本文是在吉林省人代会上提出的建议，吉林省卫生厅给予面复和书面答复

推动新形势下人大教科文卫工作开创新局面

（2017年3月）

这是2017年初一次重要会议，市人大教科文卫委副主任委员金昌通报了教科文卫工作委员会过去四年工作情况，教科文卫委副主任委员孙振民宣读了2017年工作要点。6个对口联系部门的领导做了很好的发言，对有些好的经验和做法，我们要认真学习，互相借鉴，取长补短，不断提高服务经济社会发展的能力。

下面，就进一步做好新形势下人大教科文卫工作，我讲三点意见。

一、认清形势，深刻认识教科文卫工作的重要性

2017年是"十三五"实现良好开局的第二年，也是我市全面建成小康社会并向现代化建设迈进的关键阶段，如何完成好今年教科文卫方面的工作任务，既是始终摆在面前的一项重要任务，又是教科文卫工作在实践中孜孜以求的重要课题，我们要克难奋进、创新发展，不断开创教科文卫工作的新局面。

（一）做好新形势下人大教科文卫工作，是加快"生态振兴、转型崛起"的迫切要求。当前和今后一个时期，我市仍处于大有作为的重要战略机遇期，进入实现生态振兴、转型崛起、建设"两个城市"的关键阶段，迫切需要大力发展科技教育和文化事业。用科技的力量，选择重点领域作为突破口，加快改造传统产业，发展新兴产业，提高自主创新能力；用教育的力量，培养一流人才、实用人才和高素质的劳动者，为经济可持续性发展提供人才保证；用文化的力量，引领、融合、促进经济转型发展，不断提高和升华经济品质，为经济发展注入生机活力，提供新的动能。因此，我们要深入

贯彻新发展理念，深入实施创新驱动发展、科技兴国、人才强国"三大战略"，加强科教、文化、经济在改革、发展上的组织协调，理顺工作思路，创新方式方法，从体制、机制、政策及思想观念等各个方面促进科教、文化与经济发展的结合，依法解决教科文卫事业与经济发展相脱节的实际问题，切实推动全市教科文卫事业为经济振兴发展提供有力的支撑和保障。

（二）做好新形势下人大教科文卫工作，是促进社会事业全面协调发展的重要任务。从现实情况看，社会事业的发展相对滞后于经济建设的发展，也存在着许多不协调的问题，城乡教育发展不均衡的问题；科技的创新与普及，研究与成果转化不协调的问题；城乡卫生资源配置、治病与防病措施等不优化，不到位的问题；文化繁荣、文物保护、文化产业需求不能有效引领、融合、渗透和促进经济发展的问题；人口的红利不能在现阶段经济发展中发挥优势的问题；等等。这些问题都影响和制约着社会的协调发展，因此，我们要以新发展理念为指导，按照"五位一体"总体部署和"四个全面"战略布局的要求，把监督的重点放到解放教科文卫事业发展中的薄弱环节上来，有计划、有重点、有针对性地确定监督内容，集中精力，想方设法，以敢于啃硬骨头，能够打硬仗的精神，做好教科文卫工作，不断为经济发展和社会全面进步提供精神动力和智力支持。

（三）做好新形势下人大教科文卫工作，是保障和改善民生的重要方法。维护好，实现好，发展好人民群众的根本利益是人大工作的出发点和落脚点。民生问题事关全社会和谐稳定。人大教科文卫委要牢固树立群众观念，把目光聚焦在百姓最关心、最直接、最现实的切身利益上，聚焦在困难群众、弱势群体上，聚焦在群众的呼声、渴望和期盼上，从人民群众普遍关心的问题入手，坚持民生优先、服务优先、基层优先，围绕校园安全、全民阅读、医疗卫生、食品安全、公共文化体育服务设施建设、广播电影电视、地震等群众关心的问题，科学安排监督项目，依法履行职权，强化监督职能，多谋民生之利，多解民生之忧，推动民生持续改善，让人民有更多的获得感和幸福感，让改革发展的成果更多地惠及广大人民群众。努力使人大的各项工作更好地反映民意、集中民智、贴近民生，为全面建成小康社会做出积极贡献。

二、加强联系，努力形成工作合力

市人大教科文卫是人民代表大会依照宪法和法律的规定设立的专门性、经常性机构。主要职能是提出并审议相关议案，受市人大及其常委会委托组织执法检查和有关工作视察，听取代表意见和建议，今后还要参与地方立法。多年实践证明，市人大教科文卫加强与政府对口联系部门的联系，是一种行之有效的好方式、好方法，它既有助于人大教科文卫职权的有效行使，也能够有力地促进政府有关对口联系部门工作开展。我们要发扬已有的好传统，加强沟通，增进理解，认真履职，依法行政，共同营造教科文卫工作和谐发展的氛围。

（一）希望对口联系部门要加强与市人大教科文卫的工作联系。近几年，我们联系沟通得比较好，成效也很大。但为了适应新形势，我们的工作还需加强。一方面，对口联系部门要主动向市人大教科文卫多请示、多汇报，可将重点问题列入人大工作计划，对口联系部门的重要会议和重大活动可邀请市人大教科文卫的同志参加；另一方面，市人大教科文卫也要与对口联系部门多沟通、多商量，邀请列席或参加市人大教科文卫组织的重要会议和"三查"活动，便于知晓情况。只有这样才能寓监督于支持之中，寓监督于感情之中，帮其所需，助其所难，补其所缺，总体上提高国家权力机关和行政机关的整体效能，使我们的各项工作进行得更加顺畅，更加"合拍"，更加富有成效。

（二）希望对口联系部门要加强与市人大教科文卫的信息交流。对口联系部门每年的工作计划、规范性文件、工作总结，纪要、信息、报表等资料应及时报送市人大教科文卫委员会，通过信息沟通的经常化和制度化，互动互促，推动我们的对口联系部门各项工作出新思路、上新台阶。同时，对口联系部门要高度重视代表的议案、建议、意见和批评，纳入工作日程，在办理质量和实效上下功夫，切实做到事事有回音，件件有着落，求得代表的认可和满意。市六届人大一次会议期间，人大代表提出的意见建议共有85件，涉及我们教科文卫联系部门的就有20项，占总建议的23.5%。委员会要会同政府及相关主管部门抓紧研究，拿出方案，把人民群众反映的呼声和愿望及早落实好。

（三）希望对口联系部门要及时与市人大教科文卫通报工作情况和重大事项。全市教科文卫方面发生的重大事件、事故及严重的自然灾害，希望政府对口联系部门及时向我和市人大教科文卫通报。对口联系部门每年度经常性工作情况也应定期或不定期地向市人大教科文卫通报，使人大教科文卫能比较全面地了解教科文卫方面的工作情况。市人大交由市人大教科文卫审议的议案和人大代表以及群众来信来访中反映的重大问题，有关部门办理后，要及时反馈处理结果。

总之，教科文卫与对口联系部门要加强联系、互帮互助、形成合力，最大限度地发挥整体效应，确保工作步入良性发展轨道。

三、求真务实，进一步做好人大教科文卫工作

教科文卫工作的法律监督、工作监督，是《中华人民共和国宪法》《中华人民共和国各级人民代表大会常务委员会监督法》赋予的一项重要职权，我们要在履行职责的过程中，强化法律意识和责任意识，运用"三察"等监督手段，有效化解教科文卫工作中存在的热点难点问题，推进教科文卫事业健康发展。

（一）在提高监督实效上下功夫。今年市人大常委会要对《中华人民共和国防震减灾法》实施情况进行执法检查。市人大教科文卫委员会要组成执法检查组，深入县（市、区）机关、学校、工厂等单位开展执法检查，认真查找和分析工作中存在的问题和原因。市地震局要认真配合好执法检查工作；随着我市经济社会加快发展，食品安全问题日益突出，食品安全如何得到保障？这是全市295万群众关注的热点问题。今年市人大常委会要对食品安全法实施情况开展专题询问工作，督促政府进一步推进食品安全监管机制深化改革，提高食品安全主体责任意识和食品生产者的守法意识，认真解决食品安全中存在的突出问题。市食安委和食品药品监督管理局要各司其职，各负其责主动承担起组织协调工作，并与教科文卫委密切配合，使专题询问工作取得实效。我在省里参加过几次省人大召开的

专题询问会，效果很好。这项工作我们开展的比较晚，今年是首次。这里，我再强调一下，涉及专题询问的单位和部门要高度重视，纳入重要议事日程，一把手要亲自抓，分管领导具体抓，一级抓一级，切实抓出成效。

（二）在认真调查研究上下功夫。调查研究是做好监督工作的基础，也是委员会行使职权的重要手段。专委会的3个议题，一个是开展对《中华人民共和国义务教育法》实施情况进行调研。要从义务教育经费保障情况，教师队伍建设情况，提高义务教育质量、促进义务教育均衡发展情况，政府为义务教育学校提供安全保障，学校建立健全安全制度和应急机制情况等四个方面进行调研，市教育局要认真研究拿出意见，配合好调研工作；另一个是对非法安装使用互联网机顶盒和卫星广播电视地面接收设施进行调研。为有效遏制非法电视网络接受设备违法犯罪活动，切实保障国家安全、社会稳定和人民群众的利益。市文广新局作为网络安全监管部门，要做好准备，配合好这次调研工作；再一个是对市中心医院异地新建项目进行视察。要对群众关心、社会关切的社会事业和民生项目进行重点跟踪监督，推动政府相关部门打好项目落地攻坚战，解决工作中遇到的困难和问题，市卫计委要积极配合搞好视察工作。

（三）在跟踪督促整改上下功夫。当前人民群众对教科文卫事业十分关注，意见和要求比较集中的，很多是在社会文化事业方面，教育就是一个非常明显的例证，还有文化产业发展、文化市场管理，卫生、计生工作方面等，涉及群众利益很广泛，而且社会事业还有一个显著特点，就是它的公益性和社会性。一方面发展相对滞后，另一方面人民群众又迫切需要，政府应当积极应对，人大也要有所作为。上届市人大常委会一直关注这方面的热点难点问题，人民群众比较满意，社会效果也比较好。今年，人大教科文卫委要按照常委会的部署和要求，对社会事业中涉及教育、文化、卫生、计生、食品安全等方面存在的突出问题进行跟踪监督整改。同时，要建议常委会根据整改问题的难易程度，确定整改时限（一般不超过三个月），整改后要进行认真总结，并向常委会报告整改落实情况，对那些整改达不到要求的问题，可运用质询、专题询问、特定问题调查等手段，截至整改达效为止，跟踪督促，一抓到底。

（四）要在加强自身建设上下功夫。要做到按法律法规行使职权，切实保障各方合法权益，教科文卫及专委会委员就必须加强自身建设，不断提高依法行政能力。要注重法律法规的学习，在学习政治理论及综合知识的基础上，建立起学习法律法规的长效机制，加深对《中华人民共和国宪法》《中华人民共和国各级人民代表大会常务委员会监督法》《中华人民共和国地方各级人民代表大会和地方各级人民政府组织法》，尤其是涉及教科文卫等方面法律、法规内涵的理解，提高法律素质和法治意识，增强遵法、学法、懂法、守法、用法的自觉性和坚定性。要注重制度建设。制度建设是一项带有根本性、全局性、经常性和长远性的工作，加强制度建设，是人大及其常委会依法履行职责、坚持和完善人民代表大会制度的重要内容，也是促进人大工作科学化、制度化、规范化的重要保障。我们始终把加强和完善制度建设作为提高依法履职能力、提升工作效能的重要抓手，以坚持党的领导为保证，以有关法律、法规为依据，以科学发展观为指导，以人大工作实践为基础，以坚持既往有效的工作机制为重点，紧密围绕人大工作职能和目标任务，从人大工作实际出发，着眼于提高工作效率，改进工作作风，优化服务质量，理顺工作关系，健全和完善工作机制。做到制度健全、责任明确、程序严密、相互协调、运转规范，为依法履行职责提供健全的制度保障和优质高效的服务。要注重勤廉务实。这是对国家公职人员的基本要求和行为准则，我们要在工作中认真按照党风廉政建设的要求，带头遵守八项规定和廉洁自律准则，保证清正廉洁本色。带头爱岗敬业、忠于职守、埋头苦干、任劳任怨，切实为群众办好事、办实事。妥善处理好单位、个人与市人大教科文卫工作的关系，解决参政议政不到位的问题，切实转变工作作风，密切联系群众，提高工作效率和水平，牢固树立党委政府的权威，维护人民群众的根本利益，不断推进市人大教科文卫工作法制化水平。同时也欢迎政府各部门的同志对人大的一些工作提出建议，不断完善人大教科文卫工作。

随着民主法治建设的不断加强，人大面临的工作任务越来越重要，与政府及各部门的联系也应进一步加强，希望人大教科文卫联系的部门同志们一如既往相互沟通、共同努力，为我市教科文卫事业再上新台阶，为推进松原"生态振兴、转型崛起，建成绿色产业城市和生态宜居城市"做出新的更大的贡献！

★本文是在松原市人大教科文卫委对口联系部门工作会议上的讲话

切实提高人大财经工作水平

（2017年3月）

市人大财经委及对口联系部门在过去的工作中密切配合，相互支持，较好地完成了人大及常委会有关财经方面的工作任务，为推动全市经济社会发展做出了贡献。下面，就进一步加强与对口部门的工作联系，做好人大财经委工作，我讲三点意见。

一、提高认识，切实增强接受人大监督的自觉性

人民代表大会制度是我国的根本政治制度，充分体现了社会主义民主政治的核心内容，从政治上和组织上保证人民当家作主、行使管理国家权力。我们要充分认识到，接受人大及常委会监督是我市建设社会主义民主政治的需要，是促进政府部门依法行政的需要，是推动经济社会生态振兴、转型崛起的需要。地方人民政府由地方人民代表大会产生，对它负责、受它监督。那么，我们该如何切实增强接受人大及常委会监督的自觉性呢？我认为，关键是处理好人大及常委会与政府部门的关系，就是决定和执行、监督与被监督的关系。因此，人大专委会与对口联系部门要充分认识到，执行人大及常委会的决议就是贯彻党和人民的意志，接受人大及常委会的监督就是接受人民的监督，对人大及常委会负责就是对人民负责。要把尊重和支持人大及常委会依法行使职权，自觉接受人大及常委会的监督，作为对口联系部门工作必须遵守的一项执政原则，不折不扣地贯彻落实到对口联系部门各项工作中去。同时，人大的监督不仅是对"一府两院"的监督，也包括对中省直管理单位的监督，虽然他们不属于本级人民政府直接管理的国家行政机关、其他组织、企业，以及人财物事等，但

他们中有的在某一方面担负着一定的执法权，有的行使某一方面的行政管理和行业监督权，其行为涉及相关法律、法规在本单位本企业的遵守和贯彻执行问题，这些单位和企业的工作和经营与人民群众的切身利益息息相关，事关本行政区域内的经济社会发展，事关社会的公正、公平。因此说，我市的中省直企业如银行、税收、保险类单位，也应主动自觉接受人大及常委会的监督，既规范行业秩序，又净化社会环境，实现我市与驻松中省直企业共同发展。人大代表具有广泛的代表性，专委会委员更具有专业性，他们的意见建议，充分体现了广大人民群众的意愿和要求。要真正理解人大监督目的是实现与党委、政府同心同向、同行同步、合拍合力，支持对口联系部门更好地履行职责，为建设务实、高效、廉洁政府创造良好的法治环境。

二、依法履职，不断提高人大财经监督工作水平

人大财经委作为人大常委会的重要组成部分，应当强化履职，务实创新，不断提高人大财经监督工作水平。

一是加强自身建设。市人大财经委的人员和委员要积极应对财经工作面临的新形势、新任务、新要求，认真学习习近平总书记系列重要讲话和党的十八届六中全会精神，加强对中央经济工作会议和市委六次党代会精神的学习，加强法律和人大财经业务知识的学习，增强"四个意识"和法律意识，切实在加强思想、组织、作风和能力建设上下功夫，使其履职能力真正与市人大权力机关的地位与职权相匹配，善于用法治思维营造发展环境，用法治方式推动工作，用法治手段有效防范化解、管控经济风险。只有这样，才能不断提高政治理论水平和依法办事能力。今年要组织部分财经委委员及机关干部到经济发达地区的市州人大就如何更好地开展经济工作方面的监督进行学习考察，开阔眼界，增长见识，借鉴经验，有所作为，推动我市人大财经工作健康发展。

二是提高"三查（察）"质量。"三查（察）"是谋事之基、成事之道，是做好工作的一项基本功和传家宝。因此，财经委的人员和委员，面对

纷繁复杂的财经工作要一改过去追求的大而全的惯性思维，转变工作作风，坚持问题导向，把"三查（察）"作为人大财经工作的特色和优势，找准事关全局性、根本性的问题，监督才能到位、有效。紧紧围绕计划和预算审查监督工作；围绕"十三五"期间经济运行质量；围绕推进供给侧结构性改革、加快传统产业转型升级；围绕推进亿元项目产业链、产业群、产业基地；围绕信息化建设及推动信息化和工业化深度融合，以及安全生产、现代物流业、高新技术产业等问题，深入反映社情民意，深入研究影响和制约我市经济发展的突出问题，深入研究事关改革发展稳定大局的重点问题，谋定向发力，求聚变效应，全力推进我市经济发展，建务实之言，献有用之策。

三是创新监督方式。监督方式影响监督成效。如何创新监督方式，充分发挥人大监督作用，推进政府依法行政，是摆在人大财经委工作面前的一直致力于探索的重大课题。因此，我们要积极探索人大财经工作的新理念、新方法、新思路，在灵活运用好常规的调查、检查和评议等动作基础上，大胆尝试质询、专题询问、特定问题调查及财经立法等形式，着力探讨我市经济领域中的深层次矛盾和问题，着力化解财经委工作中遇到的"三重一大"制度落实执行难的问题，努力做到全面监督和突出重点相结合，初次监督与跟踪监督相结合，强化措施与落实责任相结合，在增强财经监督实效上下功夫，提高监督工作的针对性和透明度，推动财经监督由程序性监督向程序性监督与实质性监督相结合的转变，推动人大财经工作创新发展，切实把人民赋予的权力用来造福于人民。

三、加强联系，共同做好人大财经监督工作

做好人大财经工作离不开对口联系部门的支持和配合，加强与对口部门的联系，能有力地促进财经委职权的有效行使和对口联系部门工作的顺利开展。

一要切实加强组织领导。对口联系部门要把坚持自觉接受人大财经委监督工作作为日常工作的重要组成部分，纳入工作总体布局，摆上重要议事日程。严格落实"一把手"责任制，主要领导对人大财经委监督工作负

总责，分管领导具体负责，承办科室负责人是第一责任人，形成领导班子成员、科室负责人带头贯彻落实人大财经委的决议、决定，带头主动征求人大财经委的批评、意见和建议，带头落实整改人大财经委关心、关注的本部门中存在的问题，总结经验、创新方法、开展工作，真正营造出高度重视、真心诚意接受人大监督的良好氛围。

二要切实增强沟通协作意识。俗话说："同心山成玉，协力土变金。"对口联系部门与财经委关系融洽与否，直接影响局部和全局工作质量和水平。因此，我们要树立沟通协作意识，相互信任，相互交流，相互谅解，相互关心，遵纪律，讲规矩，重诚信，积极主动，协同作战，运用各种方式方法，找准沟通与协作的结合点，把握监督与支持的切入点，充分释放合力潜能，推动工作高效运转，共同完成好目标任务。

三要切实建立健全工作制度。为了使自觉接受人大财经委监督工作制度化、规范化，针对工作中经常反复出现的实际问题，应从规律上、制度上找原因，建立完善信息交流制度、活动邀约制度、沟通协作制度、通报制度及重大事项报告制度等。保证计划总结、资料报表和规范性文件等情况相互抄送，实现信息共享；保证重要会议、重大活动的相互邀请，实现监督与支持的良性互动；保证定期或不定期的认真听取对口联系部门的汇报，研究解决实际问题。特别是预算调整和计划指标的调整等情况，要按规定提前一个月向财经委报送。同时要与中省直企业搞好联系，尤其是在工作中遇到困难时，力所能及地给予支持和帮助。总之，要用制度保障财经委监督渠道的畅通，围绕中心、服务大局、开拓创新、依法履职，在推动松原振兴发展中开创人大财经工作新局面。

★本文是在松原市人大常委会财经委与对口联系部门工作会议上的讲话

关于破解松原市公立医院改革难题的思考

（2018年4月）

公立医院系统是中国整个医疗体系的"主力军"，公立医疗体系布局和运行是否合理、服务是否良好、行为是否规范，直接关系到老百姓的生命健康和就医感受，而深化医改要解决的"看病难、看病贵"问题也主要集中在公立医院系统。也就是说，医疗卫生行业，特别是公立医院，事实上是实现人民对一个公平社会核心目标诉求的重要载体，是维护社会和谐稳定的"压舱石"。我市自2011年启动医改以来，先后实施了基层医疗卫生机构综合改革、县级公立医院综合改革、城市公立医院综合改革，取得了一定成效。但应清醒地认识到，我市医改与党中央要求和人民群众期待相比还有很大的差距。为找到破解这一难题的路径，我对全市公立医院的现状进行了深入的调研，还认真学习研究了福建省三明市、广东省湛江市在公立医院改革方面的成功经验做法，形成报告如下：

一、公立医院改革成功地区的基本做法和启示

福建省三明市和广东省湛江市是我国公立医院改革非常成功的地区，他们的一系列医改举措，很值得我市学习借鉴。

（一）党政重视，主官挂帅，是医改成功的组织保障

两市医改领导小组由党政"一把手"担任，把涉及医疗、医保、医药等职能的部门归口由一位领导分管，构建起"三医联动"格局，切实担起了政府办医职责。政府担起保障责任。两市将增强公立医院公益性作为医改总基调，加大投入，加强监管，把握方向，从源头上遏制医院创收动机，使公立医院彻底回归公益属性；政府担起管理责任。三明市制定并严

格执行公立医院工资总额制度，医院工资总额与药品、耗材、医学检查、化验收入脱钩，严禁公立医院举债建设；政府担起监督责任。两市把医改工作纳入各级政府绩效考核，建立院长考核评价体系，卫生计生行政部门有效规范医务人员诊疗行为，加强医疗质量和医疗安全管理，做到了合理检查、用药和治疗。

（二）多点发力，降低药价，是医改成功的民意基础

两市把斩断药品利益链条、取消以药养医、降低虚高药价作为惠民利民的切入点。坚持实行药品零差率销售改革。县级以上公立医院由此减少的收入，在不增加患者负担的前提下，通过调整医疗服务价格、增加政府补助、加强医院内部管理等措施进行补偿；坚持实行药品耗材联合限价采购。三明市以全市公立医疗机构为整体，联合省外城市，在保证质量的前提下，实行最低价采购和"药品采购院长负责制"，从源头上解决药价虚高问题；坚持规范用药行为。明确普通门诊一次处方的限量，严格控制"大处方"；限定各级医院大型设备检查阳性率和全年大型医疗设备检查费用占医疗总费用比重两项指标上限，严控大检查。降低次均门诊费用和次均住院费用。

（三）三保合一，攥紧拳头，是医改成功的关键一步

两市经验证明，只有深化医保管理体制改革，切实发挥好医保杠杆作用，才能控制虚高药价，避免医疗资源浪费。要整合医保资源。三明市在全国率先将城镇职工医保、居民医保、新农合经办机构整合成医疗保障基金管理中心，实现"三保合一"，承担药品限价采购与结算、基金管理、医疗行为监管、医疗服务价格调整等职能，实行垂直管理；要改革医保支付方式。按照医保、医疗机构"双方共管，风险共担"的原则，核定医院次均住院总费用、次均门诊总费用标准，强化医保控费功能。做到出院即时结算，有效节省患者报销往返时间和费用。

（四）打破常规，创新机制，是医改成功的动力源泉

两市坚持以人为本，充分调动医务人员改革积极性，激发了医院活力。注重建立院长考核评价体系。三明市建立起一整套院长考评指标，每年由市医改领导小组对院长进行全面考核，考核结果与院长年薪和医院工

资总额挂钩，调动了医务人员参与医院管理的积极性；注重建立新型薪酬制度。三明市实行院长目标年薪制，院长年薪由财政全额负担，体现院长代表政府履行医院管理责任，切断院长与医院之间的利益联系。实行医生目标年薪制，对在职临床类、技师类和临床药师类医务人员，按照级别和岗位，实行不同等级年薪；注重建立现代医院管理制度。三明市实行院长聘任制、任期目标责任考核和问责制，深化人事制度改革，打破现行公立医院编制管理限制，将公立医院编制使用审批制改为备案制。

二、我市公立医院改革的路径

医改是一块难啃的硬骨头，但绝非解决不了。福建的三明、广东的湛江在解决医改工作中都走出了成功之路，他们的今天就应该是我们的明天，面对诸多困难与挑战，我们必须要坚定信心，拿出钉钉子的精神，充分学习湛江、三明等地区的先进经验，探索出一条符合本地实际的医改之路，实现松原百姓健康梦。

一是加强组织领导，着力增强医改执行力。各级政府要高度重视医药卫生体制改革，形成强有力的组织保障机制。建立一把手负责制，由党委、政府主要负责人担任医改领导小组组长，充分发挥医改领导小组统筹协调作用。建立部门协调推进机制，打破常规，调整分工，把涉及医疗、医保、医药等职能的部门归口由一位领导分管，在领导体制上形成"三医"联动格局。大力建设政府主导的区域医疗联合体，构建基层首诊、双向转诊、急慢分治、上下联动的服务模式，建立覆盖全市的分级诊疗制度。完善医改工作推进机制，建立健全督查问责制度，将医改任务纳入全面深化改革考核和政府目标管理范围，定期开展专项督导，层层传导压力，强化结果运用，确保按时完成改革任务。

二是落实政府投入责任，着力提高财政保障水平。各级政府对所办公立医院全面落实符合区域卫生规划的基本建设、设备购置、重点学科发展、人才培养、符合国家规定的离退休人员费用和政策性亏损补贴等投入政策，对公立医院承担的公共卫生任务给予专项补助，对政府指定的紧急救治、救灾、援外、支农、支边等公共卫生服务任务采取政府购买服务的方式给予保障。对中医医院等专科医院和传染病、精神病、儿科以及康复等专科在投入上给予倾斜。按照"制止新债、锁定旧债、明确责任、分类处理、逐步化解"的原则，对公立医院符合规定的历史债务，由政府逐年清理化解，财政承担债务利息。建立公立医院财政补偿与地方财政收入增幅同步增长机制，保障公立医院"回归公益性"后运行发展资金可持续。

三是整合医保资源，着力打破部门壁垒。按照改革的要求，将现在隶属于人社部门、计生部门的医保、农合基金及经办机构进行整合，组建医疗保障局。具体负责药品联合采购与结算；医疗服务价格谈判与调整；基本医疗保险基金筹集、预决算、支付和管理；基本医疗保险与补充医疗保险的衔接协调及补充医疗保险的招投标和日常监管；定点医疗机构医疗行为的监督与稽核管理工作。深化医保支付方式改革，全面推行按病种付费为主，按人头、按床日、总额预付等多种付费方式相结合的复合型付费方式，健全医保支付机制和利益调控机制，激发医疗机构规范行为、控制成本、合理收治和转诊患者的内生动力，使医保既保群众健康，又管行医规范，引导群众有序就医，切实起到控成本、降费用、保质量、提效率的作用。

四是完善公立医院管理体制，着力建立现代医院管理制度。积极转变政府职能，推进政事分开，巩固公立医院独立法人地位，落实内部人事管理、机构设置、副职推荐、中层干部聘任、人员招聘和人才引进、内部绩效考核、薪酬分配、年度预算执行等经营管理自主权。成立公立医院管理委员会，行使政府对公立医院的举办权、发展权、重大事项决策权、资产收益权。建立健全公立医院民主管理制度、医疗质量安全管理制度、人力资源管理制度、绩效考核制度等制度体系，用制度管人管事。强化公立医院党委领导核心作用，加强公立医院党风廉政建设。

五是深化人事薪酬制度改革，着力激发医务人员工作热情。充分考虑医疗行业培养周期长、职业风险高、技术难度大、责任担当重等情况，从提高薪酬待遇、发展空间、执业环境、社会地位等方面入手，调动广大医务人员积极性、主动性、创造性。创新公立医院编制管理方式，完善编制管理办法，在现有编制总量内，确定公立医院编制数量，逐步实行备案制。落实公立医院用人自主权，急需引进的高层次人才、短缺专业人才以及具有高级专业技术职称的人才，可由医院采取考察等多种形式公开招聘。加快建立符合松原实际和医疗行业特点的薪酬制度，实现动态调整。允许医疗服务收入扣除成本并按规定提取各项基金后主要用于人员奖励，提高医务人员奖励水平。

六是深化药品流通体制改革，着力降低虚高药价。发挥医保在药品采购、配送与结算、医保定点机构的审核结算和医疗行为监督稽查等方面的主导作用，进一步规范药品流通和使用行为，挤压药品（耗材）价格空间，保障药品安全有效、价格合理、供应充分，更好地满足人民群众用药需求。全面推行药品采购"两票制"，药品流通企业、医疗机构在药品购销中要建立起信息完备的购销记录，将不执行"两票制"的生产和配送企业列入"黑名单"管理。同时，大力巩固完善基本药物制度。

七是推进医疗信息化建设，着力提升优质医疗资源可及性。以"数字松原"建设为载体，开展健康医疗信息便民惠民服务。建设"健康松原—医疗影像云"惠民服务平台，推进预约诊疗、健康档案、慢病管理、电子病历、临床检验、医学影像、公共卫生、卫生监督、妇幼保健、计划生育等信息化、网络化管理。依靠大数据支撑，强化对医疗卫生服务绩效考核和质量监管。加强远程医疗系统建设，增强远程会诊、教育等服务功能，促进优质医疗资源共享。

★本文是考察福建省三明市和广东省湛江市关于公立医院医疗体制改革情况的思考

弘扬优良传统，切实履行职能，谱写新时代民进工作新篇章

（2018年4月）

今天，市委统战部召开各民主党派和无党派人士纪念"五一口号"发布70周年座谈会，共同感怀这个多党合作历史上具有里程碑意义的重要事件。这充分体现了中共松原市委对我们高度的重视，亲切的关怀和真挚的情感，给我们以信心和力量，必将激励我们在新时代的征程中，不忘合作初心，弘扬优良传统，凝心聚力、奋发有为，不断谱写多党合作事业的新篇章。

1948年4月30日，中国共产党动员全国各阶层人民实现成立新中国的光荣使命，发布了"五一口号"，提出召开政治协商会议，成立民主联合政府的号召，传达了中国共产党对民主党派和无党派人士发自内心的尊重和真诚合作的期盼，立即得到了各民主党派和无党派人士的响应和真诚拥护。在这历史性的时刻，以马叙伦、周建人、雷洁琼等为代表的民进中央表达了鲜明的政治立场，指出"五一口号"是"近百年来中国革命史的结晶，是今后中国政治运动航向的指标"。表示中国民主促进会坚决拥护和接受中国共产党的领导，坚决拥护中国共产党的号召，庄严宣布民进要团结在中国共产党周围，参加中国共产党领导的爱国民主统一战线。"五一口号"开启了中国共产党与各民主党派、无党派人士团结合作的新征程，掀开了我国政党制度建设和民主政治建设的新篇章，标志着各民主党派和无党派人士公开、自觉地接受中国共产党的领导，坚定地走上了新民主主义、社会主义的政治发展道路。70年来，民进始终与中国共产党风雨同舟、患难与共、肝胆相照、亲密合作，为社会主义革命、改革开放和现代化建设事业做出了应有的贡献。特别是

十八大以来，在以习近平同志为核心的中共中央的坚强领导下，我国实现了新的历史变革，迈向新时代。正如民进主要创始人马叙伦先生所说："只有跟着共产党走，才是在正道上行。"我们只有铭记这个政治遗嘱和誓言，才能在新时代履行职能中，切实把立会为公、参政为民的价值理念转化为"为执政党助力，为国家尽责，为人民服务"的实际行动。

纪念"五一口号"，就是要坚定不移地接受中国共产党的领导。总结70年的历史经验，我们看到民进的发展、自身价值的体现，都是在"五一口号"的指引下才得以完成的。接受中国共产党的领导是各民主党派、无党派人士、人民团体做出的最正确的选择，这是历史的选择，也是人民的选择。只有坚持中国共产党领导的多党合作和政治协商制度，坚持走中国特色社会主义发展道路，才能保证民进正确的发展方向。民进松原市委会要按照中共松原市委的决策和部署，以习近平新时代中国特色社会主义思想为指导，牢固树立"四个意识"，坚定"四个自信"，不断巩固对中国特色社会主义道路的认同、对全面建成小康社会目标的认同、对社会主义核心价值观的认同。确保头脑清醒，方向明确，立场坚定，坚决维护中共中央权威和集中统一领导，在政治立场、政治方向、政治原则、政治道路上同以习近平同志为核心的中共中央保持高度一致，自觉地做中国特色社会主义事业的亲历者、实践者、维护者、捍卫者。

纪念"五一口号"，就是要一如既往地传承老一辈领导人的优良传统。一代又一代民进人坚持中国共产党领导的多党合作和政治协商制度，形成了坚持接受中国共产党的领导，坚持爱国、民主、团结、求实，坚持立会为公、参政为民的光荣传统。这是与中国共产党同心同行过程中形成的宝贵精神财富，积淀着民进老一辈领导人最深沉的精神追求，焕发着民进先贤们的智慧之光。今天，我们在新时代的征程中，就是要搞好政治交接，进一步继承和发扬民进老一辈领导人长期与中国共产党团结合作形成的政治信念和优良传统，坚持传承与创新相结合，通过大力开展主题教育活动，举行理论研讨、读书报告、会史教育等活动方式，教育和影响广大民进会员，适应形势发展和任务要求，切实增强责任感和使命感，激发爱国、爱党、爱会的热情，用坚定的理想信念培育和践行社会主义核心价值观，不断锤炼高尚品格，脚踏实地，担当作为，双岗建功立业，确保多党合作事业薪火相传生生不息。

纪念"五一口号"，就是要持之以恒地履行好参政党职能。中共十九大为我们描绘了建设社会主义现代化强国的宏伟蓝图，为参政党履行职能提出了新要求，指明了前进方向。民进松原市委会要承担起历史责任，把发展作为参政议政的第一要务，围绕中心、服务大局，聚焦市委、市政府提出的绿色产业城市和生态宜居城市建设，聚焦经济发展的主导产业和新兴产业，聚焦教育卫生等民生工程，找准定位，发挥优势，精心选择课题，深入开展调查研究，多建睿智之言，多献务实之策。参政参到点子上，议政议到关键处，为经济社会健康发展献计出力。要努力探索新形势下民主党派社会服务工作的新思路、新模式，不断活化"三下乡"、智力支教、爱心捐助、春联进万家、法理人生讲座等活动载体，创出特色，打造品牌，更好的服务群众，积极营造和谐稳定的社会氛围，牢固树立起参政党的良好形象。

纪念"五一口号"，就是要坚持不懈地加强自身建设。加强民主党派自身建设、充分发挥参政党作用，是巩固多党合作事业发展的重要抓手，也是学习纪念好中共中央发布"五一口号"70周年的具体体现。民进松原市委会要坚持以思想建设为核心，把政治思想建设贯穿领导班子建设全过程，坚持理论联系实际，落实民主集中制原则，切实提高"五种能力"，努力形成齐心协力谋发展、群策群力促和谐、团结一心干事业的生动局面。要坚持以组织建设为基础，坚持正确的用人导向，用新的激励机制凝会员之心、聚会员之才，构建合理的基层参政骨干梯队，全面树立创先争优的价值取向，着力打造一支高素质的参政党队伍。要坚持以制度建设为保障，用制度管理人，用绩效评价人，使民进机关成为工作规范化、制度化、程序化的模范窗口，进一步提高工作质量和工作效率，更好地承担起工作重任，展示机关建设的新面貌。

风雨同舟七十载，春华秋实谱新篇。民进松原市委会要以"五一口号"70周年纪念活动为契机,在中共松原市委、民进吉林省委的领导下,不忘初心、不辱使命,和衷共济、携手前行,不断开创民进工作新局面,为新时代松原振兴发展做出新的更大贡献。

★本文是在市委统战部召开民主党派纪念"五一口号"发布70周年座谈会上的发言,并在《松原日报》上发表

关于加快推进重点项目建设的几点思考

（2018年7月）

近年来，一场以"思想大解放，推动经济高质量发展"为主题的新一轮解放思想大讨论热潮正在我市蓬勃兴起。这无疑对加快推进重点项目建设，实现经济高质量发展具有重大意义。我们要站在新的起点上，围绕市委、市政府谋划的重点项目建设，认真总结经验、审视差距、直面问题，破解瓶颈。只要不违背党纪国法，不损害国家和人民利益，就要有胆有识有力、打破思想禁锢、敢闯敢冒敢试、少说多做实干，向深圳学习，勇当排头兵。以思想的大解放促进重点项目建设的大突破，进而推动全市经济社会高质量发展。

一是要深层次地解放思想。当前，我们所处的时代是大变革的时代，是思维观念大转变的时代，是社会大进步的时代，是经济发展进入新常态的时代。在这样的大背景下，我们应审视国内外发展大势，审视省情市情和我市建设项目优化资源配置的效应，立足实际把握经济社会发展规律，深刻领会解放思想是引领经济社会发展重要法宝的内涵，充分认识与发达地区根本性、致命性差距是思维观念上的差距，适时打破习惯势力和主观偏见的束缚，增强政治意识、忧患意识、争先意识、创新意识，突出"项目为主"这条主线，解决"不担当、不负责、不作为"等问题，破除"当甩手掌柜""大懒支小懒"等不良现象，切实在灵魂深处解放思想，在思维观念中实现超越，用新理念突破传统模式，用新思维探研工作新路径，努力使引进重点项目的精准率、落地率、成功率、回报率有一个较大的提升，推进经济转型升级，推动新旧功能转换，逐步形成大项目支撑、小项目集群的发展格局，努力实现我市经济社会高质量发展。

二是要实打实地推进项目建设。项目建设是经济增长的重要载体，是高质量发展的关键，需要实打实的去抓，俗话说，"凡事成于真而毁于假，兴于实而败于虚"。在项目建设的推进上，来不得半点虚招、容不得丝毫假戏、掺不得任何水分。我们只有发扬钉钉子精神，大兴求真务实之风，实打实地干，硬碰硬的拼，坚持项目为王，将重点项目作为各项工作的头版头条，才能围绕国家产业政策和项目投放方向、优势产业和新兴产业、民生工程等，高质量地谋划生成一批科技含量高、产业链长、投资额度大、发展后劲足、牵动作用强的重点项目，高效率地推进一批无污染、土地利用率高、资源消耗低、就业税收好的既能尽快开工投产达效，又能提升素质做响品牌的好项目，才能在借鉴高压紧逼的做法下，坚定不移地抓招商，坚持不懈地抓项目，不断完善压力传导、督促考核等机制，使我市真正形成项目招商的质效越来越好，项目集聚之势越来越强的工作局面，努力走出一条生态优先、绿色循环经济发展之路。

三要下力气优化营商环境。良好的营商环境是经济发展的综合体现，是本地区提升综合竞争力的客观要求。因此，我们要深化对"放管服"改革和"只跑一次"改革的认识，树立优化环境就是促进生产发展的观念，切实加强党政一把手的"亲自"领导，进一步调整角色定位、加速政府部门转变职能，做好审批环节"减法"和审批效率"加法"的横向联动机制两篇文章，不断强化服务意识，实行保姆式的管理，建立真诚互信、清白纯洁、良性互动的政商关系，积极为企业营造亲商、安商、富商的政策体系和竞争有序的市场化营商环境。要加大督促检查力度，净化市场秩序，对软环境存在的问题予以坚决整治，谁破坏软环境，就砸谁的饭碗，使违法者为自己的不法行为付出沉重代价。同时，将督查检查事项和目标考核内容纳入年终绩效考核评价体系，实行奖惩激励机制。要为企业办实事，努力坚持要素跟着项目走原则，紧扣土地指标、环保容量、融资渠道、人才技术等关键环节遇到的瓶颈问题，加强统筹协调、优化资源配置、切实维护好企业合法权益，让松原这片土地真正成为全民创业的"净土"和发展经济的源头活水，努力打造政策支撑更精准、涉企服务更精细、解决问题更高效的百姓满意的服务型政府。

★本文是在参加松原市大项目建设检查后的思考

坚守合作初心，牢记使命担当，为助推松原高质量发展做出新贡献

（2019年12月31日）

各位代表：

我受中国民主促进会松原市第四届委员会的委托，向大会做工作报告，请予审议。

一、八年来的工作回顾

民进松原市委会在民进吉林省委和中共松原市委的坚强领导下，团结带领广大会员，坚持"有思有行、集智聚力、顺势而为、开拓创新"的工作方针，围绕市委、市政府中心工作，不断创新工作思路，强化自身建设，认真履行职能，开拓进取，真抓实干，较好地完成各项工作任务，取得了新成绩，开创了新局面。2015年，民进松原市委会荣获民进中央"先进基层组织"、民进中央社会服务"先进集体"称号；2016年，获得民进中央参政议政"先进集体"荣誉称号。多次荣获市政协提案先进单位和省委统战部"同心献智"优秀服务团队等称号。

（一）坚定政治信念，思想共识有新提高

思想建设是参政党建设的灵魂，是推动工作的先决条件和有效方法。八年来，市委会始终坚持学习马克思主义中国化的最新理论成果，特别是以习近平新时代中国特色社会主义思想为指引，把深入开展"坚持和发展中国特色社会主义学习实践活动"作为思想建设的主线，采取多种方式，深化思想政治教育，推动思想建设取得新成果。

强化政治理论学习。市委会把政治理论学习作为头等大事来抓。利用理论中心组研讨会、市委会（扩大）学习会以及理论培训班等多种形式，认真学习习近平新时代中国特色社会主义思想和十八大、十九大会议精神，认真学习贯彻习近平总书记关于推进东北振兴、视察松原的重要讲话指示精神，认真学习统一战线基本理论与政策。邀请市委党校教授为广大会员做参政议政专题讲座，举办建设高素质参政党参政议政理论研讨会，深入市中心医院支部学习宣讲十九届四中全会精神。先后召开市委会（扩大）学习会40余次，撰写理论性文章39篇，其中11篇文章在民进吉林省委理论研讨会上获奖。有计划地选送了103名会员参加中央、省、市举办的各类理论培训班。近期，市委会主要领导带领班子成员深入到中心医院支部，学习宣讲中共十九届四中全会精神，并与参会人员进行了座谈交流。通过学习，广大会员增强了"四个意识"，坚定了"四个自信"，做到了"两个维护"，政治理论水平不断提高，政治把握能力显著增强，理想信念牢固树立，思想基础进一步夯实。

突出主题教育活动。为了把坚持和发展中国特色社会主义学习实践活动走深做实，我会注重"三个结合"，即主题教育与专题理论辅导相结合，与重大纪念活动相结合，与"爱读书、读好书"报告会相结合，进一步坚定了广大会员的信念，激发了广大会员作为中国特色社会主义参政党成员的责任感和使命感。在"三严三实"专题教育和"不忘合作初心，继续携手前进"主题教育中，王兴顺主委以《严守党的政治纪律和政治法规》为题做了辅导。组织召开了纪念中共中央发布"五一口号"65周年和70周年两次座谈会，并撰写理论文章21篇。连续5年在"世界读书日"期间，组织召开了"爱读书、读好书"报告会，先后有32篇读书心得体会在《松原日报》《吉林民进》等报刊上发表。

（二）夯实组织基础，自身建设有新活力

组织建设是参政党加强自身建设的核心内容，是我会全面建立一支政治坚定、充满活力、和谐向上的高素质参政党队伍的根本保障。

加强组织建设。市委会严格按照民进吉林省委要求吸纳高层次人才入会。在确保教育、文化、出版主界别的基础上，加大了法律和社会新阶层等方面高层次人才的吸纳力度，形成了年龄、专业和界别较为合理的会员梯队。从2011年110人发展到了195人。在职会员123人，其中省、市、县三级人大代表、政协委员18人，在职县处级干部6人，科级干部7人，具有研究生学历的6人，具有中级职称以上的151人。先后有30人被民进吉林省委评为全省优秀会员，1人获得全省优秀政协委员和优秀提案奖，8人被民进中央评为全国先进个人。市委会下设12个支部，先后有9个支部被民进吉林省委评为全省先进支部，4个支部被民进中央评为全国先进支部。2016年9月份圆满完成了基层组织换届，经过会员民主评议，使一批热心会务工作、积极肯干的优秀会员走上了支部负责人岗位，增加了基层组织的活力和战斗力。

创新工作机制。一是建立班子成员和支部主任述职常态机制。每年都开展工作述职活动，深化了坚持集体领导和分工负责相结合的民主集中制原则意识，不断提高了班子成员民主决策能力和政策水平。二是定期开展领导班子走访支部活动。班子成员每年至少两次深入到支部中，认真听取支部主任汇报，全面检查各支部工作开展情况，既密切了会员与市委会、支部主任与本单位党组织的关系，又密切了参政党与执政党的关系。三是注重典型引领作用。以市职业技术学院支部、吉林油田职工医院（今松原吉林油田医院）支部、市教育学院支部、宁江初中支部四个基层组织为典型，全力打造"四有支部"，积极发挥典型示范作用，形成"学先进，争先进"的良好氛围。连续两年承办了民进吉林省委组织的基层组织建设现场会。先后有来自全省优秀基层组织负责人和各市委会机关负责人共80多人进行实地参观考察与学习交流。民进中央组织部部长左延珠以《加强参政党基层组织建设的实践与思考》为题，做了专题报告，市班子领导先后到现场会参加活动，民进松原市委会新面貌、新气象得以充分展现。

（三）认真履行职能，参政议政有新作为

参政议政是参政党的主要职能，也是民进参政党自身价值的体现。经过八年的实践，我市参政议政工作逐步走上了制度化、规范化、程序化的轨道。

搭建平台，创新载体。一是积极参加中共市委统战部和市政协举办的协商座谈会，就我市重大方针政策制定和经济社会发展中的重要问题建言立论献计出力。二是创建虚拟机构，成立了由市委会领导任组长的经济、教育、文化、卫生4个方面参政议政领导小组，为组织带领会员深入基层开展调查研究提供组织保障。三是完善参政议政工作制度，先后出台了《民进松原市委会目标责任制考评办法》《参政议政"五个一"工作制度》等规定，即每名会员每年度至少深入基层开展调研撰写一份社情民意、提案或建议；每个支部每年开展一次参政议政议题讨论；市委会每年提交一份调研报告或大会发言和一份集体提案，年终进行一次成果评比。为参政议政活动提供了较好的制度保障。

发挥优势，主动作为。围绕"两个城市"建设进行调研。针对绿色产业发展、农村环境整治等方面，撰写了《关于加大绿色蔬菜生产力度》《关于农村废旧农膜污染与处理》等调研报告；围绕人民群众关注的热点难点问题进行调研。针对医疗养老机构、中医中药管理、公共服务等民生事项，提出了《构建医疗养老新途径》《关于加快推进中医药事业发展的建议》《关于全民健身开放校园的建议》等集体提案和提案或建议；围绕教育文化主体职能进行调研。针对城乡文化建设、校园周边环境、教育均衡、非遗文化物质保护等情况，撰写了《落实富民强市战略，加快文化产业发展》《关于建立现代职业教育体系》《关于减轻中小学生课外负担问题的思路和对策》等调研报告并在政协大会上发言；提出了《加强乡镇文化站建设的建议》《关于学前教育健康发展的建议》等提案。此外，在食品安全、民营经济、机关建设等方面也提交了数量较多、质量较好的提案和社情民意。这些都为市委、市政府科学决策提供了有分量、有质量、有价值的依据。八年来，共撰写调研报告、大会发言、议案、提案和社情民意共120余件。

（四）提升品牌形象，社会服务有新成效

社会服务是参政党履行职责的重要组成部分，也是树立参政党形象的重要体现。我会积极探索社会服务新途径，广泛开拓社会服务新领域，努力提升社会服务水平，全面提高了民进的知名度。

开展系列品牌活动。一是我会连续十余年深入贫困乡村开展"教育、文化、卫生"三下乡活动。先后组织会员中的几十名市内优秀或高级教师、专家、演员，为1300余名中小学师生进行教学讲座和示范性教学，为4200余名百姓演出10余场文艺节目，为2500余名敬老院老人和百姓提供医疗服务和健康检查，发放药品5万余元。同时，多个支部开展义诊活动10余次，对上百人进行了免费体检，为近千人次提供了详细的诊疗方案，累计捐献药品10万余元。邀请农业科技专家现场为百姓就农作物种植、病虫灾防治、田间后期管理等方面进行讲解和指导，发放农业技术手册500余册。松原电视台和松原日报社配发专题给予报道。二是持续开展"法理人生"系列活动讲座。深入社区，围绕家风传承和基层群众法律需求，先后开展了多次讲座，深受群众欢迎；以"远离校园暴力"为题对青少年进行法律知识讲座，提高了青少年的法律意识和自我保护能力。三是开展"春联万家"活动。连续多年走进社区、乡村，为当地居民书写春联送祝福，先后送去春联3000多对、福字4500多张，既丰富了群众节日文化生活，又提升了民进在人民群众中的影响力。

开展支教补短活动。宁江区初中支部开展了为期五年的"补短计划"，定期组织本支部的教育界部分会员利用自己的课余时间为乡村小学送去近百堂音、体、美方面义教课程，既培养了村级小学生审美情趣，有效解决了教育补短问题，又对基层教师进行了专业化培训；在城镇中小学开展"陶笛、古诗词新唱进课堂"活动，首批共有7所学校4000余名学生参与。今年6月份，召开了市民进与宁江初中支部和宁江区教育局、宁江区教师进修学校联合举办的宁江区"陶笛、古诗词新唱进课堂"主题推进会，切实用中华传统文化陶冶青少年情操，此项活动引起了广大师生、家长以及社会的积极反响。

开展助教助学活动。与市法院、市妇联、省华侨外国语学院、省民进联合开展"冬日送温暖，真情献爱心"活动，对长岭县长岭镇治安村贫困小学进行了全方位帮扶，捐资捐物10万余元，较大地改善了师生的工作和学习环境；与建行、农行、惠民银行联合开展捐资助学活动，为东北电力学院松原籍特困患病学生分批次捐资9万元，用以解决大学期间的学费和生活费。民进义举感动了校方领导，免除了该同学的学费。目前，该学生以优异成绩毕业，应聘到福建省中网核电工作；与民进吉林省委会一道，走进宁江区伯都乡杨家村，为农家书屋捐赠了以科普读物为主的价值约13000元的图书，切实为提高农民文化素质营造良好的读书氛围。

回顾过去的八年，我们实实在在地做了一些工作，取得了较好成绩。这是民进吉林省委正确指导和中共松原市委坚强领导的结果，是市人大、市政府和市政协大力支持的结果，是中共松原市委组织部、统战部具体指导和热情帮助的结果，也是广大民进会员团结奋进、主动作为、共同努力的结果。在此，我代表民进松原市委会第四届委员会向为民进事业做出贡献的老同志，向各支部主任和全体会员表示诚挚的问候！向长期关心、支持、帮助民进工作的中共松原市委、市人大、市政府、市政协和有关部门、兄弟党派、有关团体以及社会各界朋友表示衷心感谢！

面对新时代的新形势、新任务、新要求，我们应清醒地认识到，与发展的需要、组织的要求和会员的期待相比还存在着一些不足。主要是：自我教育意识不强；基层组织发展不均衡；参政议政能力有待于进一步提高；代表性人士队伍建设还须不断加强，会员担任实职和人大代表、政协委员及各类监督员的培养、推荐机制须持续完善等。这些问题需要高度重视，采取有力措施加以解决，推动民进事业持续向前发展。

八年来的工作历程，我们深深地体会到：

（一）自觉坚持中国共产党的领导，是我会做好工作的政治保证。我们始终高举中国特色社会主义伟大旗帜，以习近平新时代中国特色社会主义思想为指引，深入学习贯彻十九大、十九届四中全会精神，坚持强化政治担当，树立"四个意识"，坚定"四个自信"，做到"两个维护"，在大是大非面前始终与中国共产党保持高度一致。

（二）坚持继承和发扬老一辈的优良传统，是我会建设高素质参政党的精神动力。我们秉承"为执政党助力、为国家尽责、为人民服务"的使命担当，不忘合作初心，继续携手前进，确保"继承传统、以党为师、立会为公、参政为民"的共同意志，切实贯穿于全会的社会实践之中。

（三）坚持把发展作为参政议政的第一要务，是我会一贯秉承的历史责任。我们围绕中心，服务大局，立足特色，发挥优势，做到参政参到点子上，议政议到关键处，不断提高建言献策的能力和水平，切实履行好参政党职能。

（四）坚持牢固树立服务社会的政治理念，是我会助力构建和谐社会的基本途径。我们确保在服务社会、奉献社会的实践中，凝心聚力，体察民情，多办实事好事，进一步提升民进参政党履职为民的影响力。

二、今后工作的建议

加快我市生态振兴、转型崛起，建设"两个城市"是新形势和新任务对我们提出的新要求。我会必须立足发展新方位、新目标，找准履行职能和自身建设的切入点，弘扬优良传统，强化责任担当，以更宽广的视野、更长远的眼光来思考和把握未来的发展，不断增强工作的原则性、系统性、前瞻性和创新性，为促进松原实现高质量发展做出应有的贡献。

（一）进一步加强政治理论学习，筑牢共同奋斗思想政治基础。把学习贯彻习近平新时代中国特色社会主义思想和十九大、十九届四中全会精神与"不忘合作初心，继续携手前进"主题活动作为贯穿于加强自身建设和履行参政职能的主线。坚定政治信念，增进思想共识，引导和激励广大会员坚定走中国特色社会主义政治发展道路，始终与中国共产党同心同德、同向同行。

（二）进一步注重队伍建设，为履行参政党职能提供组织保证。坚持民主集中制原则，完善议事规则和工作程序，坚持执行领导班子和支部主任述职机制，提高决策的民主化、科学化水平。夯实后备干部队伍基础，做好代表人士发展、培训、智库建设，为后备干部培养、选拔、使用创造良好条件。积极强化基层组织建设，切实增强各支部的凝聚力、向心力和战斗力。着力打造"五型机关"，不断提升机关窗口形象。

（三）进一步提高参政议政能力，为经济社会健康发展建言献策。要立足参政党职能，大力加强参政议政能力建设。聚焦市委、市政府经济转型、项目建设、"三大攻坚战"等中心工作；聚焦教育、文化、卫生、新闻出版等社会事业；聚焦社会保障、城市创卫、环境治理等民生工程，发挥自身优势，集聚智慧和力量，深入开展调查研究，提出切实可行的意见和建议，为党委、政府科学决策提供依据。

（四）进一步创新社会服务模式，为构建和谐社会传播正能量。在坚持"捐资助学""扶残济困"、送教送医送文化"三下乡"等活动的基础上，坚持量力而行、尽力而为的原则，拓展到经济转型、精准扶贫、项目建设等方面的社会服务领域，不断探索社会服务职能新途径，实现从"随机化"向"精准化"、从"分散化"向"集约化"，从"短期化"向"长期化"、从"单向化"向"互动化"转型，着力打造出社会服务品牌效应，形成独具特色的优势产品，不断满足群众个性化和多元化需求，为构建和谐社会发挥积极作用，切实提升社会和群众对民进参政党的认知度和影响力。

各位会员，各位同志，回顾过去，无比自豪；展望未来，信心倍增。我们坚信，新一届市委会将站在新时代的起点上，坚持以习近平新时代中国特色社会主义思想为指导，团结带领各级组织和广大会员，以奋发有为的精神状态、埋头苦干的工作作风，努力建设新时代高素质参政党，不断开创民进事业发展的新局面，为松原全面振兴全方位振兴做出新的更大贡献！

★本文是民进松原市委会第五次代表大会上的工作报告（由时任副主委李艳青代做报告）

生活篇

夜观北戴河

（1996年10月）

北戴河水浪接天，月光如昼凝诗篇。
情怀脉脉思潮涌，画卷而今史无前。

★本文写于北戴河第十期全国政协干部培训班

抗洪赞

（1998年12月）

党政军民警，降魔抖精神。
奋力抗洪灾，领导阵前临。
踏查危险段，科学统筹勤。
防溃堵决口，军警立功勋。
排险除内涝，干群昼夜轮。
爱心捐助会，党派情谊深。
劫后齐努力，共建新乡村。
战胜大洪水，谈笑遏白云。

★本文写于抗洪结束时

文史情

（1999年6月）

文史工作聚共识，资政育人明大义。
着意耕耘史海阔，博学多闻解质疑。
良师益友探学问，科学精神植心底。
孜孜以求炼品行，崇高使命应牢记。
勤于书写家乡事，精品荟萃文采聚。
昭示后人不忘本，修德明心知兴替。
爱国旗帜同高举，创新华章共激励。

★本文写于编辑《文史荟萃》期间

多党合作谱新篇

（2000年5月）

政治协商方向明，高举旗帜砥砺行。
集思广益议大事，民主决策吐心声。
互相监督兴事业，肝胆相照情相通。
坦诚建言做诤友，反腐倡廉敲警钟。
参政议政倾心力，关注民生有始终。
反映社情与民意，普惠群众最光荣。
长期共存抒己见，和衷共济风雨同。
民主政治新气象，合作共事硕果丰。

★本文写于基层调研

母亲八十岁生日感怀

（2007年8月）

　　金色的八月，流光溢彩；喜庆的日子，笑语欢声。在这美好的时光岁月里，我们儿孙和亲属欢聚一堂，共同庆祝我的老母亲80岁寿辰。

　　我的母亲是一位平凡而伟大的母亲，阅尽世上冷暖春寒，尝尽人间酸甜苦辣。她吃苦耐劳，勤俭持家，任劳任怨。在那艰难困苦的岁月里，她勇敢地面对草帘门窗、寒锅冷炕、家徒四壁的窘迫生活，没有屈服，拖着病弱的身体，靠做工、编炕席、养猪等微薄收入，贴补家用，用柔弱的肩膀挑起生活的重担。在父母的辛勤操劳下，家境逐步摆脱了困境，过上了好日子。如今生活殷实，人丁兴旺，其乐融融。

　　我的母亲心地善良，乐善好施，关爱他人。她对同事团结友爱，工作一辈子从未与人发生口角；对亲朋宽宏大量，在自己生活拮据的情况下，怜贫扶弱，接济他人，用自己的实际行动传承了中华民族的美德。

　　我的母亲孝敬父母，和我父亲一起赡养我的奶奶、姥爷和姥姥。三老体弱多病，奶奶肺心病、姥爷骨结核，尤其是姥姥还双目失明，母亲悉心照料，饭递到手、喂到口，端屎端尿、熬汤煎药，日复一日、年复一年，寒来暑往50余载。奶奶长寿73，姥姥高寿99！母亲用她至真至诚的爱陪伴三老走完了人生路。母亲以身作则，为我们后辈人树立了人生的榜样。

　　我的母亲含辛茹苦，治家有道，教子有方，将我们五兄弟姐妹培养成国家有用之人。她疼爱晚辈，和蔼慈祥，用言传身教构建起了和谐的家庭关系，用温暖博大的母爱给我们带来了幸福和安康。母亲给予我们的爱无以言表，她那勤劳善良的高贵品格、宽厚待人的处世之道、严爱有加的朴实家风，无不潜移默化地影响着我们；母亲的谆谆教导和殷切希望，无时无刻不在鞭策和激励着我们；没有母亲就没有我们的今天，母爱似水，恩重如山！我们为母亲感到骄傲和自豪。

谁言寸草心，报得三春晖。母亲，您是我们最值得尊敬的人，您的健康是我们最大的心愿，您的欢乐是我们最大的幸福，您的儿孙晚辈一定会孝敬您，让您过上更加幸福美满的生活。

衷心祝愿母亲健康长寿，笑口常开！愿我们的明天更加美好！

★本文是在母亲80岁寿辰时的感怀

政协大楼乔迁感怀

（2010年10月）

开天辟地志高昂，人大政协沐阳光。
参政大楼乔迁喜，精英荟萃紫气祥。
改善环境省第一，良苦用心似兰香。
调查研究顺民意，建言立论谱华章。
感谢国家感谢党，和谐队伍斗志强。
协商制度行大道，人民事业凯歌扬。

★本文写于政协大楼乔迁时

民进好

（2010年12月）

喜鹊枝头欢叫，春和景明人笑。
欢天喜地相聚，事业吉星高照。
茶香畅饮情真，龙飞凤舞花俏。
兄妹风采出众，肝胆情义可靠。
昔日教导铭心，今朝不忘法宝。
建言立论争先，民进越来越好。

★本文写于民进工作总结会上

秋 月

（2014年8月）

秋天的月光宁静流淌，
魂牵梦萦我心动的帆樯。
波涛的激荡摇曳出友爱的光芒，
倩影的摆渡使我独自彷徨。
啊！相思的秋月，
你撩开了我黑夜的天窗。

秋天的月光深沉凝望，
你为我披上一件梦的衣裳。
带着希望祈祷路的前方，
细细品酌那钟情的佳酿。
啊！美丽的秋月，
你为我人生的快乐悸动荡漾。

秋天的月光情意悠长，
无论何时我都坚守信仰。
梦里梦外依偎在你的胸膛，
与我白头回味醉人的沉香。
啊！幸福的秋月，
让我们迎着春色异彩的风光。

★本文写于中秋节赏月

说给新婚小夫妻的话

（2015年6月）

今天是儿子、儿媳新婚大喜的日子。在这阳光明媚、圣湖荡漾、鸟语花香、郁郁葱葱的美好季节里，咱们家人非常高兴，欢聚一堂，共同祝福你们两位新人喜结良缘。

你们俩经过一年多的相识、相知、相爱，今天终于走到了一起，步入了美好的婚姻殿堂。这标志着你们成家立业了。借此良机，老爸对你们说三句话：

第一句话，做对家庭负责任的人。家是父亲的王国，母亲的世界，儿童的乐园。两个相爱的人要做到夫妻恩爱、包容呵护，勤俭持家、自立自强、锻炼身体、陶冶情趣，哺育儿女茁壮成长，做到胸怀宽广、建功立业。

第二句话，做对亲朋重情义的人。亲情是一生的牵挂，友情是一辈子的财富。孝敬长辈，善待朋友，学会感恩，不忘本色，发扬光大王氏家族的传统美德，打造良好家风，让恩情和友情成为你们的护身符。

第三句话，做对国家有贡献的人。拼搏成就梦想，责任激发热情。学成归国后应以事业为重，志存高远、脚踏实地、遵章守纪、爱岗敬业、互勉互励、比翼齐飞，用勤劳智慧的双手创造美好的未来，回报党和国家、学校和老师对你们的关怀、培养和期望。

衷心祝福你们俩新婚愉快，早生贵子，幸福美满，白头偕老。

★本文是送给儿子儿媳新婚的祝福

不懈的突围

——纪念我的父亲王秀文

（2015年12月）

乙未年十月十八日（2015年11月29日），是我父亲去世一周年的祭日。父亲离开的这一年里，总想写一点纪念的文字，但每次都被悲伤的潮汹涌着冲溃。今天很冷，泪可成冰，所有细碎的思念，所有想表达的悲伤，此刻凝成只言片语聊以慰藉吧！

父亲是个"苦命人"，这一生都在路上，坚持不懈地进行着突围：家庭的困境、文化的瓶颈、事业的起伏、经商的尝试。他有着超乎常人的旺盛精力和改变现状、掌握命运的强烈意识，一辈子都在寻求改变，一次次突围命运的藩篱。

他打小就苦。我们老家在大安县大岗子乡（今大安市大岗子镇），父亲16岁那一年，在那里埋葬了他的父亲，迎娶了他的新娘。16岁，是现在一个初中生的年龄，但他已经挑起了家庭的重担：母亲支气管炎、岳父骨结核、岳母双目失明以及舅舅早亡扔下的孩子需要抚养等，这些都是他瘦小的身躯坚强挺立的理由。有人说，人的一生多是为别人而活，为责任而活，听起来很累。但是，如果一个人只为自己而活，那又有什么意义和价值呢？他奉养老人，无一丝抱怨，是远近闻名的孝子。我的祖母后来患有肺心病瘫痪了，炕吃炕屙。父亲始终悉心照料着，想吃什么，家里没有，他半夜起来也一定去买。我的外婆中年以后因青光眼双目失明，父亲对她没有半点嫌弃，吃饭筷碗送到手，去厕所领到门口。晚年因耳聋耳鸣特别严重，四处求医也治不了，耳朵里轰轰作响，经常半夜起来，用拐棍敲打着门叫人，问"几点了""下雨了吗"……父亲就这样默默无闻，年复一年，日复一日，一直奉养老人直到99岁安详故去。

父亲那些年想方设法，努力奋斗，但依然是穷。几年后，我们兄妹5个相继出世，家里更是陷入了赤贫。为了生计，全家老小都不停地在忙活，养猪、编炕席、捋碱蓬子、刨茬子、捡粪等等。硬是靠着诚实善良、勤劳节俭的家风支撑起这个家，虽然苦累些，但心里总有甜意，更有一种向上的盼头劲头。那时候，我们连一双像样的袜子都没有。好在父亲小时候读过5年书。新中国成立之初，人才缺口极大，父亲凭着这5年书底儿，很快就找到了工作并被选拔出来，先后担任副区长、区长职务，工作变动后，来到了安广县的安广镇（今大安市安广镇）。由于父亲有点文化，思想积极进步，工作认真负责，二十几岁就被任命为安广镇委副书记、书记，可谓来之不易。在工作中，他越来越觉得文化不够用，当然，按部就班下来也没什么，多少人就是这么过来的。他不满意，他有更高的追求。重新上学读书不可能了，他就通过自学、进修和向老领导、同志请教提升自己。

"学向勤中得，萤窗万卷书。三冬今足用，谁笑腹空虚。"（汪洙《勤学》）他从一个仅能识文断字的乡下孩子成长为黑龙江省、吉林省日报社的优秀通讯员，并被抽调到吉林日报社工作。因我奶奶年龄大身体又不好，一不小心把腿摔成骨折，以及家庭生活负担过重，没有办法，只好向组织申请要求返回县城工作，得到了批准。

他这一辈子都没有间断过看书学习，常说的一句话是："攒多少钱也不如让孩子学知识、有本事。钱说没就没了，知识丢不了，本事谁也拿不走。"就在79岁高龄时还给我们讲述忆苦思甜史呐！这些话对我们兄弟几个具有非同一般的意义，时至今日也成了我们教育子女的口头禅。薪火不尽，代代相继，这就是家教，就是传承。

当然，这世上，谁都不可能一帆风顺。生命就像艰难困苦交织而成的网，常会在不经意中一次次羁绊我们前进的步伐。据父亲回忆，在"文革"那个特殊历史时期，他迷茫过、怀疑过、痛苦过，但他没有盲从、没有沉沦、没有回避，面对现实生活和诸多好心人的帮助，他眼中多了一份沉默、一份忍耐、一份持守。"文革"结束恢复工作后，他依然善良，不记仇怨，帮助所有该帮助的人，这是父亲给我们的一辈子的财富。在此，请允许我向当年帮助过我父亲的人们真诚地道一声谢谢！

人性的真善美，需要后天不断地打磨、矫正，才能永葆不失。这个事需要有人来做，这个苦需要有人来受。这是历史的考验，是人生的责任，不容逃避。流泪、抱怨、躁怒无助于消解痛苦，往往还会将我们推向更黑的深渊。他在打磨、矫正世道人心的同时，也不断地打磨、矫正着自己。一次次地受教育，一次次地站起来，笃定而坚强，在精神世界里他一次次地突围而出，完成着生命的成熟与升华。

他一直相信知识可以改变命运，所以对我们的教育从不松懈。他主张让我们从事教育、卫生等科学事业，百姓啥时都能用得着。特别让我刻骨铭心的是，在初中开门办学那个年代，十五六岁的孩子要利用业余时间，去学了三个月电动机和半年的木匠，人皆望子成龙，他却从没有任何不切实际的想法，要求我们首先学到一技之长，不要成为社会上的"混子"，而能有个养家糊口的本领，"亲其亲""子其子"，承担起对于家庭的责任，然后再考虑"使老有所终、壮有所用、幼有所长、矜寡孤独废疾者皆有所养。"（《礼记》）这样高层次的理想和价值，"修身、齐家、治国、平天下"的儒家伦理政治观在他这里得到了最为朴实的诠释。

因家里孩子多、老人又多病，需要生存与照料，父亲放弃了在省城发展，回到家乡，一辈子就与教育结下了不解之缘。他当过县教育局副局长、重点高中校长、县办师范学校校长、白城地区师范学校副校长、白城市教育局副局长兼教师进修学校校长等，最后在白城地区幼儿师范学校党委书记兼校长职务上离休。这就是他一生的履历：清楚，清白。坐机关，他廉洁奉公，恪尽职守；办教育，他研究教育规律，学习教育教学理论，尤其是重视人才培养，为白城地区特别是大安的教育奉献了自己全部的心力。嘉言、懿行、善果，他桃李满天下，八百里瀚海，提起王秀文，或多或少的都得到称赞。他的德为人先、行为世范让我们这些做子女的深感自豪，并成为我们后代人的文化基因和精神坐标。

退休后，他闲不住，没办法像人家那样养花、观鱼、听戏、打麻将，总想做点事，认为一个人对家对社会什么时候都要有益有用，不能混吃等死。他开始琢磨商品经济，琢磨民办教育的市场化运行。办教育，他还有很多新想法、新观念，不实践一番怎能甘心！于是，经过几番努力，松原市育才学校诞生了，有成功有教训。但无论怎样作为一位老人、老教育工作者，他的想法做法还是比较超前、符合实际和国家发展走向的。几年后，他又对创办实体企业产生了浓厚的兴趣，起初办理比较顺利，但后来遇到不道德不公正的麻烦，留下终生遗憾和期待……其实，我们对他晚年这些"折腾"并不支持，更不支持办企业，行走不便，怕磕着碰着，有点啥事让人家笑话，含饴弄孙、安享晚年多好，但他不听，也拗不过他，总待不住、总要有点事做。孝顺孝顺，还是以顺为孝吧！

慢慢地，我有些理解他了。很多人退休后不适应，以前忙碌而充实，一下子闲下来空落落的，那是一种失重般的感觉，由此引发心理障碍或者生理疾病的不在少数。这种退休综合征一旦患上，就像整日身处无边雾霾之中，挣不脱，走不出。以父亲的人生阅历，一定深知此弊，所以才做了这样的选择，尽管看起来是想老有所为，但何尝不是又一次的突围尝试，他"在海潮和绿荫之间，做着与风雪搏斗的梦。"（舒婷《岛的梦》）成败无须计较，有梦、有努力，人生无憾矣。父亲这一生很苦，很疲倦，有时甚至很狼狈，但他从不放弃信念与尊严，他对人生价值的追求，海纳百川的胸怀，勇于担当的品格，不骄不馁的突围精神，是留给我们的受用不尽的宝贵遗产。

人总是在艰难中成长，都会有需要突围的时候，生命就是在一次次的突围中臻至成熟和圆满。如今，父亲"挟飞仙以遨游，抱明月而长终。"（苏轼《赤壁赋》），他终于溃围而出，逍遥于尘世之外，得大自在，得大解脱矣！——这是我在悲痛之余给自己的一点点安慰。顾城有一首诗——《给我的尊师安徒生》，最近读来，颇有所感，为弥补自己于诗才的不足，略做改易，借来献给我的父亲：

金色的流沙/湮没了你的童话/连同我——/无知的微笑和眼泪/我相信/那一切都是种子/只有经过埋葬/才有生机

当我再来的时候/眉发已雪白/久久驻足于/这个碧绿的世界/在花朵和露水中间/我将重新找到/儿时丢失的情感

您放心的安息吧！我最亲爱的爸爸！！

★本文是父亲逝世一周年祭文

怀念父亲

（2016年12月）

　　再过数日，便是家父去世两周年祭日，忆及老人生平，悲情难禁，遂成诗以记。

腊月凛风芦花雪，万木萧疏霜如烟。
慈父驾鹤西归去，留儿追思仙鹤园。
仙鹤园里风雪骤，慈父锦被可抵寒？
音容笑貌常入梦，岂畏阴阳九重天。
记父生前之教诲，忆父一世之维艰。
年少孤苦贫如洗，甘之如饴迨中年。
两双筷碗立门户，看淡得失天地宽。
外祖母寿九十九，端茶捧饭细周全。
为人为道寻常理，未因穷通志不坚。
助人为乐存博爱，积善行仁品格端。
情系国本兴教育，培植桃李血尤鲜。
勤俭持家建基业，安身立命技当先。
叮嘱儿孙多读书，又红又专自耕田。
自强不息开新境，责任使命担在肩。
两年离散身心痛，祭拜慈父鹤山前。
不信世上神鬼事，但求我父泉下安。
香烛萦绕泪泉涌，儿孙承志效亲贤。
慈父厚德昭后辈，淳朴人家重孝廉。
精神永存星辉耀，传统家风代代传。

★本文写于老爸逝世两周年前

陪90岁老母观天池有感

（2017年8月）

林海茫茫绿天边，白山巍巍何壮观。
忽降雨雾情何堪，唯恐老母梦难圆。
观音亭台传喜讯，陡峭崎岖勇向前。
天公作美俯首望，龙潭圣水碧如蓝。
感谢上苍多眷顾，祈福大地万代安。
吾辈同心齐勠力，小康社会开新元。

★本文写于二道白河镇

地瓜赞

（2017年9月）

藤萝紫衣裳，娃睡母怀下。
知秋终破土，昂首向上爬。
脱掉泥外褂，丹心世人夸。
乐充席上餐，蒸煮浑不怕。
香甜能健体，美食乐万家。
甘愿化粪土，精神放光华。

★本文是观看厨房蒸煮地瓜有感

我的民进情怀

（2017年10月）

政治使命担在肩，民进松原大纛悬。

履职尽责展风采，同心同行换新颜。

不堪回首思往事，百废待兴举步艰。

经济纠纷①大困境，组织涣散盼团圆。

珍惜当下齐努力，文库②学文③立标杆。

大刀阔斧战激流，苦心孤诣十三年④。

情系民进风帆正，伯乐恩人记心间。

开拓精神传薪火，如今正笔写新篇。

争优创先树新风，强化素质信念坚。

培养人才长久计，参政议政建诤言。

回首前尘淡然笑，二十三载⑤苦也甜。

以史为镜鉴思行，蓬勃发展勇向前。

注：

①经济纠纷是1995年民进松原市委会与前郭县老干部局、承包商联合建综合楼，由于多种原因欠下债务，引起的经济纠纷。

②文库：朱文库，宁江一中高级教师，老会员。政治素质好，原则性强，参政议政水平高，特别是在政治交接中能够维护大局、立足实际、勇于担当上，为民进组织健康发展做出了积极的贡献。

③学文：杨学文，原民进松原市委会副主委兼秘书长，原市文广新局副局长，在解决民进综合楼历史遗留问题过程中，切实发挥了秘书长的职责和作用。

④十三年：从2002年开始解决民进经济纠纷到2015年才彻底结束，历时十三年。

⑤二十三载：市民进1994年5月成立，到现在（2017年）已是23个春秋。

★本文写于民进换届准备期间

爱满民进释情怀

（2017年11月）

二十三年，谈笑间，忧愁喜悦不夜天，爱满情怀波浪翻。
不夜天，波浪翻，杨朱二员①，意志坚，众人划桨，开大船。
人生难求一知己，同舟共济莫等闲。
拨开云雾见天日，风清气正不畏难。
一知己，莫等闲，众会员，肩并肩。
工作缘分永续，高歌一路向前。
我辈同心戮力，再创美好明天。

注：①杨朱二员：杨即杨学文，原民进松原会副主委兼秘书长，时任市文广新局副局长。朱即朱文库，宁江一中高级教师。

★本文写于民进换届准备期间

咏　雪

（2017年12月）

仰望长天云透亮，俯视大地披素妆。
又是一夜梨花舞，心有朝阳铸辉煌。

★本文是菜园观雪有感

笑观融雪

（2017年12月）

寒凝大地雪满江，知遇暖阳七色光。
悄融旷野滋沃土，洒向人间五谷香。

★本文是田园观雪时感

忆老爸

（2017年12月）

　　老爸是一个闲不住的人。为了实现晚年的人生价值，在办教育、企业过程中，遭遇不顺和欺诈官司困扰，加之患糖尿病等因素，早走了五年。老爸在家庭里敬老爱幼，鼓励孩子有一技之长，成为自食其力的人；在工作上吃苦耐劳、爱岗敬业，事有所成。特别是在退休后，总想干点事，认准一门，谁也掰不开，宁愿吃不该吃的苦，劳不该耐的劳，一门心思去做，弄得儿女没办法。虽然这种意志坚定、思想解放、不懈追求的精神，对我影响很大，但也不乏悔恨和惋惜……为了纪念时常在梦里特别是祭日前梦见的老爸，今再次提笔记之。

> 老爸早年苦难多，祖父早逝痛心窝。
> 家贫无靠勤自勉，人生道路多坎坷。
> 五年学堂开心智，勤奋苦学志向夺。
> 时刻牢记为人民，对党为国心一颗。
> 成家立业贫且苦，两双碗筷衣单薄。
> 租借房屋草袋门，双亲儿女重负荷。
> 赡老育幼诚可贵，家风勤俭树楷模。
> 参加工作多努力，爱岗敬业担起责。
> 撰文著书求道理，家庭事业兴与和。
> 老爸和蔼又严苛，教育子女好品德。
> 以技强身立根本，争做时代奋进者。
> 老爸一生尊师道，创办学校雄心勃。
> 培育师生化春雨，兴教之源为家国。

儿女不忘您嘱托，孝敬老妈福乐多。

勉励子孙知足永，家教家风铸高格。

★本文写于老爸逝世三周年之际

游泳感怀

（2018年8月23日）

半米池塘一望中，闲来戏水逞英雄。
闭目凝思诵口诀，依然呛水胆魂惊。
坚持训练勤总结，手脚协调分好工。
还思换气声不重，会当击水再出征。

★本文写于辽宁营口虹溪谷度假村

陪母游

（2018年8月23日）

秋日虹溪走一程，休假陪母尽孝行。
一日三餐荤配素，温泉泡腿去凉风。
老母轮椅望山美，遛弯谈笑听鸟鸣。
亲情入水解病痛，母添鹤寿若青松。

★本文写于辽宁营口虹溪谷度假村

谈老朱

（2018年8月23日）

老朱①英俊风度洒，纯良品德有才华。

似曾谋面未相识，座谈建言立论佳。

闲聊偶然说到妈，腿疼变形行路差。

温泉沐浴可去痛，情系虹古做报答。

★本文写于知政议政活动期间

---

①老朱：朱海宽，市人大代表。

美丽民进

（2018年10月）

明媚的天空，
梦想放飞。
绿色的春天，
生机盎然。
在这块富饶肥沃的松嫩大地上，
回忆着一个个温暖难忘的故事。

哦，美丽的民进！
肝胆相照，荣辱与共；
意志坚韧，昂首阔步。
我愿用一生的真情，
暖暖地呵护您；
我愿用一世的真心，
默默地奉献您。

深深地爱您，
美丽的民进。
历经二十三载风霜，
破解历史遗留难题，
焕发组织生机活力，
彰显参政议政风采。

深深地爱您，
美丽的民进。
政治交接不忘初心，
薪火相传继续前行，
带领会员永跟党走，
坚定信念实现梦想。

深深地爱您，
美丽的民进。
立会为公履职担责，
真切关注民生福祉，
主动作为生态振兴，
助推经济转型崛起。

深深地爱您，
美丽的民进。
不断强化作风建设，
自觉提升精神境界，
凝心聚力开拓进取，
总结经验荡尽风雨。

永远地爱您，
美丽的民进。
耳顺之年殷殷期盼，
情真意切回味深长，
议商国是前程远大，
成就辉煌永远前进，
前进在这多党合作事业的春天里，
前进在这壮丽而又辽阔的天地间，

让我们一道扬起远航的风帆，
让我们一道拉响启程的汽笛。
前进！前进！
美丽的民进！

★本文写于民进松原市委会换届准备期间

新的荣光

（2018年11月）

穿越历史云烟，
历经岁月洗礼，
您的传统和风范不断延续，
您的情怀和使命永远牢记。
一心同德，
一路同行，
肝胆相照，
荣辱与共，
千里万里阳光住进心里，
风里雨里梦想拥抱着你。
和着时代的节拍，
激荡前行的力量，
忠诚坚守，
自信有为，
担负历史重任，
书写奋进华章，
共同走向新的荣光。

★本文写于民进松原市委会组织换届前期

珍惜难忘的时光

（2019年6月）

在这景色变换的路上，
风霜雨雪演绎肝胆相照的情怀，
轻描淡写往日的思绪，
千言万语难以诉说不尽的衷肠。

走在绿草如茵的路上，
任凭春天播撒生命的种子，
不忘初心，
坚守信仰的力量，
牢记正义担当。

走在百花盛开的路上，
任凭夏天飘扬沁心的花香，
满面徐风，
注入美丽的希望，
书写诗意华章。

走在一地金黄的路上，
任凭秋天采撷成熟的果实，
心情愉悦，
品尝幸福的味道，
彰显深情厚谊。

走在雪花飞舞的路上，
任凭冬天妆点银色的盛装，
孕育生机，
焕发勃勃的能量，
再次扬帆起航。

让我们珍惜青春梦一场，
让我们珍惜缘分好时光。
悠然轮回，
生生不息，
道一声珍重，
说一句再见。
和往事轻轻挥手，
畅想明天和远方。

★本文写于民进松原市委会组织换届前期

观吉林市职教园有感

（2019年8月17日）

狂风雨横浪向天，草木摇撼根相牵。
不畏路途多险阻，如期而至江城安。
职教园中亭台美，赴会考察总流连。
万树风流百花盛，铸就蓝领新摇篮。
立德树人为根本，苦练绝技勇争先。
创新创造创奇迹，劳动光荣笑开颜。
平凡岗位大境界，匠心筑梦永相传。
祥和盛世新时代，喜迎建国七十年。

★本文是参观吉林市职教园有感

喜得孙女

（2019年3月）

2019年阳春三月，在这个充满美丽、神奇、希望的季节里，欣闻吾家有掌珠之喜，更觉得人老有隔代亲的醉人感受，我心甚慰。遂作诗一首，愿儿孙们幸福安康，学业进步，事业有成，做个对社会有用的人。

喜鹊登枝春绘图，花开牡丹美不殊。
忽闻玉兔临门第，福降竹海正风骨。

★本文是喜得孙女有感

团圆乡愁

（2019年9月13日）

离家求学淡却团圆味，
不怕困难，
不怕劳苦，
修身还应修身儿；
勇于跋涉，
勤于研究，
为着理想事业有所求。

而今深谙悬月团圆味，
知书达礼，
知恩图报，
孝顺还生孝顺子；
长存善心，
永存乡愁，
犹是家国情怀系心头。

★本文写于中秋节

秋　思

（2019年9月13日）

露白八月辰，秋深景更深。

明月高悬夜，最盼儿归音。

月饼品佳味，喜悦醉至亲。

共享天伦乐，歌舞众里寻。

畅想他乡月，子孙莫忘根。

★本文写于中秋节

弘家风

（2019年9月13日）

比翼双飞校园中，寒窗苦读春已荣。

完婚育女启新程，远行深造乐无穷。

自强不息担重任，抓铁有痕炼心胸。

吾念儿孙音频话，业旺家和万事兴。

★本文写于中秋节

观窗前庭院有感

（2019年10月2日）

黄染层秋叶，雨携片舞飞。
庭院霜侵绿，仓丰愿已遂。

★本文是观窗前秋景有感

巧遇仁医

（2019年11月5日）

年华易逝鬓已秋，繁花渐落扰心神。
肩酸背痛头脑昏，双腿肿胀难跪蹲。
多方求助仁者术，按摩拔罐药蒸熏。
缓解片刻又发作，渴求名医妙手君。
巧遇杭州来参训，试问国华病根寻。
紧然驱车到通化，骨伤特色见底蕴。
病情诊疗思路明，银针精湛再回春。
大医精诚安神志，为民除病铸医魂。

★本文写于通化市骨伤医院治疗期间

春天的风

（2019年12月5日）

春天的风，
轻轻地走来，
像细嫩的手，
敲开春天的大门。
走出严冬，
一片绿草如茵，
将生命的种子撒在田野。

春天的风，
轻轻地走来，
像美丽的语言，
述说春天的故事。
写下诗歌，
一片姹紫嫣红，
将明媚的阳光照在心里。

春天的风，
轻轻地走来，
像清脆的歌声，
唱响春天的旋律。
忘掉忧愁，
一片诗情画意，

将希望的明天高高托起。

一个春天，

一片灿烂。

夏天的风

（2019年12月16日）

夏天的风，
款款而来，
像孩子手中神奇的蜡笔，
画出大地上奔腾的河流，
画出群山间茂盛的树林，
映出人间的愉悦和热情。

夏天的风，
款款而来，
像初恋情人一样的脾性，
时而吹来丝丝清凉的细雨，
时而吹来倾盆而下的暴雨，
露出万物的生机和力量。

夏天的风，
款款而来，
像大艺术家无限的遐思，
彰显书画家挥写中的辽阔，
展现舞蹈家腾跃间的婀娜，
敞开歌唱家歌声里的嘹亮。
一个夏天，
一种精神。

秋天的风

（2019年12月20日）

秋天的风，
悄悄地走来，
像一个老者，
眉间凝结着岁月的沧桑，
眼中散溢着生命的光芒。
天空明澈碧玉，
大地颗粒归仓，
一派人间正道。

秋天的风，
悄悄地走来，
像一幅油画，
稻谷染成了金黄，
辣椒燃烧红似火。
农民绽放笑颜，
时光流转幸福，
一派美景流传。

秋天的风，
悄悄地走来，
像一种智慧，
给人以大启迪，

给人以大洗礼。
实践出真知，
劳动创造价值。
一个秋天，
一地真理。

冬天的风

（2019年12月25日）

冬天的风，
呼啸而来，
像一位魔术师，
暂时停止草木的枝繁叶茂，
暂时冻结溪流的奔腾不息，
等待生命再次孕育，
聆听生命再次作响。

冬天的风，
呼啸而来，
像一位服装大师，
用天地做舞台，
用冰雪做原料，
裁剪出寒梅傲姿，
缝制出青山傲骨。

冬天的风，
呼啸而来，
像一位外科医生，
清理遗落在碎石间的污物，
根治藏匿在思想里的顽疾。
一个冬天，
一袭美好。

★以上四首诗写于家中，意在以风为喻感怀人生。

梅花幽香

（2020年1月16日）

昨夜寒风彻骨，
深思独处时光。
试问弄春人，
却道梅花幽香。
绽放，绽放，
应是叶嫩花昌。

★本文是小区赏梅有感

流　年

（2020年1月24日）

素色流年，春暖花开。
孝心无价，年年彩排。
奋力担当，豪情满怀。
拈花一笑，面朝大海。

★本文是除夕感怀

春天来了

（2020年3月）

春天来了，
鸟儿也扇动着翅膀。
你迎着和煦的阳光，
在翠绿的大地，
像一株小树苗一样茁壮成长。

春天来了，
鸟儿也亮起了嗓音。
你吸吮着柔软的清风，
在辽阔的天际，
像一朵小白云一样自由自在。

春天来了，
鸟儿也高飞起来。
你在春天里，
你和鸟儿结伴同行，
去追逐梦想。

★本文是为孙女周岁庆生有感

追思与铸梦

（2020年4月4日）

时间过得真快呀，又到了一年泪雨纷纷的春祭节日。我怀着无比崇敬的心情，深切缅怀已故的老爸，以表达我的思念之情，告慰他在天之灵。

老爸离开我们已是第六个年头了，每逢此时，我心中总会有别样的滋味袭上心头，痛楚、失落、怀念、凄凉……回忆老爸生前往事，每当看到相框里的照片，我顿时泪落脸颊，感慨颇多，思绪万千，久久不能平静……即便今年祭拜形式因特殊情况有变，但不变的依旧是我那颗思念老爸的心。

其实，我更想说的是，我们要继承发扬礼敬祖先、慎终追远的人文精神，进一步促进家族成员乃至民族的凝聚力和认同感，让爱国主义情怀激荡人们奋进的力量。愿我们伟大的祖国更加繁荣昌盛，人民生活更加幸福安康！

为此，我用一首诗的方式，既寄托对老爸的哀思，又告慰他当年的官司今已得到了法院公正的判决，法律里面自有公道。这也验证了"人间正道是沧桑"的哲理。我们后来人一定要坚定信念，脚踏实地，以德为本，为政以德，在新时代里贡献出应有的力量——

踏青景更清，黄花灯火明。

慎终追思远，文明践孝行。

人间存正道，天地遍春风。

接力有后辈，家国万代兴。

★本文写于清明节前夜

略 传

天地古今过宇宙，来去苦乐度人生。

我，1958年出生于吉林省大安县一个贫困普通的知识分子家庭，性格开朗、诚实正直、认真热情，但脾气倔强，对看不惯的事易怒爱发火。工作经历磨炼着我、改变着我、启示着我，使我自身不断完善，逐渐走向成熟。我人生最美好的时光，多半是在市政协、市人大工作岗位上度过的，两个时间段加起来20余年，占去了工作年龄的三分之二。概括起来，人生中对我影响较大的主要有以下五个方面：

父母的教育。我的儿童时代是在大安县里度过的，少年时代是在安广镇度过的。至今我还对那里的生活，特别是安广镇一小学和安广师范学校有着深刻的记忆和眷恋。那时候家境贫穷，父亲挣供给，母亲在患了肝炎的情况下还得出去工作。靠着这点微薄的收入，父亲和母亲除养活5个儿女外，还赡养了3位老人（患肺心病卧床不起的73岁奶奶、患腰椎结核常年卧床的姥爷和患青光眼致双目失明长达50多年活到99岁的姥姥），并为他们养老送终。父母亲一生都很刚强，尽管当时生活困难，但他们从来没有失去过希望，一直用孝道、慈善和勤俭支撑着这个贫穷却快乐的家，把家里经营得井井有条。家风留后世，美德育来人。父母亲为人处世之道潜移默化地感染和影响着我，并为后代永远做出了榜样。

母亲心地善良、勤俭大度、善解人意。她经常对我们几个儿女说："你太姥爷是中医大夫，什么都好，就是重男轻女，小时候一天书都没让我念，哪管能让念几天书，也不至于像现在这样，多受憋呀！你们要好好上学，家里再穷再难，砸锅卖铁妈也供你们，你们一定要上点心，长点志气！"还说："人别懒，懒能促成一切坏事。""你们上班的人心要大点，谦让一下啥事都没有了。"虽然母亲没念过书，但是细细品味她说的话还是蛮有道理的。那些贪图安逸、骄奢跋扈，甚至走向犯罪之路的人无不与"懒惰""心小"有关，最终丧失了理想信念、履职机会和美好生活。母亲现在虽然已是93岁的老人了，但还是坚持每天画画，让自己有点事做。画出来的画她让儿女给裱上，送给每个儿孙和亲朋好友作为纪念。这就是母亲生活的情趣、精神的寄托、晚年的幸福与快乐。

父亲孝顺和善、心胸宽广、勤奋好学，但不乏严厉。小时候我贪玩不爱学习，母亲经常对我说："你爸爸小时候，家里很穷很苦，晚上睡觉连枕头、被子都没有……你爷爷患'霍利拉'去世那年你爸爸才16岁，为了承担起家庭的重担，他不得不在老人离世百余天后便成了家。因为读过几年书，有幸找到了做小学教师的工作，之后被调到大安县二区、四区做干事、区长等工作，再后来又任过安广县安广镇委副书记、书记、大安县委办公室副主任、教育局副局长、一中校长、白城市教育局副局长兼进修学校校长……最后在白城地区（今白城市）幼儿师范学校校长岗位上离休。你爸爸好学能吃苦，曾获过黑吉二省报社优秀通讯员称号，是大安有名的孝子和才子。心也特别大，啥事都能放得下，你得学习你爸爸的长处呀！"我十五六岁的时候，进入青春期，性子特别倔，不怎么听话，父亲教育我"要学有一技之长，将来走向社会才能自食其力，靠本领吃饭，饿不着"。至今还记得当时的学校开门办学，除日常上课外，还要学习中草药知识、到工厂安装电动机（也包括家用电风轮）。除此之外，父亲秉承"艺多不压身"的祖训，还让我认一个"李师傅"学习木匠。这就使我在别人下午放学去玩的时候而不能去，得到一个灰尘满屋的木工坊学习木匠手艺。在父亲的"逼迫"下，我坚持学习了半年，刀、斧、锯、刨、凿、钻、扁、多线勒子等工具都学会了使用，高中快毕业时我做了个"四方凳"，当时好有成就感！现在回过头看，父亲在我小时候有意无意地灌输和培养了我吃苦耐劳、坚韧不拔、自立自强的精神，靠本领生存和发展的信念，令我终身受益。

知青的艰辛。我于1976年7月下乡到大安县乐胜公社永茂大队，在近两年的知青岁月里，给我留下最深刻印象的有两件事：一件事是吃饭问题。当时集体户有19人，每个月的前半月有白米饭吃，吃饭的人较多；后半月只能吃粗茶淡饭，吃饭人较少，但都缺少或没有蔬菜，土豆、咸菜条子就是菜。那时的苞米面大饼子很是特别，足有20厘米长，12印（7—10厘米/印）大锅只能烙12个，烙小了不够吃，这样一人一半即可。手印、胳膊印也都留在饼面上。烙这么大的苞米面大饼子可不容易，那是个手艺活，锅温凉热不好掌握，一不小心就烙糊了。每当就着土豆泥或咸菜条吃上碱发面的大饼子，总是胃灼热、打嗝，有一股酸水涌进喉咙，胃里像火在烧一样的不舒服，那种感觉这辈子都忘不了。有一次包片儿割完谷子，我累得倒在地上就睡着了，等醒过来，再走回集体户已是晚上10点多钟了，饥肠辘辘，这顿饭我一口气吃了6个大白面饼，那是我人生中吃得最多、最有记忆的一次！改革开放后特别是当下，人们的生活条件显著改善，讲究饮食卫生，重视饮食安全，注意饮食调理，这是多么幸福啊！我们要感恩这个伟大的时代！另一件事是干农活问题。下乡之初，各种农具不会使、多种农活不会干，劲没少费，就是跟不上、干不好，只能干半拉子活儿（东北方言熟练劳动力"一半"劳动量），尤其是铲地常常落后。长我几岁的亲属刘桂平三姨、我初高中时的同学并一起下乡在一个集体户的董艳，时常接我的"地头活"，我很感激，时至今日难以忘怀。经过一段努力学习和实践，我基本了解掌握了农活的一些常识和技能，除割高粱外，铲地、割地、打羊草、刨粪、赶马车、修水渠等大多数农活都会干了，并且能干得很好。知青生活很苦、很累，但也锻炼和考验了我的身心和意志，培养了我坚持不懈的思想品格和艰苦奋斗的精神。

行医的志趣。1981年，我从吉林省蛟河煤校医疗班毕业，毕业前，曾在蛟河后窑煤矿医院临床医学专业实习。这个医院比县级医院的规模、水平和环境要好些，特别是在创伤外科、地方病、流行性疾病等诊断上很有经验和特色。在带教老师的指导下，我按照学校和医院的要求，积极主动地完成了接触病人、询问病史、体格检查、病历书写、处方制度、病史汇报、诊断分析、管理病人等基本的操作程序和技能。内、外、妇、儿、五官科均轮换到了，对常见病、多发病的预防、诊断和处理都有了临床见识和经验积累。

蛟河是山林、煤矿地区，有着独特的地理和社会环境，地方病和外伤事故时有发生，这为我提高各科医疗技术和水平，日后走上行医岗位打下了的基础。另外，有一件事情至今仍然记忆犹新，就是在临床外科生产实习中，带班老师每个周日都让我陪他值班，这给我提高外伤缝合与处理提供了更多的锻炼机会，老师的信任对我来说就是莫大的鼓励，也是我求之不得的事。此次临床医学专业实习令我受益匪浅，收获三大启示：一是扎实灵活地掌握基本理论、基本知识和基本技能的要领，是破解疑难病症的基础。二是培养和提高自己独立思考和独立工作的能力，是做好医生工作的关键。三是树立正确的职业道德观，养成良好的工作态度，是塑造医生职业形象不可或缺的前提。

在白城市中医院临床外科工作期间，我把主要精力都放在了学习和工作上。先后两次在白医大二院普通外科和白医大三院举办的全国泌尿外科培训班进修学习（结业考试第一名），时间各为一年。在高等学府里，曾得到了白医大二院主任教授王占东夫妇的关心和照顾，在多位名师特别是关文曾（已故）、李毅老师的指导帮助下，加深了我对普外科和泌尿外科常见病、多发病诊治的认识和掌握，出色完成了进修学习任务。在近10年的临床外科实践中，我能独立完成中等普外科和泌尿外科的胃大部分切除、甲状腺囊肿或腺瘤切除、膀胱大部分切除再生、肾切除和前列腺切除等手术，其中前列腺切除止血新方法获白城市科技进步二等奖，荣获奖金800元。这对当时一个工资只有40元左右的年轻医生来讲，真是一件充满荣誉感的高兴事。后来我又陆续在省级医学学刊上发表论文6篇，在延边医学院半脱产学习培训中荣获优秀学员称号。函授毕业于白求恩医科大学临床医疗专业大专班。

在从医过程中，我时刻谨记妈妈对我的叮嘱："农村人来看病千万要好言好语，别多收钱，农民很困难。医生是个良心活！"当时农民看病得自己花钱，我在给患者诊治和做处置时，从不开大方（包括价格高的药），从不搞多余检查，更不多收处置费，可以坦诚和自豪地说，我是一个很讲医德医术称职的外科医生。特别是在责任心方面，我九年如一日，凡是做完手术，不管上下夜班、不管身体多累，不管刮风下雨，我都坚持骑着破旧自行车到医院去查看病人，遇到情况及时处理，没有情况对病人也做到了心中有数。本想就这样一直苦苦追求和勤奋学习实践下去，但在刚刚有点成绩的时候，我不得不做出人生的另一个痛苦的抉择——离开了我心爱的人民医院。这个事儿至今都很值得回味与思考……

从政的经历。那是1993年1月，我随白城125名同志集体调到刚刚成立的松原市，被安排在计生委科技科工作。在这里，我一方面抓紧学习有关政策和业务知识，尽快融入角色；一方面尽快适应计生形势，把科技与计生"三结合"工作结合起来，相互促进，相得益彰。在学习调研基础上，制定出了科技服务深化"三结合"工作规范（即五五工作规范），其经验在全省计生科技服务现场会上交流。在松原率先召开了全国生殖健康现场会议，国家计生委领导莅临会议，18个省市领导现场参观交流，联合国项目办专员也参加了这次会议。参与编写了《全国计划生育岗位培训专业统编教材题解》，并在《吉林人口》杂志发表论文两篇，荣获全省计划生育科技先进工作者称号。

1995年，我调到市政协提案委任助理调研员，两年后任文史委副主任。虽然刚到政协工作有些不适应，但经过一段时间的打磨，作为一个年富力强、精力旺盛、富有追求的我，立志要在这里耐得住寂寞、守得住清贫、稳得住心神、经得住考验，不负青春，不负时光，积极向上、努力进取，进而在实践和生活中打开思维、扩大格局、改变自己。这期间，我经常回味父亲常给我讲的苏东坡"苦中作乐，怡情自得"的故事，心里逐渐变得坦然、淡然、豁然，下定决心，摒弃"空"与"虚"，审慎"足"与"乐"的真谛，不妄想、不浮躁、不盲从，静下心思，沉下身子，稳住脚跟，保持一颗积极向上的心，正确认识自我，正确看待名利。在日常学习中，克服先天不足，笨鸟先飞，坚持读书看报，坚持摘抄好句好段和报纸剪裁，并养成多年习惯。在理论政策学习中，注重把握精髓要义，不断提高历史思维、辩证思维、创新思维和底线思维能力。在调查研究和参政议政中，努力培养发现、分析和解决问题的能力，使自己在素养、能力、眼界和格局上日益提升。1996年，我代表松原市参加全省党外干部理论研讨会，在会上的发言受到了好评。2000年参加全省一推双考后备干部考试，在全市入围的74名考生中名列前30名。2001年6月参加全省第二期党外副厅级后备干部培训学习班，并在省委党校通过面试。期间，我坚持每年撰写文章，其中多篇在报刊上发表。撰写的提案多次获市政府、市政协奖；撰写的社情民意有的在省政协政情通报（民意简报）上转发。为了弘扬和传承松原地域特色文化，我参加组织编写了《松原文史荟萃》一书。有人说"逆境是良师"，有人说"坚守也是一种美德"，而我要说的是"啥时候都是自己救自己"！

2001年10月至2007年12月，我任市卫生局副局长，在保持原有学习习惯的同时，着力在提升、处理复杂问题的能力上下功夫，本职工作抓程序、抓规范、抓决策执行，全面工作抓导向、抓重点、抓工作总结。经过不懈努力，市卫生部门实现了财务规范化管理，在全省卫生系统办公室工作会议上介绍经验；全市药品集中招标采购工作也受到省卫生厅领导的好评，并在全省信访工作会议上受到表扬。2002年5月，我被上派挂职锻炼半年，任省卫生厅医政处副处长，参与全省医院评价、"二四六"工程检查、省农工党组织的医保制度实施后的调查以及医疗市场整顿，收集整理信息21份呈送时任市委主要领导决策参考。利用考察省内医药企业的机会，撰写了《借鉴先进经验，推动我市医药产业发展》的调查报告，在松原市委召开的民主党派经济工作座谈会上做了交流，并在《松原日报》上发表。挂职锻炼时间虽短，但与相关同志结下的深情厚谊至今相伴（李永安处长在省医院党委书记岗位上光荣退休，高玉堂现任长春市卫健委副主任，邢程现任省中医药管理局局长、卫健委副主任，胡淑萍现任省卫健委红十字会副会长）。2005年4月，我参加了全国地厅级党外干部专题研究班，撰写的心得体会在班级总结会上交流。付出总有回报，我还曾获"市政府抗击非典先进个人""全国卫生系统监督先进个人""省政协优秀政协委员"荣誉称号和"省政协优秀提案奖"。

2007年末，我出任市政协驻会副主席，分管调研室和文史委工作。工作期间，我曾领队深入基层调研，在政法队伍建设、畜牧业发展、农田水利基本建设等方面撰写出了质量较高的调研报告，均以市委文件转发，有的还在《松原日报》上发表，收到了良好效果。在组织编辑松原《名院名医名护》和《文化风采（上下）》两本书基础上，完成了计生岁月史料征集工作。多次在有省委、省政协主要领导参加的省政协大会分组会上发言，均受到领导和与会委员的好评，发言材料多次被省政协汇编入书。

2012年末，当选为市人大常委会副主任至今，我始终把学习放在第一位，认真学习习近平新时代中国特色社会主义思想和中共十八大、十九大精神，增强"四个意识"，坚定"四个自信"，做到"两个维护"，不断巩固政治思想共识。同时，深入学习宪法、法律法规、人大理论和市场经济等方面知识，切实增强宪法意识，维护宪法权威，履行法律职责，努力提升用法律思维和法律方式解决问题的能力和水平。八年来，积极开展了经济财税、营商环境、教育卫生、文化旅游、民族宗教、侨务经济等方面的三查（察）工作；连续两年开展了市县区联动的食品安全跟踪大检查活动，首次开展了食品安全问题专题询问，回应了社会的关切；由曹广成主任带队对粤港澳大湾区的考察报告委托我在市委理论中心组学习会上做专题汇报，王子联书记在报告上签批意见。在任省人大常委期间，每年都撰写一份建议，并在省人大常委会上就学习习近平同志考察吉林时的重要讲话精神谈了心得体会、就依法履职情况做了交流发言。在包保贫困村（扶余市新万发镇万发村）工作中，与村干部一起谋划发展壮大集体村经济，为包保的贫困村中的贫困户送去米面油和棉衣等物品，争取了18万元建两座大棚，其租金用于贫困户的生产生活上，协调8万元弥补重建村部资金不足，协调6万余元为贫困户李长树修建房屋、盖磨米房和解决动力电问题，使其逐步实现脱贫致富。还请来吉林农大葡萄栽培专家和市农业服务中心的柿子栽培专家到种植户家中帮助解决秧苗病虫害等问题。目前在多方共同努力下，全村实现了脱贫。为前郭县青山头帮扶村协调资金240万元建设4公里村屯道路，切实解决了多年来百姓出行难的问题，并为民俗旅游业发展创造了条件；协调市政法委和统计局出资绿化道路两旁5000延长米，美化了村屯环境。为双停企业乾安县润泽植物油加工有限公司协调70万元（其中我协调无利息资金20万元）启动资金，现企业已恢复生产。在督导调研乾安县水字镇、余字乡脱贫攻坚工作中，每遇有患重病的村民都协调帮助诊治，每遇有存在破漏的房屋都协调帮助修缮，每遇有因残疾无法耕种的田园都协调帮助耕种。总之，这次市委部署要求的各级干部包保脱贫攻坚等工作，既是一次有意义的社会实践，又是一次深刻的社会主义核心价值观主体教育活动。主要有四点启示：

一是坚持中国共产党集中统一领导的制度优势，是我们战胜任何困难任何艰难险阻，打赢脱贫攻坚战、疫情防控阻击战、经济发展保卫战，决胜全面建成小康社会，夺取新时代伟大胜利的根本保证。

二是市委、市政府总揽全局，四大班子团结协作，密切配合、齐心发力，守正创新、担当作为，率先垂范、实干拼搏的品德修养和敬业精神，给我们做出了榜样，树立了一面旗帜，传递了前行的力量。

三是包保的干部深入实际、深度调研，不走过场、不走形式，不图回报、甘于奉献，真心实意地做实事、做好事，是密切党同人民群众血肉联系的经脉。

四是通过包保活动，唤醒了各级干部的淳朴思维，清新净化了群众的心灵。既让群众有了实实在在的获得感和幸福感，又增强了包保干部的责任感和使命感，真真切切地用务实的行为实现了自身价值。努力做到了政治自觉、思想自觉、纪律自觉和行动自觉。

组织的重托。2002年是市民进和市政协的换届之年，7月份我当选为市民进主委，12月份当选为市政协副主席兼市卫生局副局长。接任后，经调查发现市民进组织有两个方面的问题比较突出：一是因与前郭县老干部局合建民进综合楼，拖欠会员与非会员集资款、前郭县水灌处贷款担保款和承包工程基建队垫付款等问题，致使群众上访、官司缠身，影响省、市民进工作和中共松原市委特别是统战部的工作。二是会员思想认识亟须提高，学习氛围不浓，组织生活积极性差，致使工作开展十分困难。为了破解多年历史遗留难题，焕发民进生机和活力，在中共松原市委的领导下，紧紧依靠市委统战部的指导和牵头作用，在由市监察局、审计局、审计事务所等组成的联合调查检查组的努力下，基本搞清楚了存在的问题和原因，我们及时制定出了切实可行的解决方案，并由与会的全体会员表决通过，然后采取多种有效措施，在市人大、政协、纪检委的领导见证下，逐步解决了长达13年之久的历史遗留的老大难问题，既为组织排忧解难，又保障了会员与非会员的合法权益。随着矛盾的化解，情绪的理顺，民进组织的凝聚力、向心力和战斗力不断地得到增强。

　　与此同时，从实际出发，积极探索出具有松原民进组织工作特色的"五抓五创"（抓素质、创学习型支部，抓调研、创参政型支部，抓特色、创服务型支部，抓作风、创务实型支部，抓窗口、创形象型支部）的新做法。民进工作水平大幅度提升。全省民进基层组织建设现场会连续两年在松原召开，民进中央组织部部长、民进吉林省委和中共松原市委领导都参加了由宁江初中支部开展的乡村支教活动成果汇报会，受到各界一致好评。该支部被评为民进全国先进基层支部，支部主任于龙双被评为民进全国先进个人。随着参政议政水平不断提高，多种机制促进提案和社情民意的数量增加、质量提升，可操作性和实效性明显增强，有的被省、市政协转发，有的被市政府采纳。社会服务形象不断树立。连续十几年开展的具有民进组织特色的"三下乡"活动，真正把服务送进百姓的心坎里，努力实现新时代文明实践活动的同频共振；积极与省民进、省华侨外国语学院（今吉林外国语大学）、市法院、市妇联联系，联合开展捐资助学活动，筹集善款和物资约10余万元，有效解决了长岭县长岭镇治安小学的一些实际问题。"窗口"的示范效应不断显现。无论会员与非会员到机关联系工作，都能得到热情周到、温暖如家的服务。自身建设不断加强。机关干部不忘初心、爱岗敬业、遵章守纪、争当先进已成为自觉坚守的宝贵财富，民进工作跨进了全省前列。2019年12月31日，在中共松原市委的正确领导下，在市委组织部和统战部的亲切关怀与大力支持下，经过全体会员的共同努力，民进松原市委会顺利实现了新老交替、政治交接，圆满完成了换届任务。我相信，新一届民进松原市委会在张丹东主委的带领下，继续发扬民进优良传统，坚定理想信念，锤炼过硬本领，一定会担当起新时代赋予的使命，为民进事业发展做出新贡献。

　　回顾过去，我是在党的阳光照耀和雨露滋润下健康成长起来的，坚定信念、同心同德、肝胆相照、荣辱与共、参政议政、合作共事，是我的真实写照，也是我一步一个脚印地生动实践，又是检查反省自己的一个收官总结。感恩在这个时代里，有那么多的好领导、好同志和亲人们对我的无私关怀、帮助和支持，让我在困难和压力中鞭策自己，充实能量，不断成长进步。这是世间最真最美的情。

　　1984年，经人介绍结识了我的爱人祁秀清，她毕业于白城师范学校，从事教学工作。一年后结婚，育有一子。如今儿子王鼎、儿媳倪晓娟博士毕业，正朝着幸福快乐不断的前进。现有一女小名嘟嘟，期盼二孩。我那朴实善良、乐观开朗的93岁老母，除耳聋、膝关节疼痛变形等疾病外，仍然能够坚持走步、画画，在我们兄弟姐妹、子孙后辈无比尊敬、呵护下安度美好的时光，享受幸福的晚年。一家人和谐幸福美满生活在新时代，我由衷感激伟大的党、伟大的祖国、伟大的人民。

　　肝胆岁月，忠孝年华。在党的教育培养下，我即将走完为期45年的工作历程。退休后，我将端正心态，练好身体，积极活动，发挥余热，为继续弘扬社会正能量、同心共筑中国梦而不懈努力。

　　祝伟大祖国繁荣昌盛！

　　愿世界人民幸福安康！

跋

天地大，古今长，人生在路上。

2018年8月初，兴顺把记录他多年来工作和生活经历的厚厚一沓《肝胆岁月》文稿拿给我，让我看后为其作序。我认真翻阅了这些文稿，觉得自己实在力有不逮：其一，他的多数文稿是在政协、人大和民进期间撰写的文章、工作讲话、发言和思考等，政治性较强。其二，他曾长期在市政协任副主席、民进松原市委会任主委、省政协任常委、省人大任常委、市人大任副主任，层次较高，理应请一位德高望重的副省级领导作序为宜，然，盛情难却，只好勉为其难，为《肝胆岁月》一书写个跋，作为序的陪衬吧！

我和兴顺最初接触是在21世纪初的第二年，我从扶余县（今扶余市）调回市里工作。转年底，民进松原市委会要换届，主委人选怎么办？市政协要换届，党外副主席人选谁合适？兴顺作为这两个角色的重要人选，引起了我的注意和追踪，一直延续到现在。

他个子矮小却精力旺盛，工作忘我，精益求精；他关注社会民生，发言总是极富激情；他勤于阅读，注重积累，剪报做了一册又一册；他德才兼备，奋发进取，甘于奉献；他不攀权贵，不恋钱财，淡泊名利，不随潮流，在很多"精明人"眼中，总是显得木讷、迟缓。但在我看来这正是我们每个人对工作与生活应有的信仰和执着。

兴顺是一位政治性强、资历较深、工作勤奋的市级党外干部。他这些文稿，有的是理论文章，有的是工作研究和建议，还有诗词歌赋等文学创作，涵盖了他在市卫生局、市政协、市人大、民进松原市委会工作期间的绝大部分工作情况和生活感悟。比如《学习贯彻十八届三中全会精神，推动民进工作迈上新台阶》《激发民主党派潜能，共同构建和谐社会》《借鉴先进经验，推动我市医药产业发展》《工业企业要以创新精神求发展》

《推进现代物流业发展》，以及《明镜照后人》《我的民进情怀》《珍惜难忘的时光》《忆老爸》《陪九十岁老母观天池有感》等一些颇有分量的作品；或对事业深入思考，或对工作解疑释惑，或思念亲朋好友，或感喟人生聚散等，无不深入浅出、情真意切，给人以启迪和教益，让我们充分感受到从他身边吹过来的风多么温暖、多么惬意。

他在职期间，时刻心系卫生、政协、人大和民进工作，赤子情怀天地可鉴。凡属开会讲话、视察报告、调研思考、培训辅导和诗文创作等，他都是"5+2""白+黑"，亲自动手写，作品既深耕细作又富有文采，还注意理论升华。可以想象，如果不是亲力亲为格外用心，是写不出这些见解深刻、掷地有声、切中肯綮的文稿的。

兴顺是一位性格耿直、善解难题、廉洁自律的市级中国共产党的朋友与同志。他性格耿直，脾气倔强，认准一件事就绝不回头，从不走中间路。早年在市政协分管文史委工作期间，出版的《松原市名院名医名护》书中，只编写了三县一区的名院、名医、名护，还有一个县没有编进来。当时有一位同志建议次年再出一本下册，把没有编写进来的内容再编写进去。这本来是个建议，而他却当场驳斥，害得那位同志好没面子（未编入的原因是相关部门屡催不报）。兴顺这种耿直诤言为他带来了麻烦，同时，也让人们更加深切地领教了他对待工作的严肃和严谨。

2002年7月，他履新民进松原市委会主委，正赶上上一届组织召集会员和非会员集资建综合楼，后来楼是建成了却没有民进松原市委会的一块砖、一间房。不仅如此，民进松原市委会还欠下了会员和非会员的集资款，进而产生了多重矛盾，引发上访事件。他审时度势，立足全局，担当作为，第一件事就是着手解决这一历史遗留的最为棘手的难题。他千方百计想办法，克服重重困难，多次到省里、市里请示协调解决市民进历史遗留问题，重点是会员、非会员集资本金问题。最后，在中共松原市委的领导下，在市委统战部具体指导和支持下，成立了由市委统战部、民进、审计局、监察局及审计事务所组成的联合调查组，历经8个多月，摸清了底数，研究制订了解决方案和"一条线两分开"的具体措施，一次性还清会员和非会员多年集资的本金，终于破解了遗留近13年之久的历史难题，妥善地化解了矛盾、理顺了情绪、提振了信心。

水满则溢是谓不贪。兴顺就是这样，如水在流动中鲜美而清洁、鲜活而澎湃。他的清正廉洁，熟人尽知。不属于自己的绝不占有，属于自己的绝不挥霍，尽量帮助需要帮助的人。他喜欢读书、写字、思考和工作，鄙夷曲意逢迎、追逐名利、蝇营狗苟。他所做的这一切只有一个目的，就是不断地完善自己、充实自己、提高自己。

兴顺到市人大工作以后，我想给他送点礼物作为纪念，思来想去最后决定送一幅"清中自有清中清，廉中更有廉上廉"的条幅，与时任市政协副主席夏恩民一同送到兴顺办公室，以此共勉。

兴顺是一位给市级（县、区）政协、人大和民进留下精神财富的好干部。作为与兴顺交往近20年的老同志，囿于把社会看得过于简单，囿于文化知识狭窄，更囿于对政协、人大和民进工作的认识浅薄，我难于对本书文稿做出精辟分析，但这并不妨碍我从文稿中汲取知识营养，并从中获得启示飨于后人：

《肝胆岁月》就是要保有一颗爱心，不断提升自己爱的能力。只要爱不泯灭，就有前进的力量。兴顺不论走到哪里，不论干什么，始终爱党、爱国家、爱人民、爱工作、爱同志、爱朋友……正是基于爱，基于对美好的守护和对光明的确信，不管命运对他如何，他回报给社会的总是满腔的工作热情、扎实的工作业绩和一串串珍珠似的宝贵文字。

《肝胆岁月》就是要不管身处何境，学习从不间断。人生从来不是一帆风顺的，烦恼、沮丧以至绝望在所难免。但他能通过内心修炼和奋发工作得以解脱，并在进取中不断提升对人生的理解，始终保持自强不息、一往无前的精神，这不能不说是比节制和忍耐更为高级的人生修炼。

《肝胆岁月》就是要对名利抱一种淡定、淡泊的超然心态。向往名利人之常情。兴顺渴望通过自己的艰辛努力遇到知音，希望自己的奉献能够得到认可。但他从来没有把自己职位和头衔当作猎取个人功名利禄的工具。因为严格的家教，因为足够的自信，因为悟透世事，因为信念坚定，因为腹笥充盈，他对名利一直保持着难得的清醒，不被诱惑和蒙蔽。我想这就是他既平常又不平常之处以及初心所在吧！

　　一个哲人曾说："经典是经得起重复的。"兴顺的《肝胆岁月》文稿是不是经典我们暂且不说，但我可以说这是洞察社会和人生奋斗的财富，是让人快乐和智慧的经验，是党派合作诤友与朋友的纪念。它是生命的雨点，能给人意想不到的滋润。常翻阅一下有利于我们活在健康中、活在明朗中、活在思索中、活在追梦中。特别是可以帮我们在书中追寻到那些渐行渐远，甚至日益模糊的一段历史、一些人和事，记住并感受着他的坚持和坚守，曾经是那么的从容、淡定与执着。

　　时光荏苒，岁月如歌。愿兴顺同志《肝胆岁月》文集承载着对政协、人大和民进工作的深情厚爱，鼓舞志同道合的人们，不忘初心、牢记使命、砥砺前行！

赵万弟

2018年9月于松原

　　注：赵万弟，系吉林省九、十届政协委员、吉林省十届政协特邀信息委员、松原市二三四届政协副主席、党组副书记。

后　记

光阴荏苒，岁月如梭，转眼间我将要到了退休年龄。回首过去，历历在目，感悟颇多，收获了别人收获不到的经历和体验。展望未来，脚踏实地，放飞梦想，祝福一代代人沿着正道奋发有为，努力跑好属于你们的接力棒。面对自然法则，我一边强身健体，一边用心把多年积累的资料编辑成册。在退休前，我的《肝胆岁月》一书终于付梓。书中既有我的人生经历，也有我的工作体会和生活感悟。可以说，这更是我对前半生的一个总结。

本书所藏工作资料和文学作品，有的在报刊上发表过，有的是工作讲话或会议发言，有的是反映社情民意的提案或意见建议，还有的是尚未发表的作品。但在资料编辑成册时有的标题或部分内容做了修改。

我是一个学医的中专生，既不是学文出身，也不经常从事诗歌创作，写作纯属个人兴趣和爱好，所有的文字都是我用心、用情、用义一字一句写出来的，表达的都是真情实感。今天将之收集整理出来，作为资料分享给大家，如能对他人的工作或生活有所启示，哪怕只是一点，都是我最大的收益和快乐。感谢为本书提供打字、校对和其他帮助的柴增、任安茹、李北乔、刘冰、刘哲、姜龙、李光耀、张旭彪、韩喜超、刘大伟、郭世宏、王朝、高健、王福龙、张振英，尤其致谢精心修改和编辑本书的王晓敏、王永清、李向彬、王润清、王平、果庆、柳淇、李艳青、徐敏、盖宇、范文章、王平（都兰娜仁）、张武林，是诸位的真诚支持，让我实现了心愿。

我还要特别感谢为本书题写书名的省人大常委会副主任张焕秋，为本书作序的省政协原副主席、省委统战部原部长赵家治和为本书题跋的市政协原副主席赵万弟。

虽然经过艰辛的付出，甚至是痛苦的磨炼，但由于自己学识和水平、视野和格局有限，文中偏差和失误之处在所难免，欢迎读者批评指正。

2020年6月